JOJO
MOYES

Книги
ДЖОДЖО МОЙЕС

До встречи с тобой

После тебя

Всё та же я

* * *

Девушка, которую ты покинул

Последнее письмо от твоего любимого

Корабль невест

Один плюс один

Серебристая бухта

Вилла «Аркадия»

Танцующая с лошадьми

Ночная музыка

Счастливые шаги под дождем

Где живет счастье

ДЖОДЖО
МОЙЕС

Один плюс один

Издательство «Иностранка»
МОСКВА

УДК 821.111
ББК 84(4Вел)-44
М74

Перевод с английского Александры Килановой

Оформление обложки Виктории Манацковой

Издание подготовлено при участии издательства «Азбука».

ISBN 978-5-389-16611-0

1

Джесс

Джессика Томас вполне уловила иронию того, что потеряла лучшую работу в своей жизни из-за бриллианта. Не потому, что украла его, а потому, что не крала.

Джесс и Натали убирались в загородном доме мистера и миссис Риттер почти три года, с тех пор как загородный комплекс «Бичфрант» стал наполовину райским садом, наполовину строительной площадкой. Когда-то застройщики пообещали местным жителям доступ к плавательному бассейну и заверили, что крупная первоклассная застройка принесет немало выгод их крошечному приморскому городку, а не высосет из него последние капли жизни. Риттеры были обычными жильцами. Они приезжали из Лондона с детьми почти на каждые выходные. Миссис Риттер обычно оставалась на все выходные, а ее муж ночевал в Лондоне. Большую часть времени они проводили на ухоженной полоске пляжа и навещали городок, только чтобы залить дизель в свой семиместный автомобиль или пополнить запасы продуктов в торговом центре. Джесс и Натали убирались в их просторном, с четырьмя спальнями, доме, выкрашенном красками «Фэрроу энд Болл»[1], два раза в неделю, когда хозяева в нем жили, и раз в неделю, когда дом пустовал.

Был апрель, и, судя по пустым коробкам из-под сока и мокрым полотенцам, Риттеры жили в доме. Натали убиралась в смежной ванной комнате, а Джесс меняла постельное белье и подпевала радиоприемнику, который они носили с собой. Сдернув пуховое одеяло, она услышала звук, похожий на треск высокоскоростной пневматической винтовки. Там, где она жила, такие звуки раздавались нередко. Она была готова поклясться, что в «Бичфранте» пневматических винтовок нет.

Ее взгляд упал на сверкающую искру на полу. Она наклонилась у окна и подняла бриллиантовую сережку, зажав ее большим и указательным пальцем. Она поднесла сережку к свету и подошла к соседней двери, за которой Натали на коленях отскребала ванну. На спине Натали темнели полосы пота на месте лямок бюстгальтера. Утро выдалось долгим.

— Посмотри.

Натали поднялась и прищурилась:

— Что это?

— Бриллиант. Выпал из постельного белья.

— Он не может быть настоящим. Посмотри, какой большой.

Они глядели на сережку, пока Джесс крутила ее в пальцах.

— У Лизы Риттер не может быть поддельных бриллиантов. Не с их-то деньгами. Кажется, алмазы могут резать стекло? — Джесс задумчиво провела камнем по краю окна.

1 *«Фэрроу энд Болл»* — английский производитель дорогих красок и обоев на основе старинных образцов. — *Здесь и далее прим. перев.*

— Отличная мысль, Джесс. Продолжай в том же духе, пока стекло не вывалится. — Натали выпрямилась и сполоснула тряпку под краном. — Намного важнее, где вторая сережка.

Они вытряхнули постельное белье, заглянули под кровать, на четвереньках просеяли груду мусора на бежевом ковре, словно полицейские на месте убийства. Наконец Джесс посмотрела на часы. Они переглянулись и вздохнули.

Одна сережка. Главный ночной кошмар.

Вещи, которые они находили, убираясь в чужих домах:

— искусственная челюсть;
— сбежавшая морская свинка;
— давно потерянное обручальное кольцо (за это они получили коробку шоколадных конфет);
— фотография Клиффа Ричарда[1] с автографом (никаких конфет; владелица уверяла, будто впервые ее видит);
— деньги. Не какую-нибудь мелочь, а целый бирюзовый бумажник, набитый пятидесятифунтовыми банкнотами. Он завалился за комод. Когда Джесс отдала его клиентке — миссис Линдер, снимавшей в «Бичфранте» дом номер четыре на три месяца летом, — та посмотрела на него с легким удивлением. «А я гадала, куда он запропастился», — сказала она и рассеянно сунула бумажник в карман, как будто заколку или пульт дистанционного управления.

Не считая морских свинок, не так уж это и весело — находить ценные вещи. Одна сережка или пачка разрозненных банкнот — и клиенты косятся со смутным подо-

1 *Клифф Ричард* (р. 1940) — британский исполнитель поп-музыки, английский король рок-н-ролла.

зрением: не прикарманил ли ты остальное? Мистер Риттер наверняка предположит, что они припрятали вторую сережку. Он заставлял их испытывать чувство вины уже за то, что они находились в его доме. В дни, когда снисходил заметить их присутствие.

— И что нам делать?

Натали скатывала пуховое одеяло, готовя его к стирке:

— Положи где-нибудь сбоку. Просто напишем записку, что не смогли найти вторую. Это чистая правда.

Обычно они, заканчивая уборку, оставляли записку-другую, в которых сообщали, что именно сделано. Или вежливо напоминали, что им должны деньги.

— Написать, что мы перетряхнули все белье?

— Как хочешь. Я просто не хочу, чтобы она подумала, будто мы ее взяли.

Джесс закончила писать и осторожно положила сережку на листок бумаги:

— Возможно, вторая уже у миссис Риттер. Она обрадуется, что мы ее нашли.

Натали состроила рожицу, которая означала, что Джесс способна разглядеть светлую сторону даже в ядерном апокалипсисе.

— Лично я не смогла бы не заметить в кровати бриллиант размером с глазное яблоко. — Она бросила грязное белье за дверью спальни. — Ладно. Пропылесось прихожую, а я сменю постели детей. Если поторопимся, будем у Гордонов в половине одиннадцатого.

Натали Бенсон и Джессика Томас убирались вместе каждый будний день в течение четырех лет. На боку их маленького белого фургона красовалось не слишком оригинальное название «Бенсон и Томас, услуги по уборке». Натали написала ниже по трафарету «Знаем о грязи все», но через два месяца Джесс обратила ее внимание, что половина звонков не имеет никакого отношения к уборке.

Сейчас они убирались почти исключительно в «Бичфранте». Мало у кого в городе была возможность — или желание — нанять уборщицу, не считая врачей, адвокатов и случайных клиентов вроде миссис Хамфри, которой мешал убираться артрит. Подобные старушки ценят чистоту наравне с благочестием, и прежде смыслом ее жизни были накрахмаленные занавески и надраенное до блеска парадное крыльцо. Иногда Джесс и Натали казалось, что она целых сорок семь часов молчит и копит силы ради часа в их обществе. По средам они убирались у миссис Хамфри после Риттеров и Гордонов из «Бичфранта» и, если повезет, в тех загородных домиках, которые не достались другим компаниям по уборке.

Джесс тащила пылесос через прихожую, когда открылась передняя дверь. Миссис Риттер крикнула снизу:

— Это вы, девочки?

Для таких, как миссис Риттер, все женщины — «девочки», даже пенсионерки. «Мы с девочками классно оторвались субботним вечером», — говорила она, лукаво закатив глаза. Или: «И тогда я вышла в комнату для девочск...» И все же она им нравилась. Она никогда не унывала и не кичилась деньгами. И никогда не обращалась с ними как с уборщицами.

Натали и Джесс переглянулись. За долгое утро они уже отмыли две духовки (хватило же ума жарить свинину в выходные), а чай у миссис Хамфри неизменно одного цвета и консистенции с лаком для лестниц.

Через десять минут они сидели вокруг кухонного стола. Лиза Риттер пододвинула к ним тарелку с печеньем.

— Берите, берите. Ешьте, чтобы спасти меня от соблазна. — Она сжала несуществующий валик жира на талии.

Натали и Джесс вечно спорили, работает она или нет. Ей можно было дать от сорока до шестидесяти с хвостиком. Ее подкрашенные каштановые волосы были уложены мягкими волнами, она играла в теннис три раза в неделю, занималась пилатесом с частным инструктором, а знакомая Натали из местного салона уверяла, что раз в четыре недели ей делают восковую эпиляцию всего тела.

— Как твой Мартин, Джесс?

— Пока жив. Насколько я знаю, — ответила за нее Натали.

— Ах да. — Лиза Риттер кивнула, припоминая. — Ты говорила. Ищет себя, верно?

— Именно.

— Мог бы уже и найти. Времени было предостаточно. — Миссис Риттер сделала паузу и заговорщицки улыбнулась Джесс. — А малышка по-прежнему сидит, уткнувшись в учебники по математике?

— Сидит.

— У тебя такие замечательные дети! Иные здешние мамаши понятия не имеют, что творят их отпрыски от зари до темна. На днях Джейсон Фишер и его дружки кидались яйцами в окна Денниса Гровера!

По ее голосу было не понять, что ее больше потрясло — хулиганство или напрасная трата продуктов.

Лиза Риттер успела рассказать половину истории о своей маникюрше и маленькой собачке с недержанием мочи, постоянно прерываясь и сгибаясь пополам от смеха, когда Натали взяла телефон.

— Миссис Хамфри пыталась дозвониться, — сказала она, отодвигаясь от стола. — Нам пора.

Она соскользнула со стула и направилась в коридор, чтобы забрать ящик с принадлежностями для уборки.

— Что ж, дом выглядит неплохо. Спасибо вам обеим. — Миссис Риттер пригладила волосы, на мгновение задумавшись. — Да, Джесс, помоги мне, пожалуйста, пока не ушла.

Большинство клиентов знали, что у Джесс золотые руки. Не проходило и дня, чтобы ее не просили помочь зашпатлевать трещину или повесить картину, уверяя, будто дел всего на пару минут. Джесс никогда не отказывала.

— Но если работы много, я вернусь попозже, — предупредила она и молча добавила: «И попрошу денег».

— Совсем немного. — Лиза Риттер направилась к задней двери. — Надо только помочь с чемоданом. Я потянула спину в самолете, и кто-то должен занести чемодан в дом.

— В самолете?

— Я навещала сестру на Мальорке. Теперь, когда дети в университете, у меня много свободного времени, вот и решила устроить себе отпуск на пару дней. Оставила Саймона одного, благослови его Боже.

— И когда вы вернулись?

Она недоуменно смотрела на Джесс:

— Вы же видели меня! Только что!

До Джесс дошло только через пару секунд. Хорошо, что хозяйка уже вышла на улицу, потому что Джесс побелела как мел.

Вот в чем проблема с уборкой. С одной стороны, это хорошая работа, если не брезгуешь чужими пятнами и клубками волос в сливном отверстии ванны. Джесс не брезговала, как ни странно. Она даже не возмущалась, что большинство съемщиков загородных домов живут как в свинарнике, разбрасывая повсюду мусор — не то что дома, — поскольку знают, что придет уборщица. Зато можно работать на себя, в удобное время и даже выбирать клиентов, если дела идут хорошо.

Проблема, как ни странно, не в паршивых клиентах — хотя бы один паршивый клиент непременно найдется, — и не в грязи, и не в том, что, надраивая чужой унитаз, почему-то чувствуешь себя на ступеньку ниже, чем когда-то хотелось. Дело даже не в постоянной угрозе со стороны других компаний, не в брошюрах, которые подсовывают под дверь клиентам, обещая более низкую ставку за час. Дело в том, что в конце концов узнаешь о других людях больше, чем нужно.

Джесс могла бы рассказать о тайной страсти миссис Элдридж к покупкам: о счетах за дизайнерские туфли, которые она бросает в мусорное ведро в ванной комнате, о сумках с новехонькой одеждой с ярлыками в шкафу. Она могла бы рассказать, что Лена Томпсон четыре года пытается забеременеть и использует два теста в месяц (поговаривают, что она забывает снять колготки). Джесс могла бы рассказать, что мистер Митчелл из большого дома за церковью получает шестизначную сумму (он оставляет расчетные листы на столе в прихожей; Натали считает, что нарочно) и что его дочь тайком курит в ванной комнате и аккуратно складывает окурки на наружный подоконник.

При желании Джесс могла бы назвать имена женщин, которые выходят из дома опрятными, с идеально уложенными волосами, отполированными ногтями и капелькой дорогих духов, но запросто могут бросить грязные трусы на полу, на самом видном месте. Или мальчишек-подростков, к заскорузлым полотенцам которых можно прикасаться исключительно щипцами. Или супругов, которые спят на разных кроватях, или жен, которые просят поменять белье в гостевой комнате, жизнерадостно уверяя, что в последнее время у них «жуть как много гостей». А еще Джесс могла бы сказать, в чьи туалеты можно заходить только в противогазе, повесив табличку «ХИМОПАСНОСТЬ».

Однако время от времени попадаются приятные клиенты вроде Лизы Риттер, к которым забегаешь пропылесосить пол и возвращаешься домой, отягощенный знанием, без которого прекрасно мог обойтись.

Джесс наблюдала, как Натали выходит на улицу, держа ящик с принадлежностями для уборки под мышкой, и с ужасающей ясностью представляла, что будет дальше. Она видела кровать наверху, безупречно застеленную чистым бельем, полированные поверхности туалетного столика миссис Риттер, аккуратно взбитые подушки на маленьком диване в эркере. Она видела бриллиант, лежащий вместе с нацарапанной запиской на туалетном столике, маленькую сверкающую ручную гранату.

— Нат, можно тебя на два слова? — спросила Джесс, волоча чемодан мимо Натали.

Она попыталась поймать ее взгляд, но Натали увлеченно разглядывала туфли миссис Риттер.

— Туфли просто потрясающие! — выдохнула она.

— Правда? Я купила их в отпуске. С руками оторвала!

— Миссис Риттер летала в Испанию, Нат, — подчеркнула Джесс, остановившись рядом с ней. — В короткий отпуск!

Натали подняла взгляд и улыбнулась. Попробуем еще раз.

— Она вернулась сегодня утром.

— Чудесно, — просияла Натали.

Джесс ощутила, как внутри нарастает паника, словно неодолимый прилив.

— Отнесу-ка я его наверх, — сказала она, протиснувшись мимо миссис Риттер.

— О, это лишнее!

— Мне несложно.

Интересно, миссис Риттер заметила странное выражение ее лица? Можно подняться наверх. Ворваться в ванную, схватить сережку, сунуть в карман и затолкать Натали в машину, прежде чем подруга успеет проболтаться. И миссис Риттер ничего не узнает. А потом они решат, что делать с бриллиантом.

Джесс бросилась в заднюю дверь, но в глубине души уже знала, что случится.

— Кстати, Джесс вам сказала?

Она успела подняться до середины лестницы. В открытое окно донесся голос Натали, звонкий, как колокольчик.

— Мы нашли вашу сережку и подумали, может, вы знаете, где вторая.

— Сережку? — переспросила миссис Риттер.

— Бриллиантовую. Оправа, наверное, платиновая. Выпала из постельного белья. Вам повезло, что ее не засосало в пылесос.

Повисла короткая пауза.

Джесс закрыла глаза и замерла на лестнице в ожидании неизбежных слов.

— Откуда мне было знать, что у миссис Риттер не проколоты уши?

Они уныло сидели в своем фургоне. Натали курила. Она бросила шесть недель назад. В четвертый раз.

— Я не смотрю на чужие уши. А ты смотришь на чужие уши?

— Полагаю, вы ошиблись, — сказала Лиза Риттер. Ее голос напряженно дрожал, как будто она сжимала его в кулаке. — Похоже, это сережка моей дочери. Она забыла ее, когда в последний раз приезжала домой. У нее как раз есть такие.

— Ну конечно, — ответила Джесс. — Наверное, ее случайно подбросили в комнату. Или принесли на подошве. Мы так и думали.

И когда миссис Риттер отвернулась, стало ясно, что все кончено. Никто не любит гонцов, приносящих дурные вести.

Никому не нужны уборщицы, которые знают, насколько у них плохи дела.

— Восемьдесят фунтов в неделю, железно. И доплата за работу в выходные. — Натали внезапно завизжала. — Вот же свинство! Найти бы эту шлюху с сережкой и избить за то, что мы потеряли свою лучшую работу.

— Она могла не знать, что он женат.

— Все она знала. — До знакомства с Дином Натали два года встречалась с мужчиной, у которого оказалась не одна, а целых две семьи на другой стороне Саутгемптона. — Ни один холостяк не раскладывает на диване подушки в тон.

— А Нил Брюстер? — возразила Джесс.

— Музыкальная коллекция Нила Брюстера на две трети состоит из Джуди Гарленд и на треть — из «Пет шоп бойз».

В конце дороги пухлый карапуз аккуратно рухнул на землю, словно подрубленное дерево, мгновение помолчал и пронзительно завопил. Его мать держала на весу две охапки пакетов с покупками и смотрела на малыша в безмолвном замешательстве.

— Слушай, ты же помнишь, как она сказала на той неделе, что скорее избавится от своего парикмахера, чем от нас.

— Не от нас, а от уборщиц. Это другое дело. Ей плевать, кто у нее убирается — «Скорочисты», «Девушки со швабрами» или мы. — Натали покачала головой. — Впрочем, нет. Теперь мы уборщицы, которые знают правду о ее муже. Для таких, как она, это важно. Лишь бы никто ничего не заподозрил.

Мать поставила пакеты и наклонилась поднять карапуза. Через пару домов Терри Блэкстон вынырнул на шум из-под капота «форда», который уже восемнадцать месяцев не трогался с места.

Джесс закинула босые ноги на приборную панель и уткнулась лицом в ладони.

— Вот дерьмо! Нат, где мы теперь возьмем денег? Это была наша лучшая работа.

— Такой опрятный дом. Достаточно было пару раз в неделю навести лоск. — Натали глядела в окно.

— И она всегда платила вовремя.

— И отдавала нам ненужные вещи.

Перед глазами Джесс сверкала бриллиантовая сережка. Не надо было ее поднимать. Лучше бы они ее украли!

— Ладно, она нас уволит. Давай сменим тему. Мне нельзя плакать перед сменой в пабе.

— Как скажешь. Марти звонил на этой неделе?

— Я не имела в виду «сменим тему на *эту*».

— Так он звонил?

— Ага, — вздохнула Джесс.

— Он объяснил, почему не позвонил неделю назад? — Натали сбросила ноги Джесс с приборной панели.

— Нет. — Джесс физически ощущала ее взгляд. — И нет, он не прислал денег.

— Да неужели? Ты должна натравить на него Агентство по взысканию алиментов. Нельзя, чтобы так продолжалось и дальше. Он обязан присылать деньги собственным детям.

Это был старый спор.

— Он... он еще не встал на ноги, — ответила Джесс. — Я не могу давить на него. Он еще не устроился на работу.

— Что ж, деньги тебе сейчас понадобятся. Пока мы не найдем другую работу, не хуже, чем у Лизы Риттер. Как Никки?

— Ну, я заглянула в дом Джейсона Фишера, чтобы поговорить с его мамой.

— Серьезно? Я боюсь ее до смерти. Она пообещала, что велит оставить Никки в покое?

— Что-то вроде того. — (Натали смотрела на Джесс, открыв рот.) — Она сказала, что, если я еще раз заявлюсь к ней на порог, она размажет меня по стенке. Меня и моих... как же она выразилась?.. меня и моих «чокнутых детей». — Джесс опустила пассажирское зеркало, поправила волосы и стянула их в конский хвост. — Да, а потом она заявила, что ее Джейсон мухи не обидит.

— Как всегда.

— Ничего. Со мной был Норман. Он просто прелесть — навалил огромную кучу прямо рядом с их «той-отой», а я совсем забыла, что у меня в кармане полиэтиленовый пакет. — Джесс опять закинула ноги на приборную панель.

Натали снова сбросила их и протерла панель влажной салфеткой.

— И все-таки, Джесс, я серьезно. Как давно Марти уехал? Два года назад? Пора тебе вернуться в седло. Ты молода. Сколько можно ждать, пока он разберется в себе? — поморщилась она.

— Вернуться в седло. Мило.

— Ты нравишься Лайаму Стаббсу. Можешь на это рассчитывать.

— Любая сертифицированная пара Х-хромосом может рассчитывать на Лайама Стаббса. — Джесс закрыла окно. — Я лучше книжку почитаю. Кроме того, у детей хватает забот и без знакомства с новыми папочками. — Она посмотрела на небо и сморщила нос. — Выпью чая, и пора собираться в паб. Я быстренько обзвоню клиентов перед уходом, может, кому-нибудь нужна внеплановая уборка. К тому же вдруг она нас не уволит.

Натали опустила окно и выдохнула длинную струйку дыма.

— Ну конечно, Дороти. И мы найдем себе новую работу — убираться в Изумрудном городе, в конце Дороги из желтого кирпича.

В доме номер четырнадцать на Сикоув-авеню грохотали отдаленные взрывы. Танзи недавно подсчитала, что с тех пор, как Никки исполнилось шестнадцать, восемьдесят восемь процентов свободного времени он проводит в своей комнате. Джесс прекрасно его понимала.

Она бросила свой ящик с принадлежностями для уборки в прихожей, повесила куртку, поднялась наверх, чувствуя привычное легкое смятение при виде протертого ковра, и толкнула дверь сына. На нем были наушники, он в кого-то стрелял; запах травки был настолько сильным, что у нее закружилась голова.

— Никки, — произнесла Джесс, и кто-то взорвался под градом пуль. — Никки! — Она подошла к нему и сдернула наушники, так что он обернулся с немного растерянным видом, как будто его вырвали из сна. — Трудишься не покладая рук?

— Надо же немного отвлечься.

Она взяла пепельницу и поднесла к его носу:

— Я тебя предупреждала.

— Это вчерашняя. Не мог заснуть.

— Не кури в доме, Никки.

Бессмысленно было просить его не курить вообще. Все в округе курили. Ей еще повезло, что он начал только в пятнадцать.

— Танзи вернулась? — Джесс наклонилась, подбирая с пола разбросанные носки и чашки.

— Нет. После обеда звонили из школы.

— Что?

Он что-то напечатал в компьютере и повернулся к ней:

— Не знаю. Что-то насчет школы.

И тогда она это увидела. Отвела в сторону прядь крашеных черных волос: на его скуле краснела свежая отметина. Он уклонился.

— С тобой все в порядке? — (Он пожал плечами и отвел глаза.) — Они снова к тебе приставали?

— Со мной все хорошо.

— Почему ты не позвонил?

— Денег на счету не было. — Никки откинулся назад и швырнул виртуальную гранату. Экран взорвался клубком пламени. — Номер телефона на столе. Если это насчет меня, то я был в школе в пятницу. Наверное, меня просто не заметили. — Он снова надел наушники и прилип к экрану.

Никки переехал к Джесс восемь лет назад. Он был сыном Марти от Деллы, женщины, с которой Марти недолго встречался в юности. Ребенок был молчаливым и настороженным, с длинными тонкими руками и ногами и волчьим аппетитом. Его мать связалась с очередной компанией и в конце концов умотала в центральные графства с неким Большим Элом, который не смотрел людям в глаза и вечно сжимал в огромном кулаке банку пива «Теннентс экстра», будто ручную гранату. Никки нашли спящим в школьной раздевалке, и когда социальные работники перезвонили, Джесс сказала, что он может переехать к ним.

— Только этого тебе не хватало, — сказала Натали. — Еще один голодный рот.

— Он мой пасынок.

— Ты видела его два раза за четыре года. А тебе нет и двадцати.

— Такие нынче семьи пошли. Не у всех 2,4 ребенка[1].

После она иногда задумывалась, не стало ли это последней каплей, заставившей Марти отказаться от ответственности за семью. Но Никки был хорошим мальчиком, несмотря на волосы цвета воронова крыла и подведенные глаза. Он был ласков с Танзи, а в хорошие дни болтал, смеялся и даже позволял Джесс время от времени неуклюже обнимать его. Она была рада, что он живет с ними, пусть иногда ей и казалось, что у нее стало на одну заботу больше.

Джесс вышла в сад с телефоном и глубоко вдохнула; ее желудок завязался узлом от беспокойства.

— Э-э-э... Алло? Это Джессика Томас. Мне передали, чтобы я позвонила. — Пауза. — Если это насчет Никки, то я проверила его расписание уроков. Он сказал, что ему разрешили повторять пройденное дома, и я думала, что это...

1 *2,4 ребенка* — когда-то среднестатистическое количество детей в британской семье; стереотипная характеристика «нормальной» семьи.

— Миссис Томас, я звонил насчет Танзи.

Приступ паники. Она опустила взгляд на номер, запоминая.

— Танзи? С ней... что-то случилось?

— Простите. Я должен был представиться. Я мистер Цвангараи, учитель Танзи по математике.

— А!

Она помнила его: высокий мужчина в сером костюме. Лицо как у владельца похоронного бюро.

— Я хотел поговорить с вами, поскольку несколько недель назад имел очень интересную беседу со своим бывшим коллегой, который работает в Сент-Эннз.

— Сент-Эннз? — Джесс нахмурилась. — Частной школе?

— Да. У них есть стипендиальная программа для детей, которые исключительно одарены в математике. И, как вам известно, Танзи уже попала в списки «талантливых и одаренных».

— Потому что она хороша в математике.

— Более чем хороша. В общем, мы дали ей письменную работу на прошлой неделе. Не знаю, упоминала ли она об этом? Я отправил вам письмо. Вы его получили?

Джесс, сощурившись, смотрела на небо. Чайки кружили и ныряли на сером фоне. Через несколько садов Терри Блэкстон подпевал радиоприемнику. Он любил изображать Рода Стюарта, когда думал, что никто его не видит.

— Мы получили результаты сегодня утром. Она прекрасно справилась. Просто превосходно. Миссис Томас, если вы согласны, они хотели бы пригласить ее на собеседование для поступления на дотируемое место.

— Дотируемое место? — Джесс обнаружила, что повторяет его слова.

— Для некоторых детей с исключительными способностями Сент-Эннз значительно снижает плату за обучение. Это значит, что Танзи получит превосходное образование. У нее исключительные математические способности, миссис Томас. Я уверен, это прекрасная возможность для нее.

— Сент-Эннз? Но... ей придется ездить на автобусе через весь город. Ей понадобится форма и так далее. Она... она никого не будет знать.

— Она заведет друзей. Но это уже детали, миссис Томас. Давайте подождем и узнаем, что решит школа. Танзи исключительно талантливая девочка. — Он сделал паузу. Когда она ничего не сказала, он понизил голос: — Я преподаю математику почти двадцать два года, миссис Томас. И ни разу не встречал ребенка, который схватывал бы математические концепции на лету, как она. Боюсь, мне уже нечему ее научить. Алгоритмы, вероятности, простые числа...

— Хорошо. Дальше можете не рассказывать, мистер Цвангараи. С меня достаточно «талантливой и одаренной».

— Я буду на связи, — засмеялся он.

Она положила трубку и плюхнулась на белый пластмассовый садовый стул, который был в доме, когда они въехали, и с тех пор оброс тонкой пленкой изумрудного мха. Она смотрела в никуда, через окно на занавески, которые Марти всегда считал слишком яркими, на красный пластмассовый трехколесный велосипед, который у нее до сих пор не дошли руки выкинуть, на соседские окурки, разбросанные по ее дорожке, как конфетти, на гнилые доски изгороди, между которых ее собака любила просовывать голову. Несмотря на свой откровенно напрасный — по мнению Натали — оптимизм, Джесс ощутила, как ее глаза внезапно наполняются слезами.

Ужасно, когда уходит отец твоих детей. Проблемы с деньгами, подавленная злость за детей, большинство замужних подруг считает тебя потенциальной разлучницей. Но хуже этого, хуже бесконечной, постоянной, чертовски выматывающей, высасывающей деньги и силы борьбы — то, что быть единственным родителем, когда это не по плечу, значит быть самым одиноким человеком на земле.

2

Танзи

На парковке Сент-Эннз умещалось двадцать шесть машин. Два ряда по тринадцать больших блестящих полноприводных машин по обе стороны гравийной дорожки въезжали и выезжали с парковочных мест под средним углом в сорок один градус, чтобы уступить место следующему в очереди.

Танзи наблюдала за ними, когда они с мамой переходили дорогу от автобусной остановки. Водители говорили по телефонам в нарушение всяких правил или что-то беззвучно втолковывали пучеглазым белобрысым малышам на заднем сиденье. Мама высоко держала подбородок и теребила ключи в свободной руке, как будто это были ключи от ее автомобиля и они с Танзи просто припарковались неподалеку. Она все время оглядывалась. Наверное, боялась наткнуться на одного из своих клиентов, который спросит, что она здесь делает.

Она раньше не бывала в Сент-Эннз, хотя проезжала мимо на автобусе не меньше десяти раз по пути к бесплатному стоматологу. Снаружи было видно только бесконечную живую изгородь, подстриженную под углом ровно девяносто градусов, — интересно, садовник использовал транспортир? Большие деревья с дружелюбно нависшими над игровыми площадками ветвями словно приглашали детей укрыться под ними.

Дети в Сент-Эннз не лупили друг друга сумками по голове и не зажимали в углу игровой площадки, чтобы отнять деньги на обед. Учителя с усталыми голосами не загоняли подростков в классы. Девочки не начесывали волосы и не заворачивали юбки повыше. Никто не курил. Многие носили очки. Мать слегка сжала ее руку. Танзи хотелось, чтобы она перестала так нервничать.

— Здесь мило, правда, мама?

— Да, — пискнула она.

— Мистер Цвангараи сказал мне, что все шестиклассники из Сент-Эннз, кто сдавал математику, получили пятерку или пятерку с плюсом. Правда, здорово?

— Замечательно.

Танзи слегка потянула маму за руку, чтобы поскорее дойти до кабинета директора.

— Как ты думаешь, Норман будет скучать по мне, когда я буду сидеть допоздна?

— Допоздна?

— Уроки в Сент-Эннз заканчиваются в шесть. А во вторник и четверг работает математический кружок, в который я очень хочу записаться.

— Танзи, — произнесла Джесс и остановилась.

— Мама! Смотри!

Мимо них шла девочка и читала книгу. Честное слово, читала книгу! Никки говорит, что идти с книгой через площадку в Макартурз — это нарываться на неприятности. Книги надо прятать, как сигареты.

Дочь взглянула на мать. Мама выглядела ужасно усталой. В последнее время она всегда была усталой. Она растянула губы в улыбке, которая вовсе не была улыбкой, и они вошли в школу.

— Здравствуйте, миссис Томас. Здравствуй, Костанза. Приятно познакомиться. Садитесь.

Высокий белый потолок в кабинете директора школы был изящно украшен, словно свадебный торт. Маленькие белые розетки из гипса располагались через каждые двадцать сантиметров, а ровно посередине между ними торчали крошечные розовые бутоны. Комната была заставлена старинной мебелью, а за большим окном-фонарем мужчина ездил на катке взад и вперед по полю для игры в крикет. На маленьком столике кто-то оставил поднос с кофе и домашним печеньем. Танзи только через несколько минут поняла, что кофе и печенье предназначены для них.

— Можно попробовать? — спросила она, и директор придвинул печенье к ней.

— Конечно.

— С закрытым ртом, — пробормотала мама.

Печенье было замечательным. Сразу видно, что домашнее. Мама пекла печенье, пока папа не уехал, и оно было точно таким же. Танзи сидела на краю дивана и смотрела на двух мужчин. Усатый улыбался, точно медсестра перед уколом. Мама поставила сумку на колени, и Танзи видела, что она прикрывает рукой пожеванный Норманом уголок. Она покачивала ногой.

— Это мистер Крюйкшенк. Он руководит математическим отделением. А я мистер Дейли. Директор школы в последние два года.

Мама пожала им руки и улыбнулась в ответ. Танзи тоже должна была пожать им руки, но в ее ушах звенело «руководит математическим отделением». Она оторвала взгляд от печенья:

— Вы изучаете хорды?

— Да.

— А вероятность?

— Тоже.

Мистер Крюйкшенк подался вперед:

— Мы посмотрели результаты твоего тестирования. И считаем, Костанза, что в следующем году тебе надо сдать экзамен по математике за весь курс средней школы и больше об этом не думать. Тебя наверняка заинтересуют занятия по продвинутому уровню.

Она посмотрела на него:

— У вас есть учебные задания?

— Есть несколько в соседнем кабинете. Хочешь посмотреть?

Ей не верилось, что он спрашивает. Мгновение ей хотелось ответить «А то!» в духе Никки. Но она лишь кивнула.

Мистер Дейли передал маме кофе.

— Не стану ходить вокруг да около, миссис Томас. Вам прекрасно известно, что у вашей дочери исключительные способности. До сих пор мы лишь однажды видели подобные баллы, и этот ученик впоследствии стал членом Тринити-колледжа.

Танзи кивнула, хотя была совершенно уверена, что не хочет становиться никаким членом. Всем известно, что девочки лучше разбираются в математике.

Директор продолжал разливаться соловьем. Она немного отключилась, пытаясь прикинуть, сколько печений можно съесть, и потому расслышала лишь: «Для очень ограниченной группы учеников, продемонстрировавших необычайные способности, мы создали новую стипендию с равным доступом». Бу-бу-бу. «Это дает возможность ребенку, который в противном случае не мог бы воспользоваться преимуществами подобной школы, шанс реализовать свой потенциал в...» Бу-бу. «Хотя всем нам очень интересно, сколь далеко Костанза продвинется в области математики, мы также хотим обеспечить гармоничное развитие всех остальных аспектов ее личности. У нас она пройдет полный курс обучения по физкультуре и музыке». Бу-бу-бу... «Дети с математическими способностями часто также одарены в языках... — бу-бу, — и актерской игре... Театр очень популярен среди девочек ее возраста».

— Я люблю только математику, — сообщила она. — И собак.

— Ну, насчет собак обещать не могу, но мы, несомненно, предоставим тебе неограниченные возможности развивать свои математические способности. Но мне кажется, ты еще удивишься, когда обнаружишь, что тебе нравится. Ты играешь на музыкальных инструментах?

Она покачала головой.

— Знаешь иностранные языки?

В комнате стало чуть тише.

— Интересуешься чем-нибудь еще?

— Мы ходим плавать по пятницам, — сказала мама.

— Мы не плавали с тех пор, как уехал папа.

Мама улыбнулась, но немного неуверенно:

— Мы плавали, Танзи.

— Один раз. Тринадцатого мая. Но теперь ты работаешь по пятницам.

Мамина улыбка стала совсем странной, как будто уголки губ ползли вниз.

Мистер Крюйкшенк вышел из комнаты и через мгновение вернулся со статьями. Танзи засунула в рот остаток печенья и пересела поближе. У него была целая пачка таких заданий. Заданий, которых она никогда раньше не видела!

Она начала листать их вместе с ним, показывая, что уже делала, а что нет. Голоса мамы и директора рокотали где-то вдалеке. «Мы прекрасно сознаем, какие ловушки, психологические и не только, могут ожидать детей, если поощрять их развитие лишь в одной области... бу-бу-бу... Если Костанза поступит к нам, мы будем высоко ценить ее математические способности, но пастырское попечение о ней...»

Похоже, все будет хорошо. Танзи позволила себе сосредоточиться на странице. Кажется, это теория восстановления.

— Да, — тихо произнес мистер Крюйкшенк, водя пальцем по странице. — Но любопытное свойство процессов восстановления заключается в том, что, если подождать некое заранее определенное время и затем определить размер интервала восстановления, содержащий его, как правило, он окажется больше, чем средний интервал восстановления.

Она это знала!

— И обезьянам понадобится больше времени, чтобы напечатать «Макбета»? — спросила она.

— Именно, — улыбнулся он. — Я сомневался, изучала ли ты теорию восстановления.

— Вообще-то, я ее не изучала. Но мистер Цвангараи однажды рассказал мне о ней, и я поискала в Интернете. Мне понравилось сравнение с обезьянами.

Танзи листала задания. Их было множество. Числа пели ей. Ее мозг зудел от желания прочесть сразу все задания. Она знала, что должна ходить в эту школу.

— Мама, — сказала она. Обычно она не перебивала, но была слишком взвинчена и забыла о хороших манерах. — Как ты думаешь, можно нам взять несколько заданий?

Мистер Дейли взглянул на нее. Похоже, его не волновали хорошие манеры.

— Мистер Крюйкшенк, у нас есть копии?

— Можешь взять эти.

Он отдал их ей! Просто отдал! Танзи начала листать бумаги. Снаружи прозвенел звонок, и дети захрустели гравием под окнами кабинета. Она подняла голову, чтобы посмотреть на них. Ей было интересно, читает еще кто-нибудь книги или нет.

— И... что дальше?

— Ну, мы бы хотели предложить Костанзе... Танзи... стипендию. — Мистер Дейли поднял со стола глянцевую папку. — Здесь вы найдете наши брошюры и сопутствующие документы. Стипендия покрывает девяносто процентов платы за обучение. Это самая щедрая стипендия, какую когда-либо предлагала наша школа. Обычно наш предел — пятьдесят процентов, учитывая длинный список ожидания. Новая стипендия предназначена для выявления детей с неординарными способностями.

— Таких, как я, — заметила Танзи.

— Таких, как ты.

Он протянул ей тарелку. Каким-то образом печенье на тарелке заменили на новое. Это и правда лучшая школа на свете.

— Девяносто процентов, — повторила мама и положила свое печенье обратно на тарелку.

— Конечно, на ваши плечи все равно ляжет существенное финансовое бремя. Плюс расходы на форму и проезд, а также на дополнительные занятия, которые могут понадобиться вашей дочери, например на музыку или школьные экскурсии. Но я хотел бы подчеркнуть, что это уникальная возможность. — Директор наклонился вперед. — Танзи, мы будем очень рады, если ты к нам поступишь. Твой учитель по математике говорит, что работать с тобой — одно удовольствие.

— Мне нравится учиться. — Она потянулась за очередным печеньем. — Я знаю, что многие мои друзья считают учебу скучной. Но мне больше нравится в школе, чем дома.

Все неловко засмеялись.

— Не из-за тебя, мама, — уточнила она и взяла еще одно печенье. — Но моей маме приходится много работать.

Все притихли.

— Как и всем в наши дни, — произнес мистер Крюйкшенк.

— Что ж. Вам предстоит о многом подумать. И у вас наверняка еще остались вопросы. Быть может, вы допьете кофе, пока мы беседуем, а затем я позову кого-нибудь из учеников, чтобы показать вам школу? Тогда вы сможете обсудить это между собой.

Вечером мама поднялась в комнату Никки и велела настроить «Скайп». Каждое воскресенье она писала папе эсэмэску за полчаса до разговора с Танзи, и он настраивал свой компьютер у бабушки. Танзи сидела за столом Никки и старалась не отвлекаться на свое маленькое изображение в углу экрана. Голова на нем была ужасно странной формы.

Но сегодня было не воскресенье.

Она кидала Норману мячик в саду. Она была уверена, что однажды он поймает его и принесет обратно. Танзи где-то прочитала, что повторение увеличивает вероятность того, что животное чему-либо научится, в четыре раза. Впрочем, вряд ли Норман умеет считать.

Они взяли Нормана в собачьем приюте, когда папа впервые уехал и мама не спала одиннадцать ночей подряд, потому что боялась, что их зарежут в собственных постелях, когда узнают, что в доме нет мужчины. В собачьем приюте заверили, что он замечательный сторожевой пес и чудно ладит с детьми. «Но он такой большой», — приговаривала мама.

— Тем лучше он отпугнет грабителей, — жизнерадостно улыбались работники приюта. — Кстати, мы уже сказали, что он чудно ладит с детьми?

Через два года мама заявила, что Норман просто огромная машина, которая только ест и гадит. Он шлепал по дому, линял и вонял. Пускал слюни на подушки и выл во сне, загребая воздух огромными лапами, словно плавал. Мама сказала, что в собачьем приюте не соврали: никто не вломится к ним в дом из опасения до смерти задохнуться от зловония Нормана.

Она оставила попытки изгнать его из комнаты Танзи. Когда Танзи просыпалась по утрам, он всегда занимал три четверти ее кровати, раскинув мохнатые лапы по матрасу и предоставив ей дрожать под крошечным уголком одеяла. Мама вечно ворчала насчет шерсти и гигиены, но Танзи было все равно. У них с Норманом была особая связь. Она знала, что однажды пес это покажет.

Никки появился у них в доме, когда ей было два года. Однажды вечером Танзи легла спать, а наутро он уже жил в гостевой комнате, и мама сказала, что он ее брат и будет жить с ними. Она не знала, есть ли между ними особая связь, хотя они и родственники на пятьдесят процентов. Танзи однажды спросила его, какой у них общий генетический материал, и он ответил: «Ген чокнутого неудачника». Она подозревала, что он шутит, но знала о генетике слишком мало, чтобы проверить.

Танзи мыла руки в раковине на улице, когда услышала разговор. Окно Никки было открыто, и голоса долетали до сада.

— Ты оплатила счет за воду? — спросил Никки.

— Нет. Не успела забежать на почту.

— На нем было написано, что это последнее напоминание.

— Я знаю, что это последнее напоминание.

Мама говорила резко, как всегда, когда речь заходила о деньгах. Повисла пауза. Норман подобрал мячик и положил у ног Танзи. Обслюнявленный, гадкий мячик.

— Прости, Никки. Мне... просто нужно разобраться с этим разговором. Я заплачу за воду завтра. Обещаю. Хочешь поговорить со своим папой?

Танзи заранее знала ответ. Никки больше не хочет разговаривать с папой.

— Привет.

Она подошла к самому окну и замерла. Ей был слышен папин голос.

— Все в порядке? — напряженно спросил папа.

Возможно, он решил, что случилось что-то плохое. Возможно, он вернется домой, если подумает, что у Танзи лейкемия. Она смотрела по телевизору фильм, в котором родители девочки развелись, а потом снова сошлись, потому что у нее была лейкемия. Но на самом деле Танзи не хотелось заболеть лейкемией, потому что ей становится дурно от вида иголок и у нее довольно красивые волосы.

— Все хорошо, — ответила мама. Она не говорила папе, что Никки изводят.

— Что происходит?

Пауза.

— Это твоя мама поклеила? — спросила мама.

— Что?

— Новые обои.

— А! Обои.

В бабушкином доме новые обои? Танзи стало не по себе. Папа и бабушка живут в доме, который она может не узнать. Прошло 348 дней с тех пор, как она в последний раз видела папу. И 433 дня с тех пор, как видела бабушку.

— Мне нужно поговорить с тобой об учебе Танзи.

— А что, она плохо себя ведет?

— Ничего подобного, Марти. Ей предложили стипендию в Сент-Эннз.

— Сент-Эннз?

— Учителя считают, что у нее исключительные способности к математике.

— Сент-Эннз, — недоверчиво протянул он. — В смысле, я знал, что она умненькая девочка, но...

Он явно был доволен. Танзи прижалась спиной к стене и поднялась на цыпочки, чтобы лучше слышать. Возможно, папа вернется домой, если она поступит в Сент-Эннз?

— Наша малышка в аристократической школе! — Он раздулся от гордости. Танзи так и видела, как он прикидывает, что сказать приятелям в пабе. Правда, он не ходит в паб. Ведь он вечно твердит маме, что у него нет денег на развлечения. — И в чем проблема?

— Ну... это большая стипендия. Но она покрывает не все.

— И что это значит?

— Это значит, что нам все равно придется платить пятьсот фунтов за семестр. И еще за форму. И регистрационный взнос пятьсот фунтов.

Молчание было таким долгим, что Танзи решила, что компьютер завис.

— Они сказали, что после первого года можно будет подать заявку на пособие. Какую-то дотацию, дополнительные деньги, которые выдают по заслугам. Но сейчас надо найти почти две штуки, чтобы она проучилась в течение года.

И тогда папа засмеялся. Честное слово, засмеялся.

— Ты, наверное, шутишь?

— Я не шучу.

— Где я, по-твоему, возьму две штуки, Джесс?

— Я просто подумала, что...

— У меня даже нет еще приличной работы. Здесь настоящее болото. Я... еще не встал толком на ноги. Прости, детка, но это невозможно.

— А твоя мама не может помочь? У нее должны быть сбережения. Можно я с ней поговорю?

— Нет. Она... вышла. И я не хочу, чтобы ты клянчила у нее деньги. У нее и так хватает забот.

— Я не клянчу деньги, Марти. Я подумала, может, она захочет помочь своим единственным внукам.

— Они больше не единственные ее внуки. У Елены родился мальчик.

Танзи затаила дыхание.

— Я даже не знала, что она беременна.

— Ну, я собирался тебе сказать.

У Танзи есть маленький двоюродный брат. А она даже не знала. Норман плюхнулся у ее ног. Он посмотрел на нее большими карими глазами и медленно, со стоном перевернулся, как будто лежать на земле было неимоверно тяжелым делом. Он не сводил с нее глаз, ожидая, что Танзи почешет ему живот, но она слишком старательно прислушивалась.

— Ну... может, продадим «роллс»?

— Я не могу продать «роллс». Я собираюсь снова начать свадебный бизнес.

— Он ржавеет в нашем гараже уже почти два года.

— Знаю. Я приеду и заберу его. Просто мне некуда было его поставить.

Голоса родителей стали резкими. Их разговоры часто заканчивались подобным образом. Поначалу мама старалась быть милой, но потом что-то случалось, и оба начинали говорить рублеными фразами и огрызаться друг на друга. Танзи услышала, как мама глубоко вдохнула:

— Может, ты хотя бы подумаешь? Она очень хочет попасть в эту школу. Всем сердцем. Когда учитель математики заговорил с ней, она просияла. Я не видела ее такой с тех пор...

— С тех пор, как я уехал.

— Я этого не говорила.

— Выходит, это я во всем виноват.

— Нет, это не ты во всем виноват. Но я не стану притворяться, что твой отъезд им безразличен. Танзи не понимает, почему ты не навещаешь ее. Она не понимает, почему больше не видит тебя.

— Дорога мне не по карману, Джесс. И ты это знаешь. Сколько можно меня упрекать? Я болен.

— Я знаю, что ты болен.

— Она может в любое время приехать и повидать меня. Я же тебе говорил. Пусть дети приедут на коротких каникулах.

— Это невозможно. Они слишком маленькие, чтобы ехать в такую даль в одиночку. А ехать с ними мне не по карману.

— Полагаю, это тоже моя вина.

— Бога ради, прекрати.

Танзи вонзила ногти в ладони. Норман смотрел на нее и ждал.

— Марти, я не хочу с тобой ссориться. — Мама говорила низким размеренным голосом, словно учительница, объясняющая прописные истины. — Я просто хочу, чтобы ты поискал хоть немного денег. Это изменит жизнь Танзи. Ей не придется бороться, как... нам.

— Черта с два!

— В смысле?

— Ты что, не смотришь новости? Выпускники университетов сидят без работы. Неважно, какое у тебя образование. Ей все равно придется бороться. Все равно придется барахтаться. — Он помолчал. — Нет. Нет смысла влезать в долги еще больше из-за такой ерунды. Конечно, в этих школах говорят, что они совершенно особенные, и она особенная, и ее жизненные перспективы будут потрясающими, если она поступит, и так далее, и так далее. Все они так говорят. — (Мама ничего не сказала.) — Нет, если она и правда такая умница, как они говорят, то проложит себе дорогу сама. Пусть ходит в Макартурз, как все.

— Как маленькие ублюдки, которые только и думают, как половчее избить Никки? И как наштукатуренные девицы, которые прогуливают физкультуру, чтобы не сломать ноготь? Она не впишется в Макартурз. Просто не впишется.

— Теперь ты говоришь, как сноб.

— Нет, я говорю, как человек, который признает, что его дочь немного не такая, как все. И ей нужна школа, которая это приветствует.

— Джесс, я ничем не могу помочь. Прости. — Он говорил рассеянно, будто к чему-то прислушивался. — Вот что. Мне пора. А в воскресенье поговорю с Танзи по «Скайпу».

Повисло долгое молчание.

Танзи досчитала до четырнадцати.

Она услышала, как открылась дверь и Никки произнес:

— Отлично поговорили.

Танзи наклонилась и наконец почесала пузо Нормана. Она закрыла глаза, чтобы не видеть слезу, которая упала на пса.

— Мы покупали лотерейные билеты в последнее время?

— Нет.

На этот раз молчание продлилось девять секунд. Затем голос мамы разнесся эхом в неподвижном воздухе:

— Тогда, возможно, стоит попробовать.

3

Эд

Эд и Ронан пили кофе в комнате креативщиков, когда вошел Сидней. С ним был смутно знакомый мужчина — еще один Костюм. В своих мрачных серых костюмах, с похоронными выражениями лиц они напоминали пару Свидетелей Иеговы.

— Мы вас искали.

— Что ж, вы нас нашли.

— Не Ронана, а вас.

Минуту Эд разглядывал их, выжидая, затем бросил в потолок красный пенопластовый шарик и поймал. Он покосился на Ронана. «Инвестакорп» купила половину их акций добрых восемнадцать месяцев назад, но они все равно мысленно называли ее сотрудников Костюмами. И это было еще ласковое прозвище.

— Вы знакомы с женщиной по имени Дина Льюис?

— А что?

— Вы сообщали ей какие-либо сведения о запуске нового программного обеспечения?

— Что?

— Это простой вопрос.

Эд переводил взгляд с одного на другого. Атмосфера была странно напряженной. Его желудок, словно перегруженный лифт, медленно поехал к ногам.

— Возможно, мы болтали о работе. Ничего определенного, насколько я помню.

— Дина Льюис? — произнес Ронан.

— Нам нужен точный ответ, Эд. Вы сообщали ей какие-либо сведения о запуске SFAX?

— Нет. Может быть. А что случилось?

— Полицейские обыскивают ваш кабинет, с ними два громилы из Управления по финансовым услугам. Брата Дины Льюис арестовали за торговлю на бирже с использованием конфиденциальной информации. Информации о запуске программного обеспечения, которую сообщили вы.

— Ха-ха-ха! Смешно.

— Дина Льюис? Наша Дина Льюис? — Ронан начал протирать очки салфеткой, как всегда, когда беспокоился.

— Ваша Дина Льюис?

— Мы были знакомы в колледже.

— Любопытно. Итак, хеджевый фонд ее брата заработал две целых шесть десятых миллиона долларов в первый день торговли. На ее личный счет перечислено сто девяносто тысяч.

Они не шутили.

— Хеджевый фонд ее брата?

— Да, его хеджевый фонд.

— Я не понимаю, — сказал Ронан. — Что происходит?

— Я вам объясню. Дина Льюис официально заявила, будто передала своему брату слова Эда о запуске SFAX. Якобы Эд сказал ей, что это будет нечто потрясающее. И знаете что? Через два дня фонд ее брата вошел в число крупнейших покупателей акций. Что именно вы ей сказали?

Ронан глядел на него. Эд пытался собраться с мыслями. Он шумно сглотнул. Разработчики выглядывали из кабинок на другой стороне офиса.

— Я ничего ей не говорил. — Он моргал. — Я не знаю. Может, что-то и сказал. Это же не государственная тайна.

— Это была чертова государственная тайна, Эд. Это называется «инсайдерская торговля». Дина Льюис заявила, что вы назвали ей дату и время. Она сказала брату, что компания разбогатеет.

— Она лжет! Болтает невесть что. Мы... между нами кое-что было.

— Вы хотели переспать с девчонкой и болтали невесть что, чтобы произвести на нее впечатление?

— Вовсе нет.

— Ты переспал с Диной Льюис? — Эд чувствовал, как Ронан буравит его близорукими глазами.

Сидней поднял руки, поворачиваясь к мужчине за спиной:

— Вам надо позвонить своему адвокату.

— Но как у меня могут быть неприятности? Я же не получил от этого никакой выгоды.

— Хеджевый фонд Майкла Льюиса стал крупнейшим одиночным инвестором в «Мэйфлай» за неделю до запуска SFAX.

— Я даже не знал, что у ее брата есть хеджевый фонд.

Сидней посмотрел ему за спину. Любопытные внезапно заинтересовались чем-то у себя на столах. Он понизил голос:

— Вам надо идти. Вас хотят допросить в полицейском участке.

— Что? Это нелепо. У меня совещание через двадцать минут. Я не поеду ни в какой полицейский участок.

— И разумеется, вы отстранены до тех пор, пока мы не разберемся с этим делом.

Эд едва не рассмеялся ему в лицо:

— Вы шутите? Вы не можете меня отстранить. Это моя компания. — Он бросил пенопластовый мячик в воздух и поймал его, наполовину отвернувшись от них. Никто не пошевелился. — Я не поеду. Это наша компания. Скажи им, Ронан.

Он посмотрел на Ронана, но Ронан отвернулся. Он посмотрел на Сиднея, но тот лишь покачал головой. Затем он посмотрел на двоих мужчин в форме, возникших у него за спиной, на секретаршу, которая поднесла ладонь ко рту, на ковровую дорожку, которая уже протянулась к двери офиса, и пенопластовый мячик бесшумно упал на пол между его ног.

Дина Льюис. Возможно, и не писаная красавица, но определенно первая в списке Эда и Ронана «Девчонки из кампуса, которых можно отжарить на трезвую голову». Как будто она смотрела в их сторону. Наверное, когда она шла по компьютерному центру, они таращились на нее, словно бассет на гамбургер.

Она не обращала на него внимания все три года, за исключением того случая, когда попросила подбросить от станции до общежития в сильный дождь. Пока она сидела на пассажирском сиденье, он не мог связать двух слов и лишь в конце пути невнятно пробормотал: «Обращайся, подруга». Два слова охватили три октавы. Дина Льюис окинула его взглядом, говорившим, что он смотрит слишком много австралийских сериалов, наклонилась, отлепила пустой пакетик из-под чипсов от подошвы сапог и тактично бросила обратно на пол машины.

Если у Эда вышло плохо, у Ронана вышло еще хуже. Любовь давила на него, словно карикатурная гиря, он черпал надежду в признаках, неуловимых, словно пылинки в луче света. Он писал ей стихи, посылал анонимные букеты в День святого Валентина, с надеждой улыбался в очереди в столовой и старался не подавать виду, что расстроен, когда она его не замечала. В конце концов он стал относиться к этому философски. Понадобилось всего три года. Они с Эдом оба понимали, что такая красотка, которая стоит так высоко в неофициальной иерархии кампуса, не станет тратить время ни на одного из них. А когда они закончили учебу, основали свою компанию и стали думать не о женщинах, а о программном обеспечении — со временем им и вправду стало нравиться думать о программном обеспечении, — Дина Льюис оказалась в том странном уголке воспоминаний, куда заглядываешь под хмельком с целью доказать коллегам, что в университете общался с людьми, а не сидел все три года, уткнувшись в экран. «О... Дина Льюис», — говорили они друг другу, рассеянно глядя поверх голов собутыльников, как будто она плыла над ними в замедленной съемке. Или порой говорили о другой девушке у бара: «Ничего. Но до Льюис ей далеко».

А потом, три месяца назад, через полгода после того, как Лара ушла, прихватив квартиру в Риме, половину его портфеля акций и остатки желания заводить отношения, Дина Льюис связалась с ним через «Фейсбук». Она на пару лет перебралась в Нью-Йорк, но собиралась вернуться и отыскать старых университетских друзей. Он помнит Рину? А Сэма? Как насчет вместе выпить?

Впоследствии ему было стыдно, что он не сказал Ронану. Он убедил себя, что Ронан занят очередным обновлением программного обеспечения. Ему понадобилась целая вечность, чтобы вычистить Дину из своей системы. Он только-только начал встречаться с девушкой из благотворительной столовой. Зачем ворошить прошлое? По правде говоря, Эд накрепко увяз в послеразводном болоте. Он сто лет не ходил на свидания. И в глубине души ему хотелось, чтобы Дина Льюис увидела, каким он стал после продажи компании год назад. Оказывается, за деньги можно купить специалистов по одежде, коже и волосам. Можно купить персонального тренера. Эд Николс больше не выглядел как косноязычный ботаник в «мини». Он не носил дорогих костюмов или часов, но знал, что в тридцать три года от него так и веет богатством. Они встретились в баре в Сохо. Она извинилась: Рина — помнишь Рину? — продинамила их в последний момент. У нее ребенок, видите ли. Дина насмешливо подняла бровь. Много позже он сообразил, что Сэм тоже не явился. О Ронане Дина не спрашивала.

Он не мог отвести от нее глаз. Она выглядела совсем как раньше, только лучше. Ее искусно подстриженные темные волосы пружинили, как в рекламе шампуня, и с ее скул сошел последний юношеский жирок. Она была прекраснее, чем он помнил, более человечной. Возможно, даже золотые девочки становятся чуть ближе к земле, покинув стены университета. Она смеялась над всеми его шутками. Время от времени он искоса посматривал, как она хлопает ресницами. Он заметил, как она мимолетно удивилась тому, что помнит его совсем другим человеком. Бальзам на душу. Они расстались через пару часов, и он был поражен, когда она перезвонила через два дня и предложила встретиться. На этот раз они пошли в клуб, и он танцевал с ней, и когда она подняла руки над головой, ему пришлось сильно постараться, чтобы не представлять ее распростертой на кровати. За третьим или четвертым бокалом она сообщила, что только что рассталась с парнем. И очень переживает. Вряд ли она готова к чему-то серьезному. Он поддакивал в нужных местах. Рассказал ей о Ларе, своей бывшей жене, которая заявила, что работа всегда будет ее первой любовью и она должна уйти от него, чтобы не сойти с ума.

— Немного мелодраматично, — заметила Дина.

— Она итальянка. И актриса. С ней все мелодраматично.

— Было мелодраматично, — поправила Дина, глядя ему в глаза.

Она спросила его о работе и наивно восхитилась, что он создал компанию.

— По правде говоря, я ни черта не смыслю в технике, — призналась она. — Но это звучит потрясающе.

У нее появился легкий американский акцент. Она коснулась Эда ногой.

Он попытался объяснить. Она следила за движениями его губ, и это странно отвлекало. Он рассказал ей обо всем: о первых пробных версиях, которые они с Ронаном писали в его комнате, о глюках в программном обеспечении, о встречах с медиамагнатом, который отвез их в Техас на своем личном самолете и обругал, когда они отказались принять его предложение о поглощении.

Он рассказал о дне, когда их компания акционировалась. Рассказал, как сидел на бортике ванны, следил с телефона за ростом курса акций и дрожал, понимая, как сильно изменится его жизнь.

— Ты настолько богат?

— Да, дела идут неплохо.

— Насколько неплохо?

Он сознавал, что говорит как самодовольный болван. Почти.

— Ну... конечно, до развода дела шли получше... Но и сейчас идут неплохо. Знаешь, деньги меня не особенно интересуют. — Он пожал плечами. — Мне просто нравится делать то, что я делаю. Нравится наша компания. Нравится, когда в голову приходят идеи и я воплощаю их в программы, которые по-настоящему нужны людям.

— Но ты продал компанию?

— Она слишком разрослась, и мне сказали, что, если продать компанию, парни в костюмах возьмут на себя финансовую сторону дела. Я никогда этим не интересовался. Мне достаточно иметь пакет акций. — Он взглянул на нее. — У тебя очень красивые волосы. — Он понятия не имел, почему это сказал.

Она поцеловала его в такси. Дина Льюис медленно развернула его лицом к себе тонкой ручкой с идеальным маникюром и поцеловала его. Хотя прошло больше двенадцати лет после выпуска — двенадцати лет, за которые Эд Николс успел жениться и развестись с моделью/актрисой/и так далее, — голосок в его голове настойчиво твердил: «Дина Льюис целует меня». И она не просто его целовала: она задрала юбку и провела по нему длинной стройной ногой, явно не обращая внимания на таксиста, прижалась к нему и целовала его лицо и шею, просунула руки под рубашку и ласкала, пока он не разучился говорить и думать. Когда машина остановилась у его дома, он с трудом ворочал языком и не только не стал ждать сдачу, но даже не посмотрел, какие банкноты сунул водителю.

И секс был потрясающим. О боже, это было великолепно. Она двигалась, как порноактриса, благослови ее Боже. С Ларой в последние месяцы казалось, что она оказывает ему милость в зависимости от некоего набора правил, которые, похоже, знала только она: уделял ли он ей достаточно внимания, проводил ли с ней достаточно времени, ужинал ли с ней в ресторане, понимал ли, как жестоко оскорбил ее чувства. Иногда она молча отворачивалась от него после секса, как будто он сделал что-то ужасное.

Когда Дина Льюис увидела его обнаженным, в ее глазах вспыхнул голод. О боже! Господи Иисусе! *Дина Льюис.*

После секса она закурила в постели и произнесла:

— Я больше почти не курю, но после такого... — и хрипло хохотнула.

— Я и сам не прочь закурить.

Докурив, она так хорошо ему отсосала, что соседи снизу тоже, наверное, были не прочь закурить.

Она осталась у Эда на ночь и ушла домой неохотно. По будням она жила у своего брата в Фулеме, а по выходным — у родителей в Бристоле. Первую неделю она писала электронные письма каждый день и три раза ему позвонила. Он ничего не сказал Ронану. Он писал ей сообщения, лежа в кровати, его ноутбук казался мерцающим океаном посреди широкого пухового одеяла. Он старался не думать о ней. Они просто развлекаются, говорил он себе. Ничего серьезного. Вряд ли Ронан с ней столкнется.

Кроме того, они с Диной оба только что пережили тяжелые расставания. Они обсуждали, как цинично относятся к отношениям, как приятно побыть одному. А потом однажды ночью он выпил. Ему взгрустнулось. Он с полминуты поразмыслил и напечатал:

Давай встретимся в выходные.

Я не могу, — ответила она.

Почему?

Я на мели.

Эд вспомнил, как ее длинные темные волосы переплетались с его пальцами. Вспомнил, как прекрасно было ненадолго забыть о Ларе. И написал:

Я заплачу. Приезжай.

Она приехала вечером в пятницу. Они обошли местные бары, прогулялись вдоль реки, пообедали в пабе. Она взяла его под руку, и он обнаружил, что смотрит на ее пальцы и безмолвно восклицает: «Дина Льюис! Я сплю с Диной Льюис!» Она была забавной и бойкой. При виде ее улыбки губы невольно расплывались в ответной. И так приятно было заниматься сексом без угрызений совести и опасений, что во сне стибрят бумажник. Вечером в воскресенье они отлично поужинали, выпили море шампанского и вернулись в его квартиру, где Дина надела потрясающие черные шелковые трусики с ленточками по бокам, которые достаточно развязать, чтобы ткань медленно соскользнула по бедрам, словно рябь на воде. После секса Дина свернула косячок, и он не затягивался, но голова все равно приятно кружилась. Он запустил пальцы в ее темные шелковистые волосы и почувствовал, что жизнь и вправду прекрасна.

А потом она сказала:

— Я рассказала родителям о нас.

Он не сразу смог сосредоточиться.

— Родителям?

— Ты же не против? Просто так приятно.... почувствовать, что... я больше не одинока, понимаешь?

Эд уставился в потолок. Все нормально, сказал он себе. Многие люди рассказывают родителям обо всем. Даже через две недели.

— У меня была жуткая депрессия. А теперь я так... — широко улыбнулась она, — счастлива. Просто безумно счастлива. Как будто просыпаюсь с мыслью о тебе. Как будто все будет хорошо.

У него странно пересохло во рту. Вряд ли от косячка.

— Депрессия? — переспросил он.

— Теперь все в порядке. Знаешь, мои предки просто молодцы. После прошлого раза они отвели меня к врачу, и он прописал мне таблетки. И они отлично помогают. Снимают все запреты, но никто пока не жаловался! ХА-ХА-ХА-ХА! — (Он протянул ей косячок.) — Понимаешь, я все ярко переживаю. Мой психотерапевт говорит, что я очень чувствительная. Некоторые люди идут по жизни легко. Я не из таких. Иногда я читаю об умирающем животном или убитом где-то за границей ребенке и буквально плачу весь день. Буквально. Я и в колледже такая была. Помнишь?

— Нет.

Она положила руку ему на член. Внезапно Эду стало ясно, что тот даже не встрепенется.

Она взглянула на него. Ее волосы наполовину закрывали лицо, и она сдула их в сторону.

— Такой облом — потерять и работу, и дом. Ты понятия не имеешь, каково это — по-настоящему быть на мели. — Она глядела на него, словно взвешивала, что рассказать. — Я хочу сказать — совсем на мели.

— Что... что ты имеешь в виду?

— Ну... я должна своему бывшему кучу денег, но сказала, что не могу отдать. У меня слишком большие долги по кредитной карте. А он продолжает мне названивать и все время твердит о деньгах. Это очень раздражает. Он не понимает, как сильно я нервничаю.

— О какой сумме речь?

— О большой.

— О какой? — Он сомневался, хочет ли знать.

Она ответила. У него отвисла челюсть, и Дина добавила:

— Только не пытайся одолжить мне денег. Я не стану брать деньги у своего парня. Это все усложняет. Но моя жизнь превратилась в кошмар.

Эд старался не переживать из-за того, что она назвала его «своим парнем». Он взглянул на нее и увидел, что ее нижняя губа дрожит. Он сглотнул:

— Гм... У тебя все в порядке?

Она улыбнулась слишком поспешно и слишком широко.

— У меня все отлично! Благодаря тебе у меня все в полном порядке. — Она провела пальцем по его груди. — Ладно. Приятно было на время забыть о проблемах. И просто волшебно — ужинать в чудесных ресторанах, не трясясь из-за счета.

Она поцеловала его сосок. Той ночью она спала, закинув на него ногу. Эд лежал без сна и жалел, что не может позвонить Ронану.

Она вернулась в следующую пятницу, и в следующую тоже. Она не понимала его намеков на другие дела в выходные. Отец дал ей денег на ужин.

— Он говорит, такое облегчение снова видеть меня счастливой.

Дина перебежала дорогу от станции подземки. Эд сказал, что у него простуда. Не стоит его целовать.

— Мне наплевать. Все твое — мое, — сказала она и прильнула к его губам на добрых тридцать секунд.

Они поели в местной пиццерии. Он начал испытывать смутную рефлекторную панику при виде Дины

Льюис. Она постоянно что-то «чувствовала». Бурно радовалась при виде красного автобуса, хныкала при виде засохшего растения на окне кафе. Она не знала меры ни в чем. Она улыбалась каждому встречному. Иногда она так увлекалась разговором, что ела с открытым ртом. Не закрывала двери, когда писала в его квартире. Казалось, лошадь заглянула с визитом и решила облегчиться.

Он был к этому не готов. Она была слишком навязчивой. Слишком эксцентричной. Слишком, слишком, слишком. Эд хотел жить в квартире один. Он мечтал о тишине, о привычном порядке. Он не мог поверить, что когда-то был одинок.

Той ночью он сказал ей, что не хочет заниматься сексом.

— Я очень устал.

— Спорим, я помогу тебе взбодриться? — Она нырнула под одеяло, и пришлось вытаскивать ее обратно.

Последовала борьба, которая показалась бы забавной в других обстоятельствах: Дина пыталась поймать ртом его член, Эд отчаянно тянул ее вверх за подмышки.

— Я серьезно, Дина. Не... не сейчас.

— Тогда давай обниматься. Теперь я знаю, что тебе нужно не только мое тело! — Она обвила его руку вокруг себя и тихо пискнула от удовольствия, как маленький зверек.

Эд Николс лежал в темноте с широко раскрытыми глазами. За четыре года романа и брака с Ларой он забыл, как легко самый желанный человек на свете может развернуться на сто восемьдесят градусов и превратиться в чудовище, ради спасения от которого не жалко отгрызть себе ногу. Он перевел дыхание.

— Вот что... Дина... в следующие выходные мне надо уехать по делам.

— В какое-нибудь милое местечко? — Она задумчиво провела пальцем по его бедру.

— Гм... в Женеву.

— О-о-о, как мило! Можно я спрячусь в твоем чемодане?

— Что?

— Я могу ждать тебя в гостиничном номере. Когда ты вернешься с деловой встречи, я разглажу твой нахмуренный лоб. — Она провела по его лбу пальцем. Он едва не отшатнулся.

— Правда? Было бы чудесно. Но это совсем не такая поездка.

— Тебе ужасно повезло. Я обожаю путешествовать. Если бы я не оказалась на мели, я бы мигом села в самолет.

— Правда?

— Это моя страсть. Мне нравится быть вольным странником, идти куда глаза глядят. — Она наклонилась, достала сигарету из пачки на прикроватном столике и закурила.

— То есть ты бы хотела снова путешествовать?

— Я бы понеслась со всех ног.

Он немного полежал, размышляя.

— У тебя есть акции и ценные бумаги?

Она скатилась с него и улеглась на подушку.

— Немного. Кажется, бабушка что-то оставила. Сто акций какого-то строительного общества и две сотни «Вулворта»[1]. — Она хохотнула. — И не предлагай мне играть на фондовой бирже, Эд. Я не могу рисковать последним.

— Никакого риска, — не подумав, выпалил он.

1 *«Вулворт»* — крупная международная сеть розничной торговли.

— В смысле?

— У нас скоро кое-что выйдет. Через пару недель. Это будет настоящая бомба.

— Кое-что?

— Я не могу тебе все рассказать. Но мы работаем над этим уже довольно давно. Наши акции взлетят вверх. Наши финансисты в этом совершенно уверены. — (Она притихла у него под боком.) — Я знаю, мы почти не разговаривали о работе, но это выльется в немаленькую сумму.

Она явно не поверила:

— Ты предлагаешь мне поставить последние гроши на то, не знаю что?

— Тебе и не надо ничего знать. Надо просто купить несколько акций моей компании. — Он повернулся на бок. — Слушай, если ты наскребешь пару тысяч фунтов, я гарантирую, что через две недели тебе хватит денег, чтобы вернуть долг бывшему. И ты будешь свободна! И сможешь делать все, что угодно! Езжай куда вздумается!

Повисло долгое молчание.

— Вот как ты зарабатываешь деньги, Эд Николс? Соблазняешь женщин и уговариваешь их купить акции твоей компании на несколько тысяч фунтов?

— Нет, это...

Она повернулась, и он увидел, что она шутит. Она погладила его по щеке:

— Ты так добр ко мне. И это славная идея. Но у меня нет пары тысяч.

Он опять заговорил, не подумав:

— Я одолжу. Если заработаешь, вернешь. Если нет — сам виноват, что дал никчемный совет.

Она засмеялась, но умолкла, когда поняла, что он не шутит.

— Ты сделаешь это ради меня?

Эд пожал плечами:

— Честно? Пять штук для меня не такая уж крупная сумма.

«И я заплачу в десять раз больше, лишь бы ты отвалила».

Ее глаза широко распахнулись.

— Ух ты! Еще никто не был так добр ко мне.

— Это вряд ли.

Утром он выписал ей чек. Она закалывала волосы и строила рожи перед зеркалом в прихожей. От нее смутно веяло яблоками.

— Имя не вписывай, — сказала она, когда поняла, что он делает. — Я попрошу своего брата заняться этим. Он неплохо разбирается в этих ваших акциях и ценных бумагах. Еще раз, что я должна купить?

— Ты серьезно?

— Ничего не могу поделать. Рядом с тобой у меня мысли путаются. — Она провела ладонью по его трусам-боксерам. — Я верну тебе деньги, как только смогу. Обещаю.

— Вот. — Эд достал визитную карточку и отступил. — Это название компании. Сделай, что я говорю. Обещаю, это поможет. Мне невыносимо думать, что ты оказалась в стесненном положении!

Он заставил замолчать предупреждающий голосок в голове и фальшиво рассмеялся. По квартире раскатилось эхо.

Эд ответил почти на все ее электронные письма. Он был жизнерадостным и уклончивым. Писал, как приятно проводить время с человеком, который понимает, насколько странно себя чувствуешь после завершения серьезных отношений, насколько важно порой побыть в одиночестве. На это письмо она не ответила. Странно, но она не упомянула ни запуск продукта, ни стремительный взлет акций. Она должна была заработать больше ста тысяч. Возможно, она усердно втыкала булавки в его фотографию и не хотела отвлекаться. Или потеряла чек. Или укатила в Гваделупу. Каждый раз, когда он думал о том, что сделал, у него сосало под ложечкой. Он старался об этом не вспоминать.

Он сменил номер мобильного телефона, уверяя себя, что забыл сообщить его Дине по чистой случайности. В конце концов она перестала писать. Прошло два месяца. Эд с Ронаном пару раз посидели в баре, обсуждая Костюмов. Эд слушал, как Ронан взвешивает достоинства и недостатки девушки из благотворительной столовой, и ему казалось, что он выучил важный урок. Или уклонился от пули. Он точно не знал.

А потом, через две недели после запуска SFAX, он лежал в комнате креативщиков, лениво бросал пенопластовый мячик в потолок и слушал рассуждения Ронана о глюке в платежном обеспечении, когда вошел Сидней, финансовый директор. И внезапно Эд понял, что можно огрести проблемы намного хуже, чем навязчивая подружка.

— Эд?

— Что?

Короткая пауза.

— Вот как ты отвечаешь на телефонные звонки! Просто замечательно! В каком возрасте ты планируешь приобрести хотя бы элементарные навыки общения?

— Привет, Джемма. — Эд вздохнул, свесил ногу с кровати и сел.

— Ты говорил, что собираешься заехать. Неделю назад. Я и подумала: может, тебя мебелью придавило.

Он обвел взглядом спальню. Пиджак от костюма на спинке стула. Четверть восьмого на часах. Он потер затылок:

— Ну. Да. Дел невпроворот.

— Я позвонила тебе на работу. Сказали, ты дома. Ты заболел?

— Не заболел, просто... есть одно дело.

— Значит, у тебя найдется время повидаться с папой?

Он закрыл глаза:

— Я немного занят.

Сестра тягостно молчала. Он представил, как она сидит, выпятив подбородок и подняв глаза к небу.

— Он спрашивает о тебе. Спрашивает уже целую вечность.

— Я приеду, Джемм. Просто... я... сейчас не в городе. Мне нужно кое с чем разобраться.

— Всем нужно с чем-то разбираться. Просто позвони ему, ладно? Даже если на самом деле не сядешь в одну из своих восемнадцати роскошных машин, чтобы навестить отца. Позвони ему. Его перевели в отделение «Виктория». Ему дадут трубку, если ты позвонишь.

— Хорошо.

Он думал, что она положит трубку, но она не положила. Он услышал тихий вздох.

— Я очень устала, Эд. Начальству не слишком нравится, когда я отпрашиваюсь с работы. Так что мне приходится ездить к нему каждые выходные. Мама вот-вот сорвется. Мне правда очень, очень нужно, чтобы кто-нибудь мне помог.

Он ощутил укол вины. Его сестра не из нытиков.

— Я же сказал, что постараюсь приехать.

— Ты говорил то же самое на прошлой неделе. Послушай, ты доедешь до него за четыре часа.

— Я не в Лондоне.

— А где ты?

Он взглянул в окно на темнеющее небо:

— На южном побережье.

— У тебя отпуск?

— Нет, не отпуск. Это сложно.

— Это не может быть так уж сложно. У тебя нет никаких обязательств.

— Угу. Спасибо, что напомнила.

— Да ладно. Это твоя компания. Ты устанавливаешь правила, верно? Просто выпиши себе дополнительные две недели отпуска. Будь Ким Чен Ыном своей компании. Диктатором!

Снова долгое молчание.

— Ты какой-то странный, — наконец сказала она.

Эд глубоко вдохнул, прежде чем заговорить.

— Я что-нибудь придумаю. Обещаю.

— Хорошо. И позвони маме.

— Позвоню.

Щелчок ознаменовал окончание разговора. Эд взглянул на телефон и позвонил в офис своего адвоката, но попал на автоответчик.

Следователи вытащили все ящики в его квартире, все до единого. Они не выбрасывали вещи на пол, как в кино, но методично просмотрели их в перчатках, прощупывая складки футболок, заглядывая в каждую папку. Оба его ноутбука, карты памяти и два телефона изъяли. Ему пришлось подписать разрешения, будто это делалось ради его же блага.

— Уезжай из города, Эд, — посоветовал ему адвокат. — Просто уезжай и постарайся поменьше думать. Я позвоню, если надо будет, чтобы ты приехал.

Они явно обыскали и это жилье. Здесь было так мало вещей, что обыск должен был занять меньше часа.

Эд оглядел спальню загородного дома, пуховое одеяло в накрахмаленном пододеяльнике из бельгийского льна, которое уборщицы положили утром, ящики с запасными джинсами, трусами, носками и футболками.

— Уезжайте из города, — сказал Сидней. — Если правда выплывет наружу, нашим акциям несдобровать.

Ронан не разговаривал с ним с тех пор, как полиция явилась в офис.

Эд взглянул на телефон. Не считая Джеммы, не было ни единого человека, которому он мог позвонить и просто поболтать, не объясняя, что случилось. Все его знакомые были техническими специалистами и, за исключением Ронана, вряд ли считались настоящими друзьями. Он уставился в стену. Подумал о том, что на прошлой неделе четыре раза съездил в Лондон и обратно только потому, что без работы было нечем заняться. Он вспомнил прошлый вечер, когда так разозлился на Дину Льюис, на Сиднея, на всю ту чертову хрень, которая случилась с его жизнью, что разбил о стену целую бутылку белого вина. Насколько вероятно, что это повторится, если он и дальше будет куковать в одиночестве? Ничего другого не остается. Он натянул пиджак, взял связку ключей из сейфа рядом с задней дверью и направился к машине.

4

Джесс

Танзи всегда была немного особенной. В год выстраивала кубики в ряды или составляла в узоры, а после вытаскивала один или два, создавая новые формы. К двум годам полюбила цифры. В дошкольном возрасте читала сборники математических задач и задавала вопросы вроде «Почему единица пишется как „1“, а не как „2“?» или сообщала Джесс, что умножение — «всего лишь другой способ сложения». В шесть лет могла объяснить, что такое «замощение плоскости».

Марти это не нравилось. От одержимости дочери цифрами ему было не по себе. Но Марти было не по себе от всего «не нормального». Танзи была счастлива, когда сидела и размышляла над задачами, которые никто из них не мог понять. Мать Марти называла ее зубрилой, когда изредка навещала внуков. Судя по ее тону, это не было комплиментом.

— И что ты собираешься делать?

— Сейчас ничего нельзя сделать.

— Разве не странно, если она станет тусоваться с детьми из частной школы?

— Не знаю. Наверное. Но это будет нашей проблемой. Не ее.

— А если она отдалится от тебя? Подружится с богатенькими и начнет стесняться собственной семьи?

— Что?

— Я просто предположила. Ты не боишься заморочить ей голову? Она может забыть, откуда родом.

Джесс взглянула на Натали за рулем:

— Нат, она родом из трущоб. Я буду только рада, если у нее обнаружат болезнь Альцгеймера на ранней стадии.

Натали довольно странно отреагировала на рассказ Джесс о собеседовании. Казалось, подруга восприняла это близко к сердцу. Все утро она трещала, как охотно ее дети ходят в местную школу, как она рада, что они «нормальные», как нелегко ребенку быть «особенным». Но для Джесс было главным, что после собеседования ее дочь оживилась впервые за много месяцев. Танзи набрала сто процентов баллов по математике и девяносто девять процентов по невербальным рассуждениям. (Ее по-настоящему расстроил недостающий процент.) Мистер Цвангараи сообщил результат по телефону и сказал, что могут найтись другие источники финансирования. Он упорно называл это «деталями», но тем, кто считает деньги «деталями», вряд ли приходилось из-за них переживать.

— И к тому же ей придется носить эту чопорную форму, — сказала Натали, когда они затормозили у «Бичфранта».

— Она не будет носить чопорную форму, — раздраженно ответила Джесс.

— Тогда ее станут дразнить, что она не такая, как все.

— Она не будет носить чопорную форму, потому что не пойдет в эту чертову школу. У меня нет ни малейшего шанса отдать ее туда. Ясно?

Джесс хлопнула дверцей машины и пошла впереди, чтобы не пришлось ничего больше выслушивать.

Только местные называли «Бичфрант» загородным комплексом. Застройщики называли его курортным поселком. Это не был загородный комплекс вроде стоянки для автофургонов «Си брайт» на вершине холма — беспорядочного нагромождения потрепанных ветром домов на колесах и сдающихся летом в аренду палаток. Это был ровный строй дизайнерских «жилых пространств» среди чистеньких дорожек и домиков, на ухоженных лесистых участках. Здесь имелся спортивный клуб, спа, теннисные корты, огромный комплекс с бассейном, которым местным так и не разрешили пользоваться, горстка бутиков с непомерно задранными ценами и мини-супермаркет, чтобы обитателям комплекса не приходилось выбираться в городские трущобы. По вторникам, четвергам и пятницам «Бенсон и Томас» убирали два четырехкомнатных съемных дома с видом на клуб, затем переходили к более новым зданиям: шести современным домам со стеклянными фасадами, которые стояли на меловых скалах и смотрели прямо на море. Безукоризненная «ауди» на подъездной дорожке мистера Николса никогда не трогалась с места. Как-то раз приехала женщина, назвавшаяся его сестрой, с двумя маленькими детьми и усталым мужем (они оставили дом безупречно чистым). Сам мистер Николс приезжал редко и ни разу за тот год, что они у него убирались, не пользовался ни кухней, ни прачечной. Джесс подрабатывала, стирая и гладя его полотенца и простыни каждую неделю для несуществующих гостей. От сланцевых полов отражалось эхо, бескрайние пространства жилых комнат устилали циновки из морской травы, в стены была встроена дорогая аудиосистема. За стеклянными фасадами открывалась широкая голубая дуга горизонта. Но не было ни фотографий на стенах, ни свидетельств хоть какой-нибудь жизни. Натали поговаривала, что, даже когда хозяин приезжает, он здесь только ночует. Очевидно, он водил сюда женщин — Натали однажды нашла в ванной губную помаду, и в прошлом году они обнаружили под кроватью крошечные кружевные трусики («Ла Перла») и верх от бикини, — но больше о нем ничего нельзя было понять. Джесс подумала о собственном доме, об узкой скрипящей лестнице, отслаивающихся обоях и, против обыкновения (она редко сравнивала дома клиентов со своим — так и рехнуться недолго) помечтала о столь обширном пространстве. Мистеру Николсу никогда не приходилось ставить вешалку для одежды на лестничной площадке второго этажа, у него никогда не кончалось место на книжных полках. Он никогда не беспокоился, где взять денег на регистрационный взнос.

— Он дома, — пробормотала Натали.

Когда они закрыли переднюю дверь, по коридору эхом раскатился мужской голос, громкий, настойчивый. Похоже, мистер Николс разговаривал по телефону. Натали скорчила Джесс рожицу и медленно пошла по коридору.

— Уборщицы, — пропела она.

Хозяин не ответил, но наверняка услышал.

Спор продолжался все время, пока они убирались на кухне. Он использовал одну кружку, и в мусорной корзине лежали две пустые картонки из-под еды навынос. В углу у холодильника валялись мелкие зеленые осколки стекла, как будто крупные убрали, а остальные поленились. Стены были залиты вином. Джесс тщательно их вымыла. В доме пахло, как на пивоварне. И мистер Николс продолжал спорить. Она не разбирала слов, поскольку он разговаривал в дальней комнате, за полузакрытой дверью, но даже отсюда было ясно, что он злится. Они с Натали работали молча, переговаривались шепотом, пытаясь сделать вид, что ничего не слышат. Когда они закончили на кухне, Натали перебралась в гостиную, а Джесс спустилась в прихожую. Она убрала туалет на первом этаже, затем столовую с новехоньким столом из беленого дуба и такими же стульями. Протерла пыль с рамок для фотографий, подвинув несколько штук на пару сантиметров — так было заметно, что она поработала. На террасе стояла пустая бутылка «Джек Дэниелс» и стакан. Джесс отнесла их в дом.

За мытьем посуды она думала о Никки. Вчера он вернулся из школы с порезанным ухом и испачканными в пыли коленями. Отвечать на вопросы не стал. В последнее время он предпочитал собеседников по ту сторону экрана — парней, которых Джесс никогда не встречала и не встретит, парней, которых он называл «ГоЛоВоРез» и «Тер Минатор». Они стреляли и потрошили друг друга забавы ради. Разве его можно винить? Похоже, его жизнь превратилась в настоящее поле военных действий.

Она вспомнила, как Танзи разговаривала с тем учителем математики. После собеседования Джесс постоянно лежала без сна, мысленно подсчитывала деньги, неумело добавляла и вычитала — Танзи наверняка посмеялась бы над ней. Стипендия не выходила у нее из головы. Обосновалась в ней, словно зубная боль, и Джесс постоянно о ней беспокоилась, пыталась изобрести способ превратить финансовую муху в слона. Она продала свои вещи. Составила мысленные списки людей, теоретически способных одолжить денег и подождать с возвращением долга. Включила в них самых вероятных и самых невероятных людей — свою мать, тетю Нелл из Дорсета, отставного учителя, у которого она убиралась и который всегда говорил, что Танзи умная девочка, — но даже если удастся выпросить пятьдесят фунтов здесь и там, никто не даст в десять раз больше. Ни у кого из знакомых даже не водится таких денег.

Разве что у акул, которые кружат по району со своими скрытыми четырехзначными ставками процента. Джесс не раз видела, как дружелюбные кредитные представители превращаются в финансовых стервятников с глазами-буравчиками. И она вновь и вновь вспоминала слова Марти. Может, в Макартурз не так уж и плохо? Некоторые дети спокойно в ней учатся. Танзи тоже может, если станет держаться подальше от нарушителей спокойствия. Горькая правда была видна как на ладони. Джесс должна сказать дочери, что не может наскрести денег. Джесс Томас, которая всегда находит выход, которая всю жизнь твердит детям, что все будет хорошо, не может сделать так, чтобы все было хорошо. Она закончила прибираться в столовой, в которой никто никогда не обедал, и дальним уголком сознания отметила, что громкий разговор прекратился. Очевидно, мистер Николс наконец положил трубку. Она потащила пылесос по коридору, поморщилась, когда тот ударил ее по голени, и постучала в дверь, чтобы узнать, не надо ли убраться в кабинете. Никто не ответил, и когда она постучала еще раз, мистер Николс внезапно крикнул:

— Я прекрасно это знаю, Сидней. Вы пятнадцать раз это повторили, но это не значит...

Слишком поздно: она приоткрыла дверь. Джесс попыталась извиниться, но мужчина поднял руку, даже не взглянув на нее, как будто она была кем-то вроде собаки: «Сидеть!» Затем он захлопнул дверь у нее перед носом, так что весь дом содрогнулся. Джесс смущенно стояла, не в силах пошевелиться от потрясения, и по ее коже бегали мурашки.

— Я же тебе говорила, — сказала Натали через несколько минут, яростно надраивая гостевую ванную. — В частных школах не учат хорошим манерам.

Через сорок минут они закончили. Джесс со злостью запихала нетронутые белые полотенца мистера Николса в свой мешок. Спустилась в прихожую и поставила мешок рядом с ящиком с принадлежностями для уборки. Натали полировала дверные ручки. Это было ее коньком. Она терпеть не могла отпечатки пальцев на кранах или дверных ручках. Иногда задерживалась минут на десять, чтобы все протереть.

— Мистер Николс, мы уходим.

Он стоял на кухне и смотрел через окно на море, рассеянно положив руку на голову. У него были темные волосы и якобы модные очки, в которых кто угодно похож на Вуди Аллена. Костюм сидел на нем, как на двенадцатилетнем ребенке, которого заставили явиться на крестины.

— Мистер Николс.

Он едва заметно покачал головой, вздохнул и пошел по коридору.

— Хорошо, — рассеянно произнес он, не сводя глаз с экрана мобильного телефона. — Спасибо.

Они ждали.

— Гм, как насчет денег?

Натали закончила полировать дверные ручки и сложила салфетку, затем развернула и сложила заново. Она ненавидела разговоры о деньгах.

— Я думал, вам платит управляющая компания.

— Они не платят уже три недели. А в офисе вечно ни души. Если вы хотите, чтобы мы и дальше убирались у вас, рассчитайтесь с долгами.

Он порылся в карманах, достал бумажник:

— Хорошо. Сколько я должен?

— Тридцать умножить на три недели. И три недели стирки. — (Он взглянул на них, подняв бровь.) — На прошлой неделе мы оставили сообщение на вашем телефоне.

Он покачал головой, как будто помнить подобные мелочи — ниже его достоинства:

— Сколько всего?

— Итого сто тридцать пять.

Он пошуршал банкнотами:

— У меня нет столько наличных. Могу дать шестьдесят и велеть компании прислать чек на остаток. Хорошо?

В другой раз Джесс согласилась бы. В другой раз спустила бы ему это с рук. В конце концов, он же не собирался их грабить. Но внезапно она до смерти устала от богатых людей, которые никогда не платят вовремя, которые полагают, что если семьдесят пять фунтов — пустяки для них, то семьдесят пять фунтов — пустяки и для нее. Она до смерти устала от клиентов, которые считают ее настолько ничтожной, что могут захлопнуть дверь у нее перед носом и даже не извиниться.

— Нет! — звонко возразила она. — Заплатите сейчас, пожалуйста.

Он впервые посмотрел ей в глаза. За ее спиной Натали лихорадочно протирала дверную ручку.

— У меня есть неоплаченные счета. И мне не позволят неделями тянуть с оплатой.

Она не могла выбросить из головы, как он небрежно взмахнул рукой и грубо захлопнул дверь у нее перед носом.

Он нахмурился, как будто она была слишком несговорчивой. За это она невзлюбила его еще больше. Ей захотелось посоветовать ему засунуть свою дурацкую работу куда подальше. Но некоторые принципы обходятся слишком дорого.

— Гляну наверху. — Он исчез.

Они неловко молчали и слушали, как он решительно задвигает ящики, гремит вешалками в шкафу. Наконец он вернулся с пригоршней банкнот. Отлепил несколько штук и не глядя сунул Джесс. Она собиралась что-нибудь сказать — например, что не обязательно вести себя как козел, что жизнь становится приятнее, если не хамить друг другу. От ее слов Натали наверняка принялась бы натирать дверную ручку. Ну и пусть. Нечего протягивать ей деньги как подачку. Но едва она открыла рот, как зазвонил телефон. Не проронив ни слова, мистер Николс отвернулся и зашагал по коридору с трубкой у уха.

— Что это в корзине у Нормана?

— Ничего.

Джесс разбирала покупки, вытаскивала продукты из пакетов, поглядывая на часы. Впереди была трехчасовая смена в «Перьях», и оставался всего час, чтобы выпить чая и переодеться. Она спрятала две банки в глубине шкафа, за пакетами с хлопьями. Ее тошнило от магазинных наклеек «Выгодная покупка». Каждый раз, когда она открывала шкаф, кто-то словно кричал: «ЭЙ! ТЫ НИЩАЯ!»

Никки нагнулся и потянул какую-то тряпку, так что пес неохотно поднялся.

— Это белое полотенце, Джесс. Дорогущее. Оно все в шерсти Нормана. И в слюнях. — Он поднял полотенце двумя пальцами.

— Позже постираю, — отозвалась она, не оборачиваясь.

— Это папино?

— Нет, не папино.

— Я не понимаю...

— Могу я себя побаловать? Убери продукты в холодильник.

Никки наклонился над кухонной столешницей, глядя на сад. Сушилка крутилась на ветру, развешанные тряпки реяли, словно флажки, над геранями в горшках и велосипедом, который Джесс выкрасила розовой краской с блестками, теперь облупленной, словно лак для ногтей.

— Шона Брайант издевалась над Танзи на автобусной остановке. Из-за одежды.

— А что не так с ее одеждой? — Джесс повернулась к Никки с банкой консервированных помидоров в руках.

— Ты сама ее шьешь.

— Откуда Шона знает, что я сама ее шью?

— Спросила у Танзи, где она покупает одежду, и Танзи не стала скрывать. Ты же ее знаешь.

— Но ей нравится то, что я шью. В смысле... она охотно это носит.

— Это Шона Брайант заявила, что у нас странный дом, потому что у нас слишком много книг.

— Шона Брайант — идиотка.

Никки погладил Нормана.

— А еще пришло повторное извещение из электрической компании.

— Сколько? — тихонько вздохнула Джесс.

Никки просмотрел стопку бумаг на буфете:

— Итого больше двух сотен.

Джесс достала пакет хлопьев.

— Я разберусь.

Никки открыл дверцу холодильника.

— Ты должна продать машину.

— Я не могу ее продать. У твоего отца ничего нет, кроме нее.

— Но он мог бы зарабатывать на ней деньги. И отдавать тебе часть.

Иногда Джесс толком не понимала, почему до сих пор защищает Марти.

— Ее негде поставить рядом с домом его матери. Неважно. Он со всем разберется, когда встанет на ноги. А теперь марш наверх. Ко мне кое-кто должен зайти.

Гостья уже показалась за домом.

— Мы покупаем вещи у Айлин Трент? — Никки смотрел, как Айлин открывает и аккуратно закрывает калитку.

У Джесс невольно вспыхнули щеки.

— Только в этот раз.

Он уставился на нее:

— Ты говорила, у нас нет денег.

— Просто я хочу, чтобы Танзи поменьше переживала из-за школы.

Джесс приняла решение по дороге домой. Идея со школой — верх нелепости. Они и так едва сводят концы с концами. Нет смысла даже пытаться наскрести деньги.

Никки продолжал смотреть на нее.

— Но Айлин Трент! Ты говорила...

— Ты сам сказал, что над Танзи издеваются из-за одежды. Иногда, Никки... — Джесс воздела руки к потолку. — Иногда цель оправдывает средства.

Никки смотрел на нее так долго, что ей стало не по себе. А после поднялся наверх.

— Итак, я принесла несколько очаровательных вещиц для юной леди с безупречным вкусом. Все девочки просто обожают дизайнерскую одежду. Я взяла на себя смелость захватить кое-что еще, хотя вы предупреждали, что не заинтересованы.

На «работе» Айлин говорила чопорно, с преувеличенно четкой дикцией. Странно было слышать подобную речь из уст женщины, которую не раз выставляли из «Королевских доспехов» на глазах у Джесс. Айлин села по-турецки на пол, запустила руку в черную сумку, достала несколько вещей и аккуратно разложила на полу: верх отдельно, низ отдельно.

— Это топ «Холлистер». Девочки обожают «Холлистер». В магазинах стоит как самолет. В другой сумке у меня еще несколько дизайнерских вещей, хотя вы говорили, что высший класс вас не интересует. Два кусочка сахара, пожалуйста.

Восково-бледная Айлин еженедельно обходила округу, волоча за собой большую черную сумку на колесах. Она была такой же неотъемлемой частью пейзажа, как почтальон, и появлялась так же регулярно.

«Нужно быть профессионалом, чтобы преуспевать в бизнесе», — глубокомысленно заявляла она; светлые глаза медленно моргали на призрачном лице.

Джесс всегда отказывалась, вежливо, но решительно. Никто в округе не обсуждал, где Айлин берет свои товары по бросовым ценам, новые, с этикетками. Однако все знали. Джесс часто говорила Марти, что Айлин подает детям дурной пример.

Но это было раньше.

Джесс подняла два топа — полосатый и пыльно-розовый. Танзи они будут к лицу.

— Сколько?

— Десять за топ, пять за футболку и двадцать за кроссовки. Посмотрите на ценник — они идут по восемьдесят пять. Скидка что надо.

— Это для меня слишком дорого.

— Что ж, поскольку вы новый клиент, я могу предложить вам вступительный бонус. — Айлин подняла к глазам блокнот и сощурилась, глядя на цифры. — Если вы возьмете три вещи, я добавлю к ним джинсы. Бесплатно. — Она жизнерадостно улыбнулась, сверкнув дыркой в зубах. — Тридцать пять фунтов за полный комплект, включая обувь. А еще, только в этом месяце, маленький браслет в подарок. В «ТК Макс»[1] таких цен не бывает.

Джесс смотрела на чудесную одежду, разложенную на полу. Ей хотелось, чтобы Танзи улыбалась. Хотелось, чтобы дочь почувствовала, что в жизни есть место приятным сюрпризам, а не только уставшей, заработавшейся матери, у которой вечно нет на нее времени, и отсутствующему отцу, который общается с ней раз в неделю через компьютер.

Хотелось сообщить ей не только плохую, но и хорошую новость.

— Подождите минутку.

Она отправилась на кухню, достала из шкафа жестянку из-под какао, в которой держала деньги на электричество. Пересчитала монеты и опустила в липкую ладонь Айлин, прежде чем сообразила, что делает.

— Приятно иметь с вами дело, — сказала Айлин, складывая оставшиеся вещи и осторожно убирая в мусорный пакет. — Я вернусь через две недели. Если что-то понадобится раньше, вы знаете, где меня найти.

— Нам больше ничего не нужно, спасибо.

Айлин лукаво посмотрела на Джесс. «Ну конечно. Все вы так говорите, милочка».

Джесс вошла в комнату Никки. Он продолжил смотреть на экран.

— Натали привезет Танзи после математического кружка. Тебя можно оставить одного?

— А то.

— Не кури.

— Угу.

1 *«ТК Макс»* — сеть дисконтных магазинов дизайнерской одежды и обуви.

— Ты собираешься повторять пройденное?

— А то.

Иногда Джесс мечтала, какой матерью была бы, если бы не работала с утра до вечера. Она пекла бы с детьми кексы и давала им облизывать миску. Чаще улыбалась. Сидела с детьми на диване и по-настоящему с ними беседовала. Стояла над ними у кухонного стола, находила ошибки в домашних заданиях и старалась, чтобы дети учились на «отлично». Выполняла все их просьбы, а не отвечала:

«Извини, солнышко, но мне надо приготовить ужин».

«Конечно, только стирку поставлю».

«Мне надо идти, золотко. Расскажешь, когда вернусь со смены».

Она смотрела на непроницаемое лицо Никки, и в ее душе сгущалось странное дурное предчувствие.

— Не забудь погулять с Норманом. И не подходи к винному магазину.

— На фиг надо.

— И не сиди весь вечер за компьютером.

Он уже повернулся к экрану.

Она взяла его за пояс джинсов.

— И поддерни штаны, не то я натяну тебе трусы на уши.

Он обернулся, и на мгновение на его губах мелькнула улыбка. Выходя из комнаты сына, Джесс осознала, что уже очень давно не видела, как он улыбается.

5

Никки

Мой отец — настоящий козел.

6

Джесс

Паб «Перья» расположен между библиотекой (закрыта с января) и «Счастливой камбалой» (работает с одиннадцати утра до одиннадцати вечера круглый год). При неярком освещении можно было поверить, что на дворе до сих пор 1989-й. Дес, владелец, неизменно щеголял в выцветших гастрольных футболках и джинсах, а в холод надевал кожаную куртку. Подвернешься ему под руку тихим вечером — и придется выслушивать сравнение достоинств гитар «Фендер стратокастер» и «Рикенбакер 330» или благоговейную декламацию «Money For Nothing»[1].

«Перья» не были модным местом, в отличие от баров «Бичфранта», и в них не водилось ни свежих морепродуктов, ни тонких вин, ни семейных меню для орущих детишек. В них подавали разных мертвых животных с жареной картошкой и ржали при слове «салат», зато в большом почете были чипсы, которых насчитывалось не меньше двадцати восьми сортов. В интерьере

1 «Деньги за так» (1985) — сингл британской рок-группы «Дайр стрейтс».

не было ничего оригинальнее Тома Петти[1] в музыкальном автомате, потрепанной мишени для дротиков на стене и ковра, от которого по утрам так сильно пахло пивом и застарелым табачным дымом, что местные жители могли появиться на работе под хмельком, если медленно шли мимо паба.

Но в результате получалось отлично. Большая редкость для приморского городка: в «Перьях» жизнь кипела круглый год.

— Роксанна пришла? — Джесс нанизывала на шампур полоски бекона, когда Дес вынырнул из погреба, где дегустировал свежий бочонок традиционного эля.

— Не-а. У них с матерью какой-то сеанс. — Он ненадолго задумался. — Лечатся... или гадают. У психиатра... психолога...

— Может, у медиума?

— Тебе говорят то, что ты и сам знаешь, и надо делать вид, будто это круто.

— А, у ясновидящего.

— Платишь тридцать фунтов за билет, сидишь с бокалом дрянного белого вина и кричишь «Да!», если спросят, нет ли у кого-нибудь из публики родственника, имя которого начинается с буквы «Д». — Он наклонился и с ворчанием захлопнул дверь погреба. — Я тоже умею предсказывать, Джесс. Причем задаром. Предсказываю: этот тип сидит дома, потирает руки и думает: «Толпа идиотов».

Джесс вытащила поддон с чистыми стаканами из посудомоечной машины и принялась расставлять их на полках над баром.

— Ты-то веришь во всю эту хрень?

1 *Том Петти* (р. 1950) — американский рок-музыкант, играющий традиционный рок конца 1960-х.

— Нет.

— Ну конечно. Ты же умная девочка. Роксанна такое иногда отчебучивает! Но хуже всего ее мамаша. Она верит, будто у нее есть ангел-хранитель. Ангел! — Дес передразнил мать Роксанны, скосив глаза на собственное плечо и похлопав по нему. — Верит, будто ангел защищает ее. Тогда почему он не мешает спускать всю зарплату на телемагазины? Казалось бы, ангел должен намекнуть. «Эй, Морин! Тебе вовсе не нужен этот роскошный чехол для гладильной доски с изображением собаки. Честное слово, милая. Лучше вложи денежки в будущую пенсию».

Джесс невольно рассмеялась, несмотря на все свои несчастья. В пабе трудно было не смеяться. Мужчины у барной стойки были благовоспитанными, насколько могут быть благовоспитанными мужчины, повторяющие алфавит под аккомпанемент отрыжки, разговоры — веселыми, и, значит, два вечера и два дня в неделю ей не приходилось сидеть дома с кучей чужого грязного белья и переживать из-за того, с чем она не в состоянии справиться.

— Ты рано. — Дес выразительно посмотрел на часы.

— Сломала каблук.

Челси бросила сумку под барную стойку и поправила волосы.

— Я болтала в чате со своим поклонником, — сообщила она Джесс, словно Деса рядом не было. — Он просто прелесть.

Все поклонники Челси из Интернета были прелесть. До встречи в реальной жизни.

— Его зовут Дэвид. Он ищет девушку, которой нравится готовить, убираться и гладить. И иногда ходить в походы.

— В супермаркет? — съязвил Дес.

Челси сделала вид, что не слышит. Она взяла тряпку и принялась протирать стаканы.

— Бросай эту работу, Джесс. Тебе надо развлекаться, а не гнить здесь со старыми обвисшими мошонками.

— Ты кого назвала старым?

Намечался футбол, и это означало, что Дес выставит бесплатные чипсы и сырные кубики, а если особенно расщедрится, то и булочки с сосисками. С разрешения Деса Джесс забирала домой оставшиеся кубики и готовила макароны с сыром, пока Натали не просветила ее, сколько процентов мужчин, по статистике, моют руки после посещения уборной.

Бар заполнялся, матч начался, вечер тек своим чередом. Джесс наливала пинту за пинтой в паузах для комментаторов, помалкивая под рев спутникового телевизора на дальней стене и снова думая о деньгах. В школе сказали — конец июня. Если она не внесет регистрационный взнос к тому времени, все кончено. Можно подкопить денег за год и попробовать снова в двенадцать лет, но нет гарантии, что стипендию не отменят. Она так погрузилась в раздумья, что обратила внимание на Деса, только когда он грохнул миской чипсов о стойку.

— Все забываю сказать: на следующей неделе доставят новую кассу. Из тех, на которых все написано. Надо только тыкать в экран.

Она отвернулась от дозатора:

— Новую кассу? Зачем?

— Нынешняя старше меня. И не все барменши считают так хорошо, как ты. В прошлый раз, когда Челси оставалась одна, я проверил выручку и недосчитался одиннадцати фунтов. Попроси ее сложить двойной джин, пинту «Вебстера» и пакетик жареного арахиса, и у нее глаза будут в кучку. Нужно двигаться в ногу со временем. — Он провел рукой по воображаемому экрану. — Цифровая точность. Тебе понравится. Мозгами можно вообще не пользоваться. Прямо как Челси.

— А можно мне работать со старой? Я ничего не понимаю в компьютерах.

— Научишься. Мы устроим обучение сотрудников.

— Обучение сотрудников?

— На полдня. Увы, неоплачиваемое. Придет парень и все покажет.

— Неоплачиваемое?

— Просто води руками туда-сюда. Как в «Особом мнении». Только без лысых людей. К тому же есть еще Пит. ПИТ!

Лайам Стаббс пришел в четверть десятого, наклонился над стойкой и прошептал Джесс на ухо:

— Привет, красотка.

Она не обернулась.

— А! Снова ты.

— Похоже, ты рада меня видеть. Пинту «Стеллы», пожалуйста. — Он оглядел бар и добавил: — И еще что-нибудь со скидкой.

— Рекомендую сушеных кальмаров.

— Я надеялся на что-то более... влажное.

— Тогда налью пива.

— Продолжаешь разыгрывать недотрогу?

Джесс и Лайам были знакомы со школы. Подобные мужчины способны разбить девушке сердце на мелкие осколки. Помнишь голубоглазого, острого на язык парня, который не обращал на тебя внимания в четырнадцать и пятнадцать лет, с шутками и прибаутками уложил в постель, когда ты сняла скобки и отрастила волосы, а после только жизнерадостно махал рукой и подмигивал. У Лайама были каштановые волосы и высокие, слегка загорелые скулы. Он держал цветочный ларек на рынке и всякий раз, когда Джесс проходила мимо, страстно шептал: «Ты. Я. За георгинами, прямо сейчас». Она даже сбивалась с шага. Жена бросила Лайама примерно в то же время, когда уехал Марти («Подумаешь, изменил пару раз. Тоже мне преступление»), и полгода назад, когда паб в очередной раз работал после закрытия[1], Джесс и Лайам оказались в женской уборной, где он запустил руки ей под блузку. Джесс потом несколько дней улыбалась краешком рта.

Перед отъездом Марти они жили с ним, как сварливые брат и сестра. Иногда он говорил, что устал. Но в основном — что она отбила ему желание своими придирками.

Порой Джесс казалось, что она скучает по сексу, но по Марти она не скучала.

Она выбрасывала в мусорный бак пустые картонные коробки из-под чипсов, когда Лайам появился у задней калитки. Он развязно направился к Джесс, и она медленно попятилась к стене сада. Он улыбался, как будто это была шутка, понятная только им. Остановился в паре дюймов и тихо произнес:

— Я все время о тебе думаю.

Руку с сигаретой он отвел в сторону. Настоящий джентльмен!

— Спорим, ты говоришь это всем девушкам?

— Мне нравится, как ты ходишь за барной стойкой. Половину времени я смотрю футбол, а половину представляю, как нагибаю тебя над ней.

— Кто сказал, что романтики перевелись?

Боже, от него прекрасно пахло. Джесс дернулась, пытаясь высвободиться, пока не сделала чего-нибудь, о чем

1 Иногда владельцы пабов запирают двери после официального времени закрытия, чтобы обойти закон, — якобы таким образом это уже не паб, а частная вечеринка.

пожалеет. Рядом с Лайамом Стаббсом в ней оживали давно забытые чувства — так свечка из магазина розыгрышей вспыхивает снова и снова, когда ее задуваешь.

— Так позволь за тобой поухаживать. Давай сходим куда-нибудь. Вдвоем. На настоящее свидание. Пойдем, Джесс. У нас все получится.

— Что? — Джесс отстранилась от него.

— Что слышала.

— Ты хочешь завести со мной отношения? — в изумлении уставилась она на Лайама.

— Можно подумать, это нецензурное слово.

Она вывернулась из-под него, поглядывая на заднюю дверь:

— Лайам, мне нужно в бар.

— Почему ты не хочешь пойти со мной на свидание? — Он шагнул ближе и понизил голос. — Это было бы чудесно, сама знаешь...

— А еще я знаю, что у меня двое детей и две работы, а ты проводишь всю жизнь в своем автомобиле, и не пройдет и трех недель, как мы будем сидеть на диване и спорить, чья очередь выбрасывать мусор. — Она мило ему улыбнулась. — И нам больше не придется вести такие увлекательные беседы.

Он взял прядь ее волос и пропустил сквозь пальцы.

— Как цинично! Ты разобьешь мне сердце, Джесс Томас, — хрипло произнес он.

— А меня из-за тебя уволят.

Таких мужчин слишком опасно воспринимать всерьез. Возможно, он прикипел к ней, потому что она единственная в округе не воспринимала его всерьез.

— То есть на быстрый перепихон можно не надеяться?

Она высвободилась и направилась к задней двери, пытаясь согнать краску со щек. Затем остановилась:

— Слушай, Лайам. — (Он поднял глаза, туша окурок.) — Ты, случайно, не хочешь одолжить мне пять сотен фунтов?

— С радостью, детка, если бы они у меня были. — Он послал ей воздушный поцелуй, и Джесс скрылась в баре.

Она обошла стойку, чтобы собрать пустую посуду. Щеки еще горели, когда она увидела его. У нее и правда замедленная реакция. Он, в джинсах, футболке и кедах «Конверс», сидел в углу один, уставившись на мобильный телефон, и перед ним стояли три пустые кружки. Время от времени, когда все одобрительно вопили при виде гола, он поднимал глаза, а потом снова пялился на экран мобильника. Пока Джесс наблюдала за ним, он осушил четвертую кружку. Наверное, он считал, что в джинсах выглядит местным, но у него на лбу было написано «чужак». Когда он посмотрел на барную стойку, Джесс поспешно отвернулась, и ее настроение снова испортилось.

— Я за закусками, — сказала она Челси и спустилась в погреб. — Тьфу, — еле слышно пробормотала она. — Тьфу. Тьфу. Тьфу.

Когда она вышла, у него уже стояла новая пинта и он не сводил глаз с телефона.

Вечер продолжался. Челси обсуждала своих кавалеров из Интернета, мистер Николс выпил еще три пинты, и Джесс пряталась всякий раз, когда он подходил к бару. Она мысленно складывала и вычитала долги и воображаемые выигрыши в лотерею и старалась не смотреть Лайаму в глаза. К десяти минутам одиннадцатого в баре остались лишь немногочисленные завсегдатаи — забулдыги, как говаривал Дес. Челси надела пальто.

— Куда это ты собралась?

Челси наклонилась за дозатором и накрасила губы, глядя в зеркало.

— Дес сказал, что я могу уйти чуть пораньше. — Она промокнула помаду. — Свидание.

— Свидание? Кто ходит по свиданиям на ночь глядя?

— Все в порядке: это свидание в доме Дэвида. — Она повела плечами под взглядом Джесс. — Моя сестра тоже приглашена. Он сказал, что мы чудесно повеселимся втроем.

— Челс, ты в курсе, что такое оргия?

— Что?

Джесс пристально смотрела на нее:

— Ничего. Просто... желаю повеселиться.

Она загружала посудомоечную машину, когда он подошел к стойке. Он слегка покачивался с полузакрытыми глазами, как будто собирался пуститься в пляс.

— Пинту пива, пожалуйста.

Она засунула еще два бокала в проволочную корзину.

— Мы больше не обслуживаем. Уже одиннадцать.

Он посмотрел на часы. У него заплетался язык.

— Еще минута.

— С вас хватит.

Он тупо таращился на нее. Его короткие темные волосы нелепо торчали с одной стороны.

— Да кто вы такая, чтобы говорить, что мне хватит?

— Девушка, которая разливает напитки. В пабах так заведено. — Джесс выдержала его взгляд. — Вы даже не узнаете меня.

— А должен?

Она пристально поглядела на него.

— Секунду. — Джесс вышла из-за стойки и распахнула вращающуюся дверь. Он недоуменно смотрел, как она захлопнула дверь у себя перед носом, подняв руку и открыв рот. Затем снова открыла дверь и встала перед ним. — Теперь узнаете?

Он заморгал. Шестеренки со скрипом завертелись у него в голове.

— Вы... Кажется, я видел вас вчера.

— Уборщица. Точно.

— Да, эта история с дверью. — Он провел рукой по волосам. — Просто у меня... был напряженный разговор.

— Вполне можно было сказать: «Не сейчас, пожалуйста».

— Ладно. Я понял. — Он оперся о барную стойку.

Джесс едва не рассмеялась, когда у него соскользнул локоть.

— По-вашему, вы извинились?

Он осоловело смотрел на нее:

— Простите. Мне очень-очень-очень жаль. Очень жаль. О хозяйка бара! Можно мне теперь выпить?

— Нет. Уже одиннадцать.

— Только потому, что вы меня заболтали.

— У меня нет времени сидеть и ждать, пока вы сосете очередную пинту.

— Тогда налейте чего-нибудь крепкого. Ну же. Мне нужно выпить еще. Налейте водки. Вот, сдачу оставьте себе. — Он с такой силой шлепнул двадцаткой по стойке, что содрогнулся всем телом и откинул голову. — Всего одну порцию. Нет, лучше двойную. Я выпью всего за две секунды. За секунду.

— С вас хватит.

— Ради всего святого, Джесс, налей ему! — крикнул Дес с кухни.

Джесс мгновение стояла, выпятив подбородок, затем повернулась и дважды щелкнула дозатором. Выбила чек и молча положила сдачу на стойку. Он выпил водку, поставил стакан, громко сглотнув, и неуверенно отвернулся.

— Вы забыли сдачу.

— Оставьте себе.

— Мне она не нужна.

— Тогда положите в копилку на благотворительность.

Она собрала монеты и сунула ему в руку:

— Любимый благотворительный фонд Деса — фонд отпуска Деса Харриса в Мемфисе. Заберите деньги, я сказала.

Он заморгал и неуверенно шагнул в сторону, когда Джесс открыла ему дверь. И в этот миг она заметила, что именно он вытащил из кармана. И ослепительно сверкающую «ауди» на парковке.

— Вы никуда не поедете.

— Я в порядке, — отмахнулся он. — Все равно в вашей глуши дороги ночью пустые.

— Вам нельзя за руль.

— Мы черт знает где, если вы не заметили. — Он указал на небо. — До цивилизации несколько миль, и я застрял черт знает где. — Он наклонился вперед, дыша алкоголем. — Я поеду очень, очень медленно.

Он так напился, что Джесс без труда забрала у него ключи.

— Нет! — Она повернулась обратно к бару. — Я не собираюсь отвечать еще и за то, что вы попадете в аварию. Садитесь, я вызову такси.

— Отдайте ключи.

— Нет.

— Вы украли мои ключи!

— Хотите остаться без прав? — Джесс подняла ключи над головой и повернулась к бару.

— Ох, да ради бога! — произнес он, как будто это было последним звеном в длинной цепи неприятностей.

Ей захотелось ударить его.

— Я вызову такси. Просто... просто посидите здесь. Я верну ключи, когда вы благополучно усядетесь в такси.

Она послала Лайаму эсэмэску.

То есть мне сегодня светит? — уточнил он.

Если любишь волосатых мужиков.

Она вернулась на улицу и обнаружила, что мистер Николс исчез. Его машина стояла на месте. Она дважды позвала, предположив, что он отлучился в кусты по нужде, затем посмотрела вниз и увидела, что он крепко спит на скамейке. Судя по позе, он сел, повалился набок и вырубился. Ей захотелось оставить его здесь. Но было прохладно, с моря может подняться туман, и мистер Николс наверняка недосчитается бумажника поутру.

— Я эту пьянь не возьму, — заявил Лайам через водительское окно, когда его такси остановилось на парковке.

— Не волнуйся, он просто спит. Я знаю, где он живет.

— Ну уж нет. В прошлый раз спящий проснулся и заблевал мои новые чехлы для сидений. А после взбодрился и сбежал, не заплатив.

— Он живет в «Бичфранте». Вряд ли сбежит, не заплатив. — Она посмотрела на часы. — Ну пожалуйста, Лайам. Уже поздно. Я хочу домой.

— Так оставь его здесь.

— Ладно. Давай тогда я провожу вас? Если его стошнит — уберу. А потом подбросишь меня домой. Деньги у него есть. — Она подобрала и пересчитала сдачу, которую мистер Николс уронил рядом со скамейкой. — Тринадцать фунтов хватит?

— Ах, Джесс, не мучай меня, — скривился Лайам.

— Пожалуйста, Лайам. — Она улыбнулась и положила ладонь ему на руку. — Пожалуйста-пожалуйста-пожалуйста!

Он взглянул на дорогу:

— Ладно. Но если его стошнит, с него тридцать фунтов в счет упущенного заработка. И ты все уберешь.

Она склонилась к лицу спящего мистера Николса, выпрямилась и кивнула:

— Он говорит, его это устраивает.

Лайам кивнул. Прежняя атмосфера флирта испарилась.

— Ну же, Лайам. Помоги усадить его. Мне нужно домой.

Голова мистера Николса лежала у нее на коленях, и Джесс не знала, куда девать руки. Она забросила их на спинку заднего сиденья и всю дорогу молилась, чтобы мистера Николса не стошнило. Всякий раз, когда он стонал или шевелился, она опускала окно или изучала его лицо. Не смей, молча твердила она. Не смей. До загородного комплекса оставалось две минуты, когда зажужжал ее телефон. Белинда, соседка. Джесс, щурясь, всмотрелась в освещенный экран.

Парни снова наехали на Никки. Нашла его у ларька. Найджел отвез его в больницу.

Джесс ощутила ледяную тяжесть в груди. Уже еду, — набрала она.

Найджел обещает тебя подождать. Я посижу с Танзи.

Спасибо. Я мигом.

Тревога выбивала барабанную дробь в ее груди. Мистер Николс пошевелился и протяжно всхрапнул. Она смотрела на него, на дорогую стрижку и небесно-голубые джинсы, и внезапно ее охватила ярость. Если бы не он, она уже была бы домой. И гуляла бы с собакой вместо Никки.

— Приехали.

Джесс указала нужный дом, и они потащили мистера Николса, положив его руки себе на плечи. Колени

Джесс слегка подгибались под неожиданной тяжестью. Мистер Николс слегка пошевелился, когда она перебирала его ключи у передней двери, пытаясь найти нужный, и в итоге воспользовалась своим.

— Куда его положить? — спросил Лайам, отдуваясь.

— На диван. Я не потащу его наверх.

— Пусть скажет спасибо, что затащили его в дом.

Она проворно уложила мистера Николса набок, чтобы он не захлебнулся рвотой. Сняла с него очки, накрыла подвернувшейся курткой и бросила его ключи на прикроватный столик, который полировала сегодня днем.

И лишь тогда смогла выговорить:

— Лайам, подбрось меня в больницу, пожалуйста. С Никки беда.

Машина бесшумно мчалась по пустым улицам. У Джесс от страха путались мысли. «Что случилось? Сильно ему досталось? Танзи видела?» Под страхом крылись более приземленные соображения: «Придется дежурить в больнице? Такси стоит не меньше пятнадцати фунтов. Черт бы побрал мистера Николса и его дурацкую водку».

— Подождать? — спросил Лайам, подъехав к отделению скорой помощи.

— Было бы здорово. Я на минутку. Только узнаю, как у него дела.

Она выскочила из машины еще на ходу.

Никки лежал в боковой палате. Когда медсестра провела Джесс за занавеску, Найджел встал с пластмассового стула. Доброе одутловатое лицо Найджела было напряжено от беспокойства. Никки лежал, отвернувшись; на скулу была наложена повязка, и над ней уже начал наливаться синяк. Вдоль линии волос тянулся бинт.

Джесс изо всех сил старалась не расплакаться.

— Его будут зашивать. Но домой не отпустят. Сначала проверят, нет ли трещин. — Найджелу явно было не по себе. — Никки просил не вызывать полицию. — Он махнул рукой в сторону улицы. — Если ты не против, я вернусь к Белинде. Уже поздно...

Джесс шепотом поблагодарила его и подошла к Никки. Положила руку на плечо под одеялом.

— Танзи в норме, — прошептал он, не глядя на нее.

— Знаю, милый. — Она села на пластмассовый стул рядом с его кроватью. — Что случилось?

Никки вяло пожал плечами. Он не любил об этом разговаривать. Да и что толку? Всем известно, что к чему. Если ты выглядишь не как все, тебя изобьют. Будешь и дальше выглядеть не как все — продолжат доставать. С логикой приморского городка не поспоришь.

И впервые в жизни Джесс не нашлась, что сказать сыну. Она не могла пообещать, что все будет хорошо, потому что это явно было неправдой. Не могла пообещать, что полиция накажет Фишеров, потому что им вечно все сходит с рук. Не могла пообещать, что все изменится, не успеет Никки и глазом моргнуть. В юности не загадываешь дальше пары недель, и оба они знали, что за это время лучше не станет. И вряд ли станет в обозримом будущем.

Она взяла поцарапанную руку Никки и сжала.

— Все будет хорошо, честное слово, — тихо произнесла она. — Лучше, чем сейчас. Главное — верить. Правда. Будет лучше.

Никки на мгновение встретился с ней взглядом и отвернулся.

— Все нормально? — спросил Лайам, когда она медленно вернулась к машине.

Выброс адреналина закончился, и Джесс горбилась от усталости. Она открыла заднюю дверцу, чтобы забрать куртку и сумку, и Лайам взглянул на ее отражение в зеркале заднего вида.

— Никки жив.

— Сволочи малолетние. Я поговорил с твоим соседом. Кто-то должен что-нибудь сделать. — Он поправил зеркало. — Я бы сам преподал им урок, но могу остаться без лицензии. Это все от скуки. Они только и умеют, что доставать других. Ничего не забыла?

Она наполовину забралась в машину за курткой. И внезапно нащупала что-то ногой. Довольно твердое, цилиндрическое. Джесс убрала ногу и достала толстый рулончик банкнот. Она уставилась на него в полумраке, а затем на то, что валялось рядом. Заламинированный офисный пропуск. Очевидно, деньги и пропуск выпали из кармана мистера Николса, когда он валялся на заднем сиденье. Не раздумывая, Джесс сунула находку в сумку.

— Держи, — сказала она, открывая кошелек, но Лайам отмахнулся:

— Не надо. Мне хватит. Тебе и так сегодня здорово досталось. — Он подмигнул ей. — Звони, если надо будет подбросить. За счет заведения. Дэн разрешил.

— Но...

— Никаких «но». Топай домой, Джесс. Позаботься о своем пареньке. Увидимся в пабе.

Джесс едва не расплакалась от благодарности. Она стояла с поднятой рукой, пока Лайам выезжал с парковки, и потому услышала, как он крикнул из водительского окна:

— И все-таки скажи ему, что, если он постарается выглядеть попроще, его станут колотить пореже.

7

Джесс

В предрассветные часы она задремала на пластмассовом стуле, время от времени просыпаясь из-за неудобной позы и звуков далеких трагедий в отделении за занавеской. Она смотрела на заштопанного спящего Никки и не понимала, как его защитить. Что творится у него в голове? Что будет дальше? У Джесс сосало под ложечкой. В последнее время у нее постоянно сосало под ложечкой. В семь за занавеску заглянула медсестра и предложила принести чай и тост. От этого незначительного проявления доброты Джесс едва не расплакалась от смущения. Консультант зашел вскоре после восьми и сказал, что врачи собираются оставить Никки еще на ночь, чтобы убедиться в отсутствии внутреннего кровотечения. На рентгеновском снимке непонятная тень, и лучше развеять сомнения. А Джесс пора домой, отдыхать. Позвонила Натали и сказала, что отвезла Танзи в школу со своими детьми — все в порядке.

Все в порядке.

Джесс вышла из автобуса за две остановки до своего дома, подошла к дому Лианны Фишер, постучала в дверь и как можно вежливее сообщила, что, если Джейсон еще раз подойдет к Никки, она обратится в полицию. Лианна Фишер плюнула в нее и заявила, что, если Джесс немедленно не отвалит, она разобьет кирпичом ее чертово окно. Когда Джесс направилась прочь, из дома Лианны донесся взрыв хохота.

Ничего другого она и не ожидала.

Она вошла в свой пустой дом. Заплатила за воду деньгами, отложенными на уплату муниципального налога. Заплатила за электричество деньгами, полученными за уборку. Приняла душ, переоделась и отработала дневную смену в пабе, настолько погрузившись в раздумья, что Стюарт Прингл лапал ее зад целых тридцать секунд, прежде чем она заметила. Она медленно вылила ему на ботинки полпинты лучшего биттера.

— Зачем ты это сделала? — возмутился Дес, когда Стюарт Прингл пожаловался.

— Если для тебя это в порядке вещей, встань за стойку и позволь ему лапать *твой* зад, — отрезала она и продолжила протирать бокалы.

— И то верно.

Она пропылесосила весь дом до возвращения Танзи. Так устала, что едва не падала, но от злости трудилась вдвое быстрее. Никак не могла угомониться. Убиралась, складывала и разбирала, потому что иначе сняла бы старую кувалду Марти с крючьев в затхлом гараже и устроила Фишерам веселую жизнь, окончательно испортив свою. Убиралась, потому что иначе вышла бы в заросший садик на заднем дворе, запрокинула голову, завопила во все горло и вряд ли смогла бы остановиться.

Когда на дорожке раздались шаги, дом наполняли ядовитые испарения мебельной политуры и кухонного чистящего средства. Джесс дважды глубоко вдохнула, кашлянула и заставила себя вдохнуть еще раз, прежде чем открыть дверь, растянув губы в ободряющей улыбке. На дорожке стояла Натали и обнимала Танзи за плечи. Танзи подошла к матери, обхватила ее за талию и крепко прижалась с закрытыми глазами.

— С Никки все в порядке, милая, — заверила Джесс, гладя дочь по волосам. — Ничего страшного. Все мальчишки дерутся.

Натали коснулась руки Джесс, покачала головой и ушла.

— Берегите себя, — сказала она на прощание.

Джесс намазала Танзи бутерброд, посмотрела, как дочь укрылась в тенистом углу садика в обществе собаки, чтобы заняться алгоритмами, и пообещала себе, что расскажет о Сент-Эннз завтра. Она совершенно точно расскажет ей завтра. А затем Джесс спряталась в туалете и развернула деньги, которые нашла в такси мистера Николса. Четыреста восемьдесят фунтов. Она разложила их аккуратными кучками на полу за запертой дверью.

Джесс знала, что следует сделать. Ну разумеется, знала. Это не ее деньги. Не об этом ли она толкует детям каждый день? «Воровать нельзя. Нельзя брать чужое. Поступайте правильно, и рано или поздно вам воздастся».

«Поступайте правильно».

Так почему она их не вернула?

В ее голове зудел незнакомый нехороший голосок. «С какой стати их возвращать? Он прекрасно без них обойдется. Он был в отключке на автомобильной парковке, в такси, в своем доме. Они могли выпасть где угодно. В конце концов, ты нашла их совершенно случайно. А если бы их поднял кто-то другой? Думаешь, вернул бы деньги? Серьезно?»

На пропуске было название компании — «Мэйфлай». И имя — Эд.

Она вернет деньги мистеру Николсу. Ее мысли кружились в такт сушилке для белья.

И все же она их не вернула.

Джесс не привыкла думать о деньгах. Финансами занимался Марти, и обычно денег хватало, чтобы он ходил в паб пару вечеров в неделю, а она время от времени выбиралась оттянуться с Натали. Иногда они ездили отдыхать. Год на год не приходился, но в целом на жизнь хватало.

А потом Марти надоело сводить концы с концами. Они отдыхали в Уэльсе на природе, дождь лил восемь дней подряд, и Марти досадовал все больше, как будто погода ополчилась лично против него. «Почему бы не поехать в Испанию или в какую-нибудь жаркую страну, — бормотал он, выглядывая за откидное полотнище промокшей палатки. — Вот дерьмо. Тоже мне отдых». Ему надоело крутить баранку. Он находил все больше и больше поводов для недовольства. Другие водители настроены против него. Диспетчер обманывает. Пассажиры скупятся. А потом начались прожекты. Финансовая пирамида, в которую они вступили на две недели позже, чем следовало. Поддельные футболки с изображением музыкальной группы, которая ворвалась в чарты и так же мгновенно из них пропала. «Импорт-экспорт — верное дело», — уверенно заявил он Джесс как-то вечером, вернувшись из паба. Он познакомился с парнем, который может достать дешевые электротовары из Индии, и они впарят их своим знакомым.

А потом — сюрприз, сюрприз — впаривать электротовары оказалось совсем не так легко. Лето в тот год выдалось на редкость дождливым. Немногочисленные покупатели жаловались, что у них перегорела проводка, а остальное просто заржавело, даже в гараже, так что жалкие сбережения превратились в гору бесполезного хлама, который пришлось грузить в машину Марти и отвозить на свалку по четырнадцать штук в неделю. Под лестницей до сих пор что-то валялось.

А потом появился «роллс-ройс». По крайней мере, Джесс видела в нем смысл: Марти выкрасит его в серый металлик и будет работать шофером на свадьбах и похоронах. Он купил машину на eBay у парня из центральных графств и заглох на полпути домой. Оказалось, неполадки со стартером. Но чем пристальнее они разглядывали «роллс», тем больше проблем находили. Первую зиму машина простояла на дорожке, в обивке завелись мыши, нужны были деньги на замену задних сидений — кому понравится в день свадьбы сидеть на креслах, скрепленных скотчем? А потом оказалось, что запасные мягкие сиденья для «роллс-ройса» — единственное, что нельзя купить на eBay. Так он и торчал в гараже вечным напоминанием о бесплодных попытках добиться успеха. А еще из-за него пришлось поставить холодильник в прихожей.

Джесс занялась финансами, когда Марти заболел и начал проводить бóльшую часть дня в постели. Депрессия — это болезнь, кого хочешь спроси. Впрочем, если верить приятелям Марти, он не слишком страдал, когда два раза в неделю из последних сил тащился в паб. Джесс вынула банковские выписки из конвертов, достала сберегательную книжку из стола в прихожей и своими глазами убедилась, что дела — хуже некуда. Она пару раз пыталась поговорить с Марти, но он только укрывался с головой одеялом и твердил, что ничего не может поделать. Примерно тогда он заявил, что хочет ненадолго перебраться к матери. По правде говоря, его отъезд был Джесс на руку. Ей и без него хватало забот с Никки, молчаливым и больше похожим на привидение, с Танзи и двумя работами.

— Поезжай, — сказала она, гладя Марти по волосам. Помнится, она отметила, как давно не прикасалась к нему. — На пару недель. Немного отдохнешь, и тебе полегчает.

Он молча поднял на нее красные глаза и сжал ее руку.

С тех пор прошло два года. Никто из них всерьез не заговаривал о возвращении.

Джесс пыталась вести себя как обычно, пока Танзи не отправилась спать: спрашивала, чем кормили у Натали, рассказывала, что натворил Норман в ее отсутствие. Расчесала Танзи волосы, села на ее кровать и прочитала сказку, как маленькому ребенку. На этот раз Танзи не заявила, что предпочла бы заняться математикой.

Когда дочь наконец заснула, Джесс позвонила в больницу. Ей сказали, что у Никки все хорошо и после визита консультанта его наверняка выпишут. Рентген чистый, легкие не проколоты, а небольшая трещина лицевых костей заживет сама собой. Джесс позвонила Марти, который молча выслушал и спросил:

— Он по-прежнему красится?

— Да, подкрашивает глаза. — (Последовало долгое молчание.) — Не говори этого, Марти. Не смей этого говорить. — Она первой бросила трубку.

Без четверти десять позвонили из полиции и сказали, что Фишер все отрицает.

— Там было четырнадцать свидетелей! — Джесс еле сдерживалась, чтобы не закричать. — В том числе продавец рыбы с картошкой. На моего сына набросились. Вчетвером.

— Да, но от свидетелей есть прок, только если они могут опознать преступников, мадам. А мистер Брент говорит, что толком не разобрал, кто дрался. — Он вздохнул, как будто ему до смерти надоели подобные звонки, как будто Джесс взбеленилась из-за простой подростковой драки. — Видите ли, мадам, Фишеры утверждают, будто ссору затеял ваш сын.

— С тем же успехом ее мог затеять далай-лама. Да Никки одеяло не может засунуть в пододеяльник — вдруг это кому-то навредит!

— Мы можем опираться только на доказательства, мадам. — Его ровный тон означал, что все это он слышал много раз.

Фишеры, подумала Джесс, бросив трубку. С их репутацией ей повезет, если хоть кто-нибудь «вспомнит», что видел.

На мгновение Джесс уронила голову на руки. Фишеры никогда не оставят их в покое. И следующая на очереди — Танзи, когда перейдет в среднюю школу. Она будет прекрасной мишенью со своей математикой, странностями и наивностью. Джесс поежилась. Вспомнила о кувалде Марти в гараже. Представила, как отправится к Фишерам и... Зазвонил телефон. Она схватила трубку.

— Что еще? Хотите сказать, что он сам себя избил? Я угадала?

— Миссис Томас? — (Она заморгала.) — Миссис Томас? Это мистер Цвангараи.

— А! Мистер Цвангараи, извините. Просто... время неудачное... — Она вытянула перед собой руку. Рука дрожала.

— Простите, что звоню так поздно, но дело в некотором роде неотложное. Я обнаружил кое-что интересное. Это называется «олимпиада по математике», — старательно выговорил он.

— Что?

— Это новое мероприятие в Шотландии для одаренных учеников. Соревнование по математике. И еще не поздно заявить на него Танзи.

— Соревнование по математике? — Джесс закрыла глаза. — Знаете, это очень интересно, мистер Цвангараи, но у нас сейчас полно забот, и вряд ли мы...

— Миссис Томас, погодите минутку! Призы — пятьсот фунтов, тысяча фунтов и пять тысяч фунтов. Пять тысяч фунтов. Если Танзи победит, вам не придется искать деньги, по крайней мере на первый год обучения в Сент-Эннз.

— Повторите, пожалуйста.

Он повторил. Джесс села на стул, слушая подробные объяснения.

— Это взаправду?

— Взаправду.

— И вы думаете, она может победить?

— Есть категория специально для ее возраста. Она просто не может проиграть.

«Пять тысяч фунтов, — пропел голос в голове Джесс. — Хватит хотя бы на первый год».

— В чем подвох?

— Никакого подвоха. Разумеется, задачи будут повышенной сложности. Но разве это проблема для Танзи? — (Джесс встала, затем снова села.) — И конечно, вам придется съездить в Шотландию.

— Детали, мистер Цвангараи. Детали. — У нее кружилась голова. — Это все взаправду? Это не шутка?

— Я похож на шутника, миссис Томас?

— Твою мать! ТВОЮ МАТЬ! Мистер Цвангараи, вы просто красавчик.

Она услышала смущенный смех. Наверное, его смутило не то, что она выругалась, а то, что впервые в жизни женщина назвала его красавчиком.

— И... что надо делать?

— Ну, квалификационный тест отменили — я прислал несколько работ Танзи. Насколько я понимаю, организаторы очень хотят видеть детей из простых школ. И, между нами говоря, то, что она девочка, — огромное преимущество. Но решать надо быстро. До олимпиады всего пять дней.

Пять дней. Крайний срок регистрации в Сент-Эннз — завтра.

Джесс стояла посередине комнаты, размышляя. Затем бросилась наверх, достала деньги мистера Николса, спрятанные в колготках, не размышляя, сунула в конверт, написала записку и вывела адрес. Она вернет их. До последнего пенса.

Но сейчас у нее нет выбора.

Вечером Джесс села за кухонный стол, изучила цифры и составила черновой план. Она внесла минимальный платеж по кредитной карте, отправила письмо в газовую компанию, в котором оспаривала счет (это поможет выиграть не меньше месяца), и выписала чеки самым непреклонным кредиторам, например жилищно-строительной ассоциации. Посмотрела стоимость трех билетов на поезд до Эдинбурга, нервно засмеялась и посмотрела стоимость билетов на автобус (187 фунтов, включая 13 фунтов на дорогу до автобусного вокзала) и недельной передержки для Нормана (94 фунта). Прижала ладони к глазам и замерла. Когда дети заснули, Джесс откопала ключи от «роллс-ройса», вышла из дома, смахнула мышиный помет с водительского сиденья и попыталась включить зажигание.

С третьей попытки получилось. Джесс сидела в гараже, в котором всегда пахло сыростью, даже в летнюю жару, в окружении старой садовой мебели, автомобильных деталей, пластмассовых ведер, лопат и пустых коробок из-под кондиционеров, слушала гудение мотора и размышляла. Затем наклонилась вперед и отлепила выцветший акцизный диск[1]. Он был просрочен почти на два года. И у нее не было страховки. Она посмотрела на диск, выключила зажигание, а потом сидела в темноте, пока мотор с тиканьем остывал, а запах масла постепенно таял. «Поступай правильно», — в сотый раз подумала она.

1 *Акцизный диск* — бумажный диск, на котором указана дата уплаты акцизного сбора за машину; клеится к лобовому стеклу.

8

Эд

Ed.Nicholls@mayfly.com: Не забудь, что я тебе говорил. Могу напомнить подробности, если ты потеряла карточку.

Deanna1@yahoo.com: Не забуду. Это была незабываемая ночь ;-)

Ed.Nicholls@mayfly.com: Ты сделала, что я тебе говорил?

Deanna1@yahoo.com: Сделала. Спасибо.

Ed.Nicholls@mayfly.com: Дай мне знать, если все получится!

Deanna1@yahoo.com: Я очень удивлюсь, если не получится, ведь у тебя все чудно получалось! ;-0

Deanna1@yahoo.com: Еще никто не делал для меня ничего подобного.

Ed.Nicholls@mayfly.com: Да ладно. Ерунда.

Deanna1@yahoo.com: Может, встретимся на следующих выходных?

Ed.Nicholls@mayfly.com: Я немного занят. Напишу.

Deanna1@yahoo.com: По-моему, у нас обоих все вышло чудесно ;-)

Детектив позволил ему дочитать два бумажных листа и пододвинул их Полу Уилксу.

— Что вы об этом скажете, мистер Николс?

Довольно неприятно видеть свою личную переписку выставленной напоказ в официальном документе. Когда он увидел свои первые пылкие письма, едва завуалированные намеки, смайлики (можно подумать, ему четырнадцать лет) под мертвенным светом комнаты для собеседований, что-то внутри него сжалось.

— Вы не обязаны ничего говорить, — предупредил Пол.

— Мы могли беседовать о чем угодно. — Эд отодвинул документы. — «Дай мне знать, если все получится!» Я мог попросить ее сделать что-нибудь эротическое. Это мог быть секс по переписке, например.

— В одиннадцать часов четырнадцать минут утра?

— Ну и что?

— В офисе с открытой планировкой?

— Я парень без комплексов.

Детектив снял очки и сурово посмотрел на него:

— Секс по переписке? Серьезно? Вот вы чем здесь занимаетесь?

— Вообще-то, нет. В данном случае нет. Но дело не в этом.

— Я бы сказал, что дело именно в этом, мистер Николс. Есть распечатки ваших разговоров. Есть бумажные подтверждения двух встреч. Вы говорите, что будете на связи... — он пролистал бумаги, — «на случай, если смогу еще чем-нибудь помочь».

— Но все было совсем не так. У нее была депрессия. Она переживала из-за расставания с бывшим. Я только хотел... немного облегчить ее жизнь. Я сто раз вам говорил.

— Эд... — с нажимом произнес Пол.

— Еще пара вопросов.

Итак, ему задавали вопросы. Как часто он встречался с Диной? Куда они ходили? В каких отношениях состояли? Когда Эд сказал, что знает о жизни Дины очень мало, ему не поверили. Как и тому, что он ничего не знает о ее брате.

— Да ладно! — запротестовал он. — Вы никогда не встречались с девушками только ради секса?

— Мисс Льюис утверждает, что вы встречались не только ради секса. Она утверждает, что между вами были «близкие и тесные» отношения, что вы знакомы с колледжа и что вы принудили ее совершить эту сделку, давили на нее. Она утверждает, будто понятия не имела, что нарушает закон, следуя вашему совету.

— Но она... В ее устах наши отношения кажутся чем-то большим, чем на самом деле. И я ни к чему ее не принуждал.

— То есть вы признаете, что сообщили ей конфиденциальные сведения?

— Я этого не говорил! Я только хочу сказать...

— Полагаю, мой клиент хочет сказать, что не может нести ответственность за превратное представление мисс Льюис об их отношениях, — перебил Пол Уилкс. — Или за те сведения, которые она могла сообщить своему брату.

— И у нас не было никаких отношений. То есть настоящих отношений.

Детектив пожал плечами:

— Знаете что? Мне плевать, какие отношения у вас были. Плевать, если вы долбили ее во все отверстия. Мне важно, мистер Николс, что вас официально обвиняют в разглашении этой молодой особе сведений, которые, как она похвасталась подруге двадцать восьмого февраля, «принесут нам немалую выгоду». И которые, судя по ее банковскому счету и банковскому счету фонда ее брата, действительно принесли им «немалую выгоду».

Через час, выпущенный под залог на две недели, Эд расположился в офисе Пола Уилкса. Пол налил обоим виски, и они сидели в тишине, потягивая напиток. Эд начинал привыкать к вкусу крепкого алкоголя среди белого дня.

— Я не могу нести ответственность за то, что она сказала своему брату. Не могу же я узнавать у каждой потенциальной подружки, нет ли у нее брата, работающего в финансах. В смысле, никто этого не делает. Меня наверняка поймут.

Пол откинулся на спинку кресла и вздохнул, как человек, привыкший объяснять очевидное:

— Конец цепочки тянется к тебе. Они с братом противозаконно заработали кучу денег с помощью сведений, которые ты ей сообщил.

— Я пытался помочь ей.

— И тебе это прекрасно удалось. Но Совету по ценным бумагам и фьючерсам и Агентству по борьбе с организованной преступностью плевать на твои мотивы, Эд.

— Может, хватит сокращений? Я понятия не имею, о ком ты говоришь.

— Что ж, попробуй вообразить все серьезные органы по борьбе с преступностью, которые имеют отношение к финансам. Или к преступлениям. Вот кто расследует твое дело.

— Можно подумать, мне предъявят обвинение. — Эд поставил виски на стол.

— Да, я считаю это весьма вероятным. И полагаю, суд не за горами. Рассмотрение подобных дел стараются ускорить.

Эд уставился на него. А затем обхватил голову руками:

— Это какой-то кошмар. Я просто... Я просто хотел, чтобы она ушла, Пол. Я хотел, чтобы это закончилось.

— Что ж, остается надеяться, что мы сможем убедить судей, будто ты бестолковый ботаник, который не понимал, что творит.

— Превосходно.

— Есть идеи получше? — (Эд покачал головой.) — Тогда не высовывайся.

— Я не могу сидеть без дела, Пол. Мне нужно вернуться к работе. Я не знаю, чем заняться, кроме работы. Я схожу с ума в этом Захолустингсе.

— Как я уже сказал, обвинение не станет затягивать дело. Но на твоем месте я бы затаился. Если Совет по ценным бумагам и фьючерсам допустит утечку, тогда уже точно запахнет жареным. Я составил заявление. Мол, ты ни в чем не виноват и мы совершенно уверены, что твое имя будет обелено, как только дело поступит в суд. Но едва правда выплывет на свет, как журналисты окружат тебя, щелкая зубами. Самое лучшее — лечь на дно в твоем Захолустингсе еще на неделю или около того.

Пол нацарапал записку в отрывном блокноте. Эд разглядывал перевернутые буквы:

— По-твоему, это попадет в газеты?

— Не знаю. Возможно. В любом случае тебе стоит предупредить родных, что на них могут накинуться журналисты.

Эд положил руки на колени:

— Не могу.

— Чего ты не можешь?

— Рассказать отцу правду. Он болен. Это его... — Он покачал головой.

Когда он наконец поднял глаза, Пол пристально разглядывал его:

— Что ж, решать тебе. Но, как я уже сказал, я бы на твоем месте скрылся, пока шумиха не уляжется. «Мэйфлай» явно не хочет, чтобы ты сейчас болтался рядом с офисами. Слишком много денег поставлено на выпуск нового продукта. Так что тебе надо держаться подальше от всех, кто связан с компанией. Никаких звонков. Никаких электронных писем. И если журналисты тебя все же разыщут, бога ради, ничего не говори. Никому. — Он постучал ручкой в знак окончания разговора.

— Итак, мне надо спрятаться в жуткой дыре, держаться тише воды ниже травы и плевать в потолок, пока меня не посадят в тюрьму.

Адвокат встал и закрыл папку на столе:

— Этим делом займутся наши лучшие люди. Мы сделаем все возможное, чтобы до тюрьмы не дошло.

Эд поднялся и направился к выходу, медленно переваривая тот факт, что адвокат не стал его утешать. Пол открыл ему дверь:

— И знаешь что, Эд? В следующий раз просто скажи подружке, что вам лучше остаться друзьями. Намного меньше хлопот.

Эд, моргая, стоял на ступеньках офиса Пола. Вокруг него текли оживленные будни: прибывшие курьеры стягивали шлемы с вспотевших голов, голоногие секретарши с хохотом шли в парк, чтобы перекусить сэндвичами. И внезапно он ощутил укол тоски по прежней жизни — с офисной кофеваркой «Неспрессо», секретаршей, которую можно послать за суши, и квартирой с панорамным видом на город. В той жизни он в худшем случае проводил дни, лежа на диване в офисе и слушая, как Костюмы нудят о прибылях и убытках. Он никогда всерьез не сравнивал свою жизнь с чужой, но неожиданно мучительно позавидовал людям вокруг с их повседневными заботами и возможностью вернуться на метро домой, к своим семьям. Им доступны простые удовольствия: пообедать с друзьями, в обнимку развалиться перед телевизором. А он что? Неделями торчит в пустом доме и ждет неминуемого обвинения. Даже поговорить не с кем.

Он вспомнил, как на прошлой неделе проснулся на диване в «Бичфранте». Во рту пересохло, словно ватой набили, очки аккуратно лежали на журнальном столике. В третий раз за три недели он так напился, что не помнил, как добрался домой, и впервые очнулся с пустыми карманами.

Вообще-то, он не был пьяницей. Лара вечно твердила, что от алкоголя растет живот, и жаловалась, что Эд храпит, если он выпивал больше двух порций. Ему нестерпимо хотелось выпить прямо сейчас.

Дело в том, что он скучал по работе больше, чем когда-либо скучал по жене. Он скучал по работе, как по постоянной любовнице, ему не хватало рутины. Уже почти пять лет его день подчинялся самому размеренному расписанию в мире:

7.00 — подъем, чашка кофе.

7.30 — персональная тренировка, душ, дорога на работу, второй кофе с Ронаном.

9.00 — работа.

20.30 — конец рабочего дня; можно пропустить стаканчик с Ронаном, вернуться домой и, возможно, еще немного поработать.

Это было правильно. Надежно. Приятно. А теперь каждое утро Эду Николсу приходилось искать повод одеться. Приходилось убеждать себя, что жизнь не кончена. Соберись, Николс. Он глубоко вдохнул. Думай логически. Любую проблему можно решить. Всегда есть обходной путь.

Он проверил свой телефон — новый, всего три импортированных контакта. Два голосовых сообщения от Джеммы. Больше никто не звонил. Эд вздохнул, нажал «Удалить» и направился по выжженной солнцем мостовой к автомобильной парковке.

Эд немного посидел в пустой квартире, сходил в пиццерию, еще посидел и, поскольку причин оставаться в городе не было, забрался в машину и поехал на побережье. Дина Льюис танцевала перед ним всю дорогу, вертелась на забрызганном дождем стекле, словно дервиш, торгующий уцененными товарами. Эд представил ее большие карие глаза, полузакрытые от удовольствия, весело сощуренные от очередной его шутки. Представил, как она смотрит ему прямо в лицо, словно приглашая заглянуть в душу. Его мысли метались, словно серебристые рыбки. Как он мог быть таким идиотом? Почему не сообразил, что она может рассказать кому-то еще? Или здесь кроется нечто более зловещее? Возможно, они с братом все спланировали? Возможно, это месть психопатки за то, что он ее бросил?

Он ехал, и у него голова гудела от вопросов. По коже бежали мурашки от ярости, и с каждой милей все сильнее. С тем же успехом он мог дать Дине ключи от квартиры, доступ к счету в банке, как бывшей жене, и позволить себя обчистить. Это было бы даже лучше. По крайней мере, он не потерял бы работу и друга. Незадолго до съезда на Годалминг Эд в ярости остановился на обочине и набрал номер мобильного Дины. Ему пришлось его вспоминать, поскольку власти забрали старый телефон вместе со всеми контактами под предлогом поиска улик. Ему хотелось завопить: «О чем ты вообще думала? Как ты могла так поступить? Что я тебе сделал? За что ты разрушила мою жизнь и оставила меня на обломках?»

Но телефон молчал.

Эд сидел на придорожной площадке с телефоном в руке и понемногу успокаивался. Он помедлил и набрал номер Ронана. Это был один из немногих номеров, которые он знал наизусть.

Через несколько гудков Ронан взял трубку.

— Ронан...

— Эд, мне запретили с тобой говорить, — устало произнес он.

— Ага. Знаю. Просто я... Я просто хочу сказать...

— Что? Что ты хочешь сказать? — (Эд онемел от ярости в голосе друга.) — Знаешь что? Плевать я хотел на инсайдерскую торговлю. Хотя для компании это настоящая катастрофа. Но ты был моим приятелем. Моим старым другом. Я *никогда* бы так с тобой не поступил.

Щелчок, и разговор оборвался.

Эд уронил голову на руль. Пару минут подождал, пока гудение в голове утихнет, включил поворотник, медленно тронулся с места и покатил к «Бичфранту».

Телефон зазвонил, когда он съезжал с шоссе с разделительной полосой. Эд посмотрел на мерцающий экран, вздохнул и нажал кнопку на гарнитуре.

— Чего ты хочешь, Лара. — Это был не вопрос.

— Привет, малыш. Как ты?

— Э-э-э... Не очень.

— О нет! Что случилось?

Он толком не знал, может, все итальянки такие, но его бывшая жена умела утешать. Она гладила Эда по голове, пропускала его волосы сквозь пальцы, суетилась, по-матерински квохтала. В конце концов это стало раздражать, но сейчас, на пустой дороге, глухой ночью, он испытывал скорее ностальгию.

— Это... из-за работы.

— А! Из-за *работты*, — инстинктивно ощетинилась она.

Наверное, думала, что Эд грустит из-за разлуки с ней.

Он знал, что жениться на Ларе — плохая идея. Вы, наверное, не раз слышали: «Уже когда мы стояли у алтаря, я нутром чуял, не стоит этого делать»? И думаете: «Идиот! Так какого черта ты женился?» Это как раз про него. Именно так он и поступил. Они поженились, потому что Лара страстно хотела замуж, и Эд думал, будто это сделает ее счастливой. Недели через две стало ясно: брак вовсе не сделает ее счастливой. По крайней мере, брак с ним.

— Все нормально, Лара. Как ты?

— *Мамма* сводит меня с ума. И с крышей в квартире проблемы.

— Как работа?

Она причмокнула губами:

— Мне перезвонили из Вест-Энд-шоу и сказали, что я выгляжу слишком старой. Слишком старой!

— Ты не выглядишь слишком старой.

— Знаю! Я могу выглядеть на шестнадцать! Малыш, нам надо поговорить насчет крыши в квартире.

— Лара, это твоя квартира. Мы заключили соглашение.

— Но мне сказали, что это стоит кучу денег. Кучу денег. А у меня *ничего* нет.

— А как же соглашение? — Эд старался говорить спокойно.

— У меня ничего нет. Пришлось вложиться в бизнес брата, и к тому же папа нездоров. А еще мои кредитные карты...

— Неужели ничего не осталось?

— На крышу не хватит. Мне сказали, зимой она протечет. *Эдуардо...*

— Что ж, продай портрет, который забрала из моей квартиры в декабре.

Адвокат настаивал, что он сам виноват, раз не поменял дверные замки. Очевидно, все меняли.

— Мне было грустно, Эдуардо. Я скучала по тебе. Мне просто хотелось что-нибудь на память.

— Конечно. На память о человеке, которого ты не можешь больше видеть.

— Я сказала это в сердцах.

Она говорила «в сэрдцах». В конце их брака она постоянно была *в сэрдцах.* Эд потер глаза и включил поворотник, собираясь съехать на прибрежную дорогу.

— Мне просто хотелось что-нибудь на память о том времени, когда мы *любилли* друг друга.

— Знаешь, когда ты в следующий раз соскучишься по мне, забери, к примеру, нашу фотографию в рамке, а не лимитированное издание плаката с Мао Цзедуном за четырнадцать тысяч фунтов.

Ее голос опустился до шепота, заполнил темные уголки машины, почти невыносимо интимный.

— Неужели тебе все равно, что мне больше не к кому обратиться? — печально мурлыкнула Лара.

У Эда рефлекторно поджались яйца. И она это знала.

Эд взглянул в зеркало заднего вида.

— Почему бы тебе не обратиться к Джиму Леонардсу?

— Что?

— Его жена мне звонила. Забавно, но она не в восторге.

— Это было всего один раз! Мы всего один раз появились на людях. И кому какое дело, с кем я встречаюсь!

Эд слышал, как она рычит от ярости. Он представил, как Лара вскидывает ручку с растопыренными ухоженными пальчиками, досадуя, что приходится уламывать «самого противного мужчину на свете».

— Ты меня бросил! Мне записаться в монахини?

— Это ты меня бросила, Лара. Двадцать седьмого мая на обратном пути из Парижа. Помнишь?

— Детали! Вечно ты извращаешь мои слова своими дурацкими деталями! Именно поэтому мне пришлось уйти от тебя!

— А я думал, потому что я люблю только собственную работу и не понимаю человеческих чувств.

— Я бросила тебя, потому что у тебя крошечный член. Крошечный, КРОШЕЧНЫЙ член! Как конфетка!

— Может, как креветка?

— КРЕВЕТКА. ЛАНГУСТ. Смотря что меньше. Крошечный!

— Тогда, полагаю, козявка. А ведь я простил тебе кражу ценного лимитированного издания плаката! Могла бы польстить мне «омаром». Впрочем, тебе виднее.

Лара выругалась по-итальянски и с грохотом бросила трубку. Эд проехал несколько миль, которые после начисто стерлись из его памяти. Затем вздохнул, включил радио и сосредоточился на черной дороге впереди, которая казалась бесконечной.

Джемма позвонила, когда он сворачивал на прибрежную дорогу. Ее имя высветилось на гарнитуре, и Эд, не подумав, ответил. Похоже, его телефон звонит, только чтобы кто-нибудь на него наорал.

— Можешь не говорить. Ты очень занят.

— Я за рулем.

— И у тебя есть гарнитура. Мама спрашивает, приедешь ли ты на праздничный обед.

— Какой еще праздничный обед?

— Ну хватит, Эд. Я тебе говорила несколько месяцев назад.

— Извини. У меня нет под рукой ежедневника.

Он услышал, как она глубоко вдохнула.

— Папу должны выписать в следующий вторник. И мама готовит для него специальный домашний обед. Она хочет, чтобы мы присутствовали. Ты сказал, что сможешь приехать.

— А! Да.

— Что «да»? Да, ты помнишь? Или да, ты приедешь?

Он побарабанил пальцами по рулю:

— Не знаю.

— Слушай, папа вчера спрашивал о тебе. Я сказала, что ты замотался с одним проектом на работе. Папа такой хрупкий, Эд. Это на самом деле очень важно для него. Для них обоих.

— Джемма, я же тебе говорил...

Ее голос взорвался внутри машины.

— Да, я знаю, ты слишком занят. Ты говорил мне, что у тебя куча дел. Говорил, что забот полон рот.

— У меня действительно полно дел! Ты понятия не имеешь!

— Ну конечно, где уж мне понять! Я всего лишь глупый социальный работник, который получает гроши.

Это наш папа, Эд. Человек, который пожертвовал всем, чтобы оплатить твое чертово образование! Для него ты свет в окошке. И долго отец не протянет. Тебе надо приехать и сказать ему все, что сыновья должны говорить своим умирающим отцам, ясно?

— Он не умирает.

— Откуда тебе знать? Ты два месяца к нему не приезжал!

— Слушай, я приеду. Просто мне надо...

— Почему ты вечно отмазываешься?

— Я не отмазываюсь, Джемм...

— Черта с два! Ты бизнесмен. Все зависит только от тебя. Так что ты уж постарайся. Или я, честное слово...

— Связь пропадает, Джемм. Извини, здесь очень плохой прием. Я... — Эд зашипел, изображая помехи, и нажал кнопку. Телефон заткнулся, но не раньше, чем раздался приглушенный вопль: «Говнюк!»

Эд включил радио. Попалась какая-то нудная передача о надоях молока. Он сменил канал, но музыка была грубой и визгливой и неприятно напоминала его сестру. Он попробовал станцию с классической музыкой (слишком заунывно) и местную коммерческую станцию (невыносимый диджей), прежде чем сдаться и снова выключить радио.

Зазвонил телефон. Он посмотрел на номер и не стал брать трубку. Телефон зазвонил снова. Он продолжал его игнорировать. На третий раз он вздохнул и нажал кнопку.

— Один обед, — сказала Джемма своим «рабочим» голосом, спокойным и примирительным. — Один маленький обед, Эд. Все, о чем я прошу.

Он заметил впереди полицейскую машину и взглянул на спидометр, отчасти опасаясь увидеть смятый клубок металла. Грязный «роллс-ройс» с потухшей фарой наполовину съехал на обочину под оранжевым светом натриевого фонаря. Рядом с ним стояла девочка с огромным псом на поводке. Ее голова медленно повернулась, когда Эд проезжал мимо.

— Я понимаю, что у тебя множество обязательств и твоя работа очень важна. Мы все это понимаем, мистер Большая Компьютерная Шишка. Но всего один нудный семейный обед с больным отцом и сестрой, которая ужасно много трудится на благо человечества и ужасно мало получает! Неужели я так много прошу?

— Погоди, Джемм. Тут авария.

Рядом с девочкой стоял лохматый тощий подросток, засунув руки в карманы и сгорбив плечи. Мальчик? Девочка? Полицейский что-то писал. На мгновение от него отвернулся еще один ребенок... Нет, маленькая женщина с растрепанным хвостиком. Она раздраженно вскинула руки, совсем как Лара. «Ты такой противный!»

Эд проехал еще сотню ярдов и вздрогнул. Он где-то видел эту женщину. Он старательно размышлял: в баре? В загородном комплексе? Внезапно в памяти всплыло, как она забирает у него ключи от машины, снимает с него дома очки. Как она оказалась здесь с детьми глухой ночью? Эд остановился и посмотрел в зеркало заднего вида. Компания смутно маячила вдали. Девочка сидела на темной обочине, пес возвышался рядом черной глыбой.

— Эд? С тобой все в порядке? — Голос Джеммы взорвал тишину.

После он толком не понимал, почему так поступил. Возможно, пытался отсрочить возвращение в пустой дом, где придется до рассвета сидеть и таращиться в телевизор. Возможно, его зацепила странность того, что он вполне мог стать частью подобной сцены, ведь жизнь безнадежно сошла с рельсов. Возможно, ему просто хотелось убедить себя, несмотря на множество свидетельств обратного, что он не полный говнюк.

— Джемм, я перезвоню. Это знакомые.

Он остановился, развернулся в три приема и медленно поехал обратно по тускло освещенной дороге, пока не оказался у полицейской машины и не встал на противоположной стороне.

— Привет, — сказал Эд, опуская окно. — Могу я чем-нибудь помочь?

9

Танзи

Никки выписали без четверти пять. Танзи передала ему приставку «Нинтендо», которую захватила из дома, и молча наблюдала, как он нажимает на клавиши ободранными пальцами. Ее радостное настроение слегка испортилось при виде распухшего лица Никки. Он был сам на себя не похож, и Танзи приходилось старательно смотреть ему в глаза, потому что иначе она переводила взгляд на что-нибудь другое, например на дурацкую картину со скачущими лошадьми на противоположной стене. Они даже не были похожи на лошадей. Ей хотелось рассказать Никки о регистрации в Сент-Эннз, но все мысли Танзи были о пропитанной больничным запахом комнатке и заплывшем глазе брата.

Во время ходьбы он постанывал с закрытым ртом, как будто не хотел выдавать, насколько ему больно. Танзи невольно подумала: «Это сделали Фишеры, это сделали Фишеры» — и немного испугалась, потому что не могла представить, чтобы кто-нибудь из знакомых сделал подобное без причины. Маме пришлось привычно пререкаться с врачами: нет, она не родная его мать, но ничуть не хуже родной. И нет, к нему не приставлен социальный работник. Танзи всегда становилось немного не по себе от таких разговоров, словно Никки не был настоящим членом их семьи, хотя на самом деле был.

Когда Никки собрался выйти в коридор, Танзи ласково взяла его за руку. Обычно он говорил «Брысь, рыбешка» или еще какую-нибудь глупость, но на этот раз лишь сжал ее пальцы и едва заметно улыбнулся распухшими губами, как будто в виде исключения разрешил держать его за руку, по крайней мере, пока не сказал: «Танзи, дружище, извини, но мне надо в уборную».

Лицо мамы было белым как мел, и она непрерывно кусала губы, точно хотела что-то сказать. Никки ни разу на нее не посмотрел.

А потом, когда в палату заявилась куча врачей, мама велела Танзи подождать снаружи, и она ходила взад и вперед по длинным стерильным коридорам, читая задания и решая задачи по алгебре. Числа всегда поднимали ей настроение. Если правильно с ними обращаться, они всегда делают то, что положено, как будто в мире существует волшебный порядок и надо только подобрать нужный ключ. Когда Танзи вернулась, Никки уже оделся. Он вышел из комнаты очень медленно, не забыв поблагодарить медсестру.

— Какой милый мальчик, — сказала медсестра. — Вежливый.

Мама собирала вещи Никки.

— Это самое ужасное, — отозвалась она. — Он просто хочет, чтобы его оставили в покое.

— Ничего не выйдет, пока рядом ошиваются такие типы. — Медсестра улыбнулась Танзи. — Береги брата.

Танзи шла за братом к главному выходу и пыталась понять, что именно неладно с их семьей, если в последнее время каждый разговор заканчивается пристальным взглядом и советом беречься.

Мама приготовила ужин и дала Никки три разноцветные таблетки. Танзи с Никки сидели на диване и смотрели телевизор. Показывали шоу «Жестокие игры», над которым Никки обычно хохотал до упаду, но после возвращения домой он помалкивал, и вряд ли потому, что у него болела челюсть. Он и выглядел как-то непривычно. Танзи вспомнила, как парни набросились на него и незнакомая женщина затащила ее в ларек, чтобы она ничего не видела. Она попыталась отогнать воспоминание, потому что при звуках ударов у нее по-прежнему сводило живот, хотя мама пообещала, что такого больше не случится, она не позволит, и Танзи не должна об этом думать, ладно?

Мама хлопотала наверху. Танзи слышала, как она вытаскивает ящики комодов и расхаживает по лестничной площадке. Мама так замоталась, что даже не заметила, что детям давно пора спать.

Танзи осторожно ткнула Никки пальцем:

— Это больно?

— Что больно?

— Твое лицо.

— В смысле? — Он недоуменно посмотрел на нее.

— Ну... у него странная форма.

— У твоего тоже. Это больно?

— Ха-ха.

— Со мной все в порядке, малявка. Забей. — Она уставилась на него, и он добавил: — Правда. Просто... забудь. Все нормально.

Вошла мама и прицепила поводок к Норману. Пес лежал на диване и не хотел вставать, и мама вытащила его за дверь только с четвертой попытки. Танзи хотела спросить, собралась ли она на прогулку, но тут по телевизору начали показывать самое смешное: как колесо сбивает участников с маленьких платформ в воду. Затем мама вернулась:

— Ладно, дети. Берите куртки.

— Куртки? Зачем?

— Затем, что мы уезжаем. В Шотландию. — Она произнесла это как нечто само собой разумеющееся.

Никки не сводил глаз с экрана.

— Мы уезжаем в Шотландию. — На всякий случай он навел пульт дистанционного управления на телевизор.

— Да. Поедем на машине.

— Но у нас нет машины.

— Возьмем «роллс-ройс».

Никки посмотрел на Танзи, затем снова на маму:

— Но у тебя нет страховки.

— Я вожу машину с двенадцати лет. И ни разу не попадала в аварию. Мы будем ехать по проселочным дорогам, по ночам. Если нас никто не остановит, все получится.

Дети уставились на нее.

— Но ты говорила...

— Я знаю, что я говорила. Но иногда цель оправдывает средства.

— Что это значит?

Мама воздела руки к небу:

— В Шотландии скоро начнется соревнование по математике, которое может изменить нашу жизнь. Но у нас нет денег на проезд. Вот в чем дело. Я знаю, ехать на машине не идеальный вариант, и я нс говорю, что это правильно, но если у вас нет идей получше, садитесь в машину и поехали.

— А собраться?

— Все уже в машине.

Танзи знала, что Никки думает о том же, о чем и она: мама в конце концов сошла с ума. Но Танзи где-то читала, что сумасшедшие как лунатики — их лучше не беспокоить. Поэтому она кивнула, очень медленно, как будто в маминых словах был смысл, сходила за курткой, и они вышли через заднюю дверь в гараж. Норман уже устроился на заднем сиденье и смотрел на них с видом «Да. Я тоже». Танзи села в машину. В салоне пахло сыростью, и ей очень не хотелось прикасаться к сиденьям, потому что она где-то прочитала, что мыши постоянно писают, прямо-таки непрерывно, а через мышиную мочу передается около восьмисот болезней.

— Можно, я сбегаю за перчатками? — спросила она.

Мама посмотрела на нее, будто это Танзи выжила из ума, но кивнула. Танзи надела перчатки, и ей вроде бы немного полегчало.

Никки осторожно сел на переднее сиденье и пальцами стер пыль с приборной доски. Танзи хотелось рассказать ему о мышиной моче, но маме лучше не знать, что ей это известно.

Мама открыла дверь гаража, завела мотор, медленно выехала задом на дорожку. Затем вышла из машины, закрыла и надежно заперла гараж, села на место и минуту подумала.

— Танзи! У тебя есть бумага и ручка?

Она порылась в сумке и достала бумагу и ручку. Мама не хотела, чтобы Танзи видела, что она пишет, но Танзи подглядела в щель между сидений.

ФИШЕР ТЫ МАЛОЛЕТНЯЯ МРАЗЬ Я СКАЗАЛА
ПОЛИЦИИ ЧТО ЕСЛИ К НАМ КТО-ТО ВЛОМИТСЯ
ТО ЭТО ТЫ И ОНИ СЛЕДЯТ ЗА ДОМОМ

Мама вышла из машины и приколола записку к нижней части двери, чтобы не увидели с улицы. Затем снова села на обглоданное мышами водительское сиденье, и с тихим урчанием «роллс-ройс» выехал в ночь, оставив позади светящийся домик.

Минут через десять стало ясно, что мама разучилась водить. Действия, которые знала даже Танзи, — зеркало, сигнал, маневр — она упорно выполняла в неверном порядке и цеплялась за руль, словно бабуся, которая колесит по центру на скорости пятнадцать миль в час и царапает дверцы машины о столбики на муниципальной парковке.

Они проехали «Розу и корону», промышленную зону с ручной автомойкой и склад ковров. Танзи прижала нос к окну. Они официально покидают город. В последний раз она покинула город на школьной экскурсии в Дердл-Дор[1], когда Мелани Эбботт стошнило прямо на колени, отчего учеников пятого «С» начало тошнить одного за другим.

— Главное — это спокойствие, — бормотала мама себе под нос. — Уверенность и спокойствие.

— Ты не выглядишь спокойной, — заметил Никки.

Он играл в «Нинтендо», большие пальцы его рук так и мелькали по обе стороны маленького мерцающего экрана.

— Никки, смотри в карту. Оставь в покое «Нинтендо».

— Надо просто ехать на север.

— Но где север? Я сто лет здесь не была. Ты скажи, куда ехать.

Никки посмотрел на дорожный указатель:

— По М3?

— Не знаю. Я тебя спрашиваю!

— Дайте, я посмотрю. — Танзи протянула руку с заднего сиденья и забрала карту у Никки. — Какой стороной вверх?

1 *Дердл-Дор* — естественные известняковые ворота на Юрском побережье Дорсета.

Пока Танзи сражалась с картой, они дважды объехали круговую развязку и выбрались на окружную. Танзи смутно помнила эту дорогу: однажды они ехали этим путем, когда мама и папа пытались продавать кондиционеры.

— Мам, включи свет на заднем сиденье, — попросила Танзи. — Я ничего не вижу.

Мама обернулась:

— Кнопка над твоей головой.

Танзи нащупала кнопку и нажала ее большим пальцем. Можно было снять перчатки, подумала она. Мыши не умеют ходить вниз головой. В отличие от пауков.

— Она не работает.

— Никки, смотри в карту. — Мама сердито глянула на него. — Никки!

— Да-да. Сейчас. Только достану золотые звезды. Они стоят пять тысяч.

Танзи сложила карту как можно аккуратнее и пропихнула обратно между передними сиденьями. Никки склонился над игрой, полностью в нее погрузившись. Золотые звезды и правда непросто достать.

— Немедленно убери эту штуку!

Никки вздохнул и захлопнул игру. Они проехали мимо незнакомого паба, затем мимо нового отеля. Мама сказала, что они ищут М3, но Танзи давно не видела никаких указателей на М3. Норман начал тихо подвывать. По прикидкам Танзи, через тридцать восемь секунд мама скажет, что это действует ей на нервы.

Мама продержалась двадцать семь.

— Танзи, пожалуйста, уйми собаку. Невозможно сосредоточиться. Никки! Я тебя очень прошу, смотри в карту.

— Норман все заливает слюнями. По-моему, ему надо выйти. — Танзи отодвинулась.

Никки щурился на указатели.

— Эта дорога, похоже, ведет в Саутгемптон.

— Но нам туда не надо.

— А я о чем?

Нестерпимо пахло маслом. Может, что-то протекает? Танзи зажала нос перчаткой.

— Может, просто вернемся и начнем сначала?

Мама зарычала, свернула с дороги на следующем съезде и поехала по круговой развязке. На поворотах сухожилия на ее шее выпирали, будто маленькие стальные канаты. Все старательно не заметили, с каким скрежетом они развернулись и поехали обратно по другой стороне шоссе.

— Танзи, пожалуйста, уйми собаку. Пожалуйста.

Одна из педалей была такой жесткой, что маме приходилось опираться на нее всем весом, только чтобы сменить передачу. Мама подняла взгляд и указала на поворот на город:

— Что мне делать, Никки? Поворачивать сюда?

— О боже, он пукнул, мама! Я сейчас задохнусь.

— Никки, пожалуйста, посмотри в карту.

Танзи припомнила, что мама терпеть не может водить машину. Она довольно туго соображает и уверяет, будто у нее нет нужных синапсов. К тому же, если честно, запах, пропитавший машину, был настолько отвратителен, что собраться с мыслями было непросто.

Танзи начала давиться:

— Я умираю!

Норман повернул к ней свою большую старую голову. Его печальный взгляд упрекал Танзи в неоправданной жестокости.

— Но тут два поворота. Какой выбрать — первый или второй?

— Ну конечно второй. Ой, нет, извини... первый.

— Что?

Мама резко свернула с шоссе на съезд, едва не прокатившись по заросшей травой обочине. Машина содрогнулась, когда они задели бордюр, и Танзи пришлось отпустить нос, чтобы схватить Нормана за ошейник.

— Неужели так сложно...

— Я имел в виду следующий. Этот ведет совсем в другую сторону.

— Мы едем уже полчаса, но дальше от цели, чем в самом начале. Господи, Никки, я...

И тогда Танзи увидела мигающий голубой свет.

Она уставилась в зеркало заднего вида, затем обернулась и посмотрела в окно, не веря собственным глазам. Танзи молилась, чтобы полицейские проехали мимо, спеша на место неведомой аварии. Но они неуклонно приближались, пока холодный голубой свет не затопил «роллс-ройс».

Никки с трудом развернулся:

— Э-э-э, Джесс, по-моему, они хотят, чтобы ты затормозила.

— Твою мать! *Мать, мать, мать.* Танзи, ты ничего не слышала. — Мама перевела дыхание, поудобнее перехватила руль и сбросила скорость. — Все будет хорошо. Все будет хорошо.

Никки чуть сгорбился:

— Э-э-э, Джесс?

— Не сейчас, Никки.

Полицейские тоже притормаживали. У Танзи вспотели ладони. «Все будет хорошо».

— Надо было раньше сказать, что у меня с собой травка.

10

Джесс

Джесс стояла на поросшей травой обочине шоссе в одиннадцать часов сорок минут вечера в обществе двух полицейских, которые обращались с ней не как с крупной преступницей, чего она отчасти ожидала, а намного хуже — как с непроходимой дурой. Снисходительно и нравоучительно. «И часто вы катаете семью по ночам, мадам? И всего с одной фарой? Вы действительно не замечали, что ваш акцизный диск просрочен на два года?» Они пока не обнаружили, что у нее нет страховки. Это удовольствие еще предстояло.

Никки потел на обочине, ожидая, что полицейские найдут травку. Танзи маячила в нескольких футах бледным молчаливым привидением, обнимая Нормана за шею в поисках поддержки.

Джесс было некого винить, кроме себя. Хуже быть уже не могло.

А потом появился мистер Николс.

Джесс едва не засмеялась: все это было до нелепого ужасно. Когда мистер Николс опустил окно, последние краски схлынули с ее лица. Она отчетливо представила, что будет дальше. Он скажет полицейским: «Знаете что?

Эта женщина не просто водит незастрахованную машину с просроченным акцизным диском, в кишащей мышами обивке которой, вероятно, спрятана четверть унции травки; эта женщина — ВОРОВКА».

В ее голове промелькнула тысяча мыслей — например, кто позаботится о детях, когда ее посадят в тюрьму, и если Марти, то не станет ли он забывать всякие мелочи, например, что у Танзи растет нога и ей надо покупать новые туфли, а не ждать, пока у нее загнутся ногти? И кто присмотрит за Норманом? И какого черта она вообще взяла деньги, а не вернула Эду Николсу его проклятый рулончик банкнот?

Но ничего подобного мистер Николс не сказал. Он просто изучил мизансцену и произнес:

— Я могу вам чем-нибудь помочь?

Полицейский Номер Один медленно обернулся. У него была грудь колесом и бравая выправка. Такие люди не любят, когда с ними шутят.

— Назовитесь.

— Эдвард Николс. Я знаю эту женщину. Что случилось? Проблемы с машиной? — Он смотрел на «роллс-ройс», как будто не мог поверить, что тот еще на ходу.

— В некотором роде, — ответил Полицейский Номер Два.

— Просроченный акцизный диск, — пробормотала Джесс, стараясь не обращать внимания на бешеный стук сердца в груди. — Я пыталась отвезти детей в одно место. А теперь, видимо, поеду домой.

— Никуда вы не поедете, — отрезал Полицейский Номер Один. — Ваша машина конфискована. Я уже вызвал эвакуатор. Езда по дороге общественного пользования без действительного акцизного диска — нарушение параграфа номер тридцать три Закона об акцизном сборе и регистрации транспортного средства. Это также означает, что ваша страховка будет аннулирована.

— У меня нет страховки. — Полицейские повернулись к ней. — Машина не застрахована. Я не застрахована.

Мистер Николс уставился на нее. А смысл скрывать? Полицейские обнаружат отсутствие страховки, как только введут ее данные.

— Мы попали в сложное положение. Я была в отчаянии. Это был единственный способ перевезти детей из пункта А в пункт Б.

— Вам известно, что водить машину без страховки и уплаты акцизного сбора — преступление... — (она смотрела себе под ноги), — которое может повлечь за собой тюремное заключение.

— И это не моя машина. — Она пнула камешек на траве. — Это следующее, что вы обнаружите, когда поищете по базе данных.

— Вы украли это транспортное средство, мадам?

— Нет, не украла. Оно два года стояло у меня в гараже.

— Это не ответ на мой вопрос.

— Это машина моего бывшего мужа.

— Он знает, что вы ее взяли?

— Он не узнал бы, даже если бы я сменила пол и назвала себя Сидом. Он торчит в Северном Йоркшире уже...

— Знаете, вам лучше немного помолчать. — Мистер Николс провел рукой по волосам.

— Вы что, ее адвокат?

— А ей нужен адвокат?

— Водить машину без страховки и уплаты акцизного сбора — нарушение параграфа номер тридцать три...

— Да. Вы уже говорили. В общем, вам стоит с кем-нибудь посоветоваться...

— ...Джесс.

— Джесс. — Он посмотрел на полицейского. — Господа, разве обязательно везти эту женщину в участок? Она искренно сожалеет. Время позднее, детям пора домой.

— Ей будет предъявлено обвинение в вождении без страховки и уплаты акцизного сбора. Ваше имя и адрес, мадам?

Джесс назвала их Полицейскому Номер Один. Изобразить раскаяние ей не удалось. Она так злилась на себя, что с трудом говорила. Она смотрела, как полицейский отворачивается и повторяет ее слова в рацию. Похоже, ответ его удовлетворил, поскольку он повернулся обратно, посмотрел на детей и кивнул:

— Машина действительно зарегистрирована на этот адрес. Но зарегистрирована как транспортное средство, выведенное из эксплуатации, а это означает...

— Что на ней нельзя ездить по дорогам общественного пользования. Я в курсе.

— В курсе? В таком случае очень жаль, что вы не подумали об этом, прежде чем выехать из гаража. — Он смерил ее взглядом, как учитель — восьмилетку, чтобы тот почувствовал себя малышом. Снисходительный взгляд вывел Джесс из себя.

— Знаете что? — сказала она. — По-вашему, я повезла бы куда-то детей в одиннадцать вечера без особой причины? По-вашему, мне просто захотелось взять детей, собаку, сесть в машину и вляпаться в кучу неприятностей...

— Меня не касается, чего вам захотелось, мадам. Меня волнует, что вы ехали по дороге общественного пользования на незастрахованном, а возможно, и небезопасном транспортном средстве.

— Я была в отчаянии, ясно? И меня нет в вашей дурацкой базе данных, потому что я в жизни не делала ничего противозаконного...

— Или не попадались.

Мистер Николс положил руку ей на плечо:

— Э-э-э, Джесс? По-моему, вам лучше замолчать.

Полицейские пристально смотрели на нее. Норман плюхнулся на обочину и громко вздохнул. Танзи молча наблюдала запавшими глазами. «О боже, — подумала Джесс. — Ее жизнь превратилась в хаос». Джесс прикусила язык и невнятно извинилась.

— Миссис Томас, вам будет предъявлено обвинение в вождении машины без надлежащих документов. — Полицейский Номер Один передал ей листок бумаги. — Ожидайте повестку в суд. Вам грозит штраф до пяти тысяч фунтов.

— Пять штук? — Джесс засмеялась.

— А пока можете быть свободны.

— Пять *штук*?

— И вам придется заплатить, чтобы убрать это... — Полицейский не мог назвать это «машиной». — Это с полицейской штрафной стоянки. Должен предупредить, что каждый день штрафной стоянки обойдется в пятнадцать фунтов.

— Превосходно. И как я уберу ее со стоянки, если мне нельзя за руль?

Джесс понимала, что испытывает его терпение, но была не в силах сдерживаться. Пять штук!

— Вы уплатите сбор и застрахуете машину, как положено, и сможете ее забрать. Или обратитесь на станцию техобслуживания. Не оставляйте вещи в машине. Как только эвакуатор ее заберет, мы не будем нести ответственность за ее содержимое.

— Конечно. Глупо надеяться, что на полицейской стоянке машине ничего не грозит, — пробормотала она.

— Джесс...

— Мама, но как мы попадем домой?

Все замолчали. Полицейские отвернулись.

— Я вас подброшу, — сказал мистер Николс.

Джесс отшатнулась:

— О! Нет. Нет, спасибо. Мы доберемся. Дойдем пешком. Здесь недалеко.

— Три мили.

Танзи сощурилась, как бы пытаясь понять, шутит она или нет, и устало поднялась на ноги. Джесс вспомнила, что под курткой на Танзи пижама. Мистер Николс посмотрел на детей.

— Я еду туда, — кивнул он в сторону города. — Вы знаете, где я живу.

Танзи и Никки молчали. Джесс смотрела, как Никки, прихрамывая, идет к машине и начинает вытаскивать сумки. Нельзя заставлять его тащить вещи. Не факт, что он вообще сможет дойти в таком состоянии.

— Спасибо, — сухо сказала она. — Вы очень любезны.

Джесс была не в силах посмотреть в глаза мистеру Николсу.

— Что стряслось с вашим сыном? — спросил Полицейский Номер Два, когда Никки бросил свой вещевой мешок к ее ногам.

— Поищите в своей базе данных, — отрезала она и подошла к куче сумок.

Они ехали домой в тишине. Джесс сидела на пассажирском сиденье безукоризненной машины мистера Николса и смотрела прямо перед собой. Ей было неловко как никогда. Дети молчали, потрясенные поворотом событий. Она чувствовала это спиной. Мать подвела их. Придорожные посадки сменились заборами и кирпичными стенами, черные дороги — уличными фонарями. Джесс была не в силах поверить, что они выехали из дома всего полтора часа назад. Казалось, прошла целая жизнь. Штраф пять тысяч фунтов. Почти гарантированное лишение водительских прав. И явка в суд. Марти будет рвать и метать. И она только что упустила последний шанс Танзи поступить в Сент-Эннз. Впервые за вечер у Джесс встал комок в горле.

— С вами все в порядке?

— Абсолютно.

Она не смотрела на мистера Николса. Он не в курсе. Ну конечно, не в курсе. Согласившись сесть в его машину, она на мгновение испугалась, что это ловушка. Он дождется, пока полицейские уедут, и сделает что-нибудь ужасное, чтобы отомстить ей за кражу.

Но все оказалось хуже. Он просто пытался помочь.

— Поверните налево, пожалуйста. Нам сюда. До конца, налево, затем второй поворот направо.

Живописная часть города закончилась полмили назад. В Дейнхолле деревья были голыми даже летом, сгоревшие автомобили стояли на подпорках из кирпича, словно городские скульптуры на низеньких пьедесталах. Дома были не новые, трех сортов, в зависимости от улицы: рядовая застройка, дома, отделанные мелкими камешками, и крошечные домики из бордового кирпича с окнами из ПВХ. Мистер Николс повернул налево на Сикоув-авеню и притормозил, когда Джесс указала свой дом. Она обернулась и обнаружила, что за время короткой поездки Танзи задремала, приоткрыв рот и положив голову на Нормана, который, в свою очередь, привалился к Никки. Никки равнодушно смотрел в окно. Из «Зайца и терьера» выставляли посетителей, и мужчины кучками стояли и курили на углу. Одни собирались домой, другие искали повод задержаться.

— Пожалуй, вам лучше поскорее уехать. — Она кивнула в сторону мужчин. — У местного торговца анашой машина той же модели.

— Куда вы пытались добраться?

— В Шотландию. — Она почесала нос. — Это долгая история.

Мистер Николс ждал.

Джесс начала машинально болтать ногой:

— Мне нужно отвезти дочь на олимпиаду по математике. Проезд слишком дорого стоит. Хотя и не так дорого, как разговор с копами.

— На олимпиаду по математике?

— Ну да. Я тоже никогда о них не слышала до прошлой недели. Я же сказала, это долгая история.

— И что вы собираетесь делать?

Джесс посмотрела на заднее сиденье, на мирно дремлющую Танзи. Пожала плечами. Слова не шли у нее с языка.

Внезапно мистер Николс всмотрелся в лицо Никки.

— Ага. Это другая история.

— У вас много историй.

Мистер Николс повернулся и уставился на мужчин на углу. То ли погрузился в раздумья, то ли ждал, пока Джесс свалит из его машины.

— Спасибо, что подвезли. Весьма любезно с вашей стороны.

— Ну, за мной был должок. Я совершенно уверен, что это вы забрали меня из паба. Я проснулся на диване, моя машина благополучно стояла на парковке у паба, и у меня было худшее в мире похмелье. — Он помолчал. — Еще я смутно припоминаю, что вел себя по-свински. Возможно, не впервые.

— Все в порядке. — У нее вспыхнули уши. — Правда.

Никки открыл дверцу машины. От холодного воздуха Танзи пошевелилась. Она потерла глаза и заморгала, глядя на Джесс, затем медленно оглядела салон, припоминая события последнего часа.

— То есть мы никуда не едем?

Джесс собрала сумки, стоявшие у ног. Этот разговор лучше вести не при посторонних.

— Идем в дом, Танзи. Уже поздно.

— Значит, мы не едем в Шотландию?

Джесс смущенно улыбнулась мистеру Николсу:

— Еще раз спасибо.

Она вытащила сумки на мостовую. Воздух был неожиданно морозным. Никки стоял у калитки и ждал.

Голос Танзи надломился от внезапного понимания.

— Значит, я не буду учиться в Сент-Эннз?

Джесс попыталась улыбнуться:

— Давай поговорим об этом позже, милая.

— Но что мы будем делать? — спросил Никки.

— Не сейчас, Никки. Идем в дом.

— Ты должна полиции пять штук. Как мы попадем в Шотландию?

— Дети! Ну, пожалуйста! Идем в дом!

Норман со стоном поднялся с заднего сиденья и выполз из машины.

— Ты не сказала, что мы что-нибудь придумаем. — В голосе Танзи нарастала паника. — Ты всегда говоришь, что мы что-нибудь придумаем.

— Мы что-нибудь придумаем, — пообещала Джесс, вытаскивая одеяла из багажника.

— Ты сказала это не таким голосом, каким говоришь, когда мы действительно что-нибудь придумаем.

Танзи заплакала. Это было так неожиданно, что Джесс сперва растерялась.

— Держи! — Она сунула одеяла Никки и нырнула в машину, пытаясь вытащить Танзи.

— Танзи... милая. Выходи. Уже поздно. Мы об этом поговорим.

— Поговорим о том, что я не буду учиться в Сент-Эннз?

Мистер Николс смотрел на руль, как будто это было уже слишком. Джесс начала вполголоса извиняться.

— Она устала. — Джесс попыталась обхватить дочь рукой. Танзи отодвинулась. — Ради бога, простите.

В этот миг зазвонил телефон мистера Николса.

— Джемма, — устало произнес он, как будто ждал звонка.

Трубка злобно жужжала, как будто в ней сидела оса.

— Знаю, — тихо произнес мистер Николс.

— Я очень хочу учиться в Сент-Эннз, — плакала Танзи.

У нее упали очки — Джесс все не находила времени отвезти дочь в оптику и починить их, — и она закрыла глаза руками.

— Пожалуйста, можно мне учиться в Сент-Эннз? Пожалуйста, мама! Я буду очень хорошо себя вести. Только разреши мне учиться в Сент-Эннз.

— Тише! — В горле Джесс встал комок. Танзи никогда ни о чем не просила. Она была сделана из другого теста. — Танзи...

Никки отвернулся, точно был не в силах смотреть.

Мистер Николс произнес в трубку что-то неразборчивое. Танзи начала всхлипывать. Она висела на Джесс мертвым грузом. Как будто не желала выходить из машины.

— Идем, милая. — Джесс потянула ее.

Танзи уперлась руками и ногами в дверь:

— Пожалуйста, мама. Пожалуйста. Пожалуйста. Я буду очень хорошо себя вести.

— Танзи, ты не можешь оставаться в машине.

— Пожалуйста...

— Выходи. Немедленно, детка.

— Я отвезу вас, — произнес мистер Николс.

Джесс стукнулась головой о раму двери.

— Что?

— Я отвезу вас в Шотландию. — Он положил трубку и посмотрел на руль. — Мне нужно в Нортумберленд. Шотландия не намного дальше. Я вас подброшу.

Все умолкли. В конце улицы раздался взрыв смеха и хлопнула дверца машины. Джесс поправила съехавший набок хвостик.

— Спасибо, вы очень любезны, но мы не можем принять ваше предложение.

— Нет. — Никки наклонился вперед. — Еще как можем, Джесс. — Он посмотрел на Танзи. — Правда. Можем.

— Но мы даже не знаем вас. Я не могу просить вас...

— Я просто подвезу вас. Мне не трудно, — сказал мистер Николс, не глядя на нее.

Танзи всхлипнула и потерла нос:

— Пожалуйста, мама!

Джесс посмотрела на нее, на изуродованное лицо Никки, на мистера Николса. Ей нестерпимо хотелось выскочить из машины.

— Мне нечего вам предложить. — Ее голос надломился. — Совсем нечего.

Мистер Николс поднял бровь и взглянул на собаку.

— Даже пропылесосить задние сиденья после поездки?

Пожалуй, невежливо было выдыхать с таким облегчением.

— Ну... конечно, нет проблем.

— Тогда договорились. Ложитесь спать, я заеду за вами завтра утром.

11

Эд

Эдварду Николсу понадобилось минут пятнадцать, после того как он покинул район Дейнхолл, чтобы спросить себя, какого черта он только согласился отвезти свою сварливую уборщицу, двух ее чудаковатых детей и огромного вонючего пса до самой Шотландии. О чем он вообще думал? Он так и слышал скептический голос Джеммы:

— Ты везешь незнакомую девочку и ее семью на другой конец страны и называешь это «чрезвычайными обстоятельствами». Ясно. — (Он явственно услышал кавычки. Пауза.) — Она симпатичная?

— Кто?

— Мать. Большие сиськи? Длинные ресницы? Девица в беде?

— Дело не в этом. Э-э-э... — Эд не мог толком ответить, пока они сидели в машине.

— То есть «да»? — Джемма глубоко вздохнула. — Сколько можно, Эд!

Завтра он заедет к ним с утра пораньше, извинится и сошлется на неотложные дела. Она поймет. Наверное, ей тоже не хочется ехать в одной машине с едва знакомым человеком. Она не слишком обрадовалась его предложению.

Он даст денег на поезд ребенку. В конце концов, не его вина, что эта женщина — Джесс? — решила прокатиться на незастрахованной машине с просроченным акцизным диском. Если посмотреть со стороны — копы, чудаковатые дети, ночная прогулка, — от нее только и жди неприятностей. А Эду Николсу вполне хватало своих.

С этими мыслями он умылся, почистил зубы и уснул так крепко, как не спал несколько недель.

Он притормозил у калитки вскоре после девяти. Эд собирался приехать раньше, но забыл, где расположен дом. Район был настоящим лабиринтом однотипных улиц, и Эд вслепую колесил почти тридцать минут, пока не опознал Сикоув-авеню. И то лишь по пабу.

Утро было сырым и тихим, воздух — тяжелым от влаги. Улица была пустынной, не считая рыжего кота, который шагал по мостовой, выгнув хвост вопросительным знаком. При свете дня Дейнхолл казался чуть менее недружелюбным, но Эд все равно поймал себя на том, что дважды проверил, запер ли машину.

Он поднял взгляд на окна, надеясь, что нашел нужный дом. Одну из комнат второго этажа украшали белые и розовые флажки; на переднем крыльце безжизненно висели две корзины для цветов. На соседней дорожке стояла машина под брезентом. Но настоящая примета медленно бродила по садику в переднем дворе и остановилась, только чтобы задрать ногу над детским велосипедом. О господи! Этот пес. Огромный. Эд вспомнил, как он развалился на заднем сиденье его автомобиля вчера вечером. Когда Эд утром садился в машину, в ней еще попахивало.

Он осторожно открыл задвижку калитки, опасаясь реакции пса, но тот лишь повернул свою огромную голову без малейшего проблеска интереса, поплелся в тень чахлого дерева и плюхнулся на бок, лениво подняв ногу, как будто смутно надеялся почесать себе живот.

— Ну, я пошел, спасибо, — сказал Эд.

Он прошел по дорожке и остановился у двери. Он заранее заготовил свою маленькую речь.

«Привет, мне очень жаль, но у меня возникли неотложные дела на работе и, боюсь, в ближайшие пару дней мне не выбраться. Но я с радостью внесу вклад в фонд олимпиады вашей дочери. По-моему, просто замечательно, что она так усердно учится. Итак, вот деньги ей на билет».

Сегодня утром это звучало чуть менее убедительно, чем вчера вечером, но ничего не поделаешь. Он собирался постучать, когда увидел приколотую к двери записку, трепетавшую на ветру.

ФИШЕР ТЫ МАЛОЛЕТНЯЯ МРАЗЬ Я СКАЗАЛА
ПОЛИЦИИ ЧТО ЕСЛИ К НАМ КТО-ТО ВЛОМИТСЯ
ТО ЭТО ТЫ И ОНИ СЛЕДЯТ ЗА ДОМОМ

Когда он выпрямился, дверь отворилась. На пороге стояла девочка.

— Мы уже собрались, — произнесла она, щурясь и наклонив голову набок. — Мама сказала, что вы не приедете, но я знала, что вы приедете, и запретила ей разбирать чемоданы до десяти часов. А вы справились на пятьдесят три минуты быстрее, что приблизительно на тридцать три минуты превосходит мою оценку.

Эд моргал.

— Мама! — Девочка распахнула дверь.

Джесс стояла в коридоре, словно застыла на полпути. На ней были обрезанные джинсы и рубашка с закатанными рукавами. Волосы заколоты. Не похоже, чтобы она собиралась проехать через всю страну.

— Привет, — неловко улыбнулся Эд.

— О! Да.

Джесс покачала головой. Эд понял, что девочка сказала правду: она на самом деле не верила, что он приедет.

— Извините, что не предлагаю кофе — избавилась от остатков молока вчера перед отъездом.

Прежде чем Эд успел ответить, мимо прохромал паренек, потирая глаза. Его лицо еще было распухшим и напоминало импрессионистский пейзаж в фиолетовых и желтых тонах. Эд уставился на гору вещевых и мусорных мешков в прихожей и спросил:

— Что из этого мы берем?

— Все, — ответила девочка. — И я упаковала одеяло Нормана.

Джесс настороженно смотрела на Эда. Он попытался открыть рот, но не смог издать ни звука. Весь коридор был заставлен потрепанными книгами в мягких обложках. Почему-то это его удивило.

— Мистер Николс, возьмите эту сумку, пожалуйста. — Девочка подтащила к нему сумку. — Я уже пыталась ее поднять, потому что Никки пока нельзя носить тяжести, но сил не хватило.

— Конечно. — Он машинально нагнулся и на мгновение замер, прежде чем поднять сумку. «Как же быть?»

— Мистер Николс... — Джесс встала перед ним. Похоже, ей тоже было не по себе. — Насчет этой поездки...

Передняя дверь внезапно распахнулась. Женщина в тренировочных штанах и футболке замахнулась на Эда бейсбольной битой.

— А НУ ПОЛОЖИ! — прорычала она. Он замер. — РУКИ ВВЕРХ!

— Нат! — крикнула Джесс. — Не трогай его!

Эд медленно поднял руки и повернулся лицом к фурии.

— Что за... — Женщина смотрела мимо Эда. — Джесс? О господи! Я думала, у тебя в доме кто-то есть.

— Конечно есть. Я!

Женщина опустила биту и в ужасе уставилась на Эда:

— О боже! Это... Ради бога, простите. Знаете, я увидела переднюю дверь и подумала, что вы взломщик. Я думала, вы... сами знаете кто. — Она нервно засмеялась и в отчаянии посмотрела на Джесс, словно Эда рядом не было.

Эд выдохнул. Женщина убрала биту за спину и попыталась улыбнуться:

— Вы же знаете, что это за район...

Эд отступил и осторожно кивнул:

— Все в порядке... Я только схожу за телефоном. Оставил в машине.

Он с поднятыми руками протиснулся мимо нее и пошел по дорожке. Открыл и закрыл дверцу машины, снова запер ее, чтобы занять руки. Эд пытался мыслить здраво, несмотря на гул в ушах. «Просто садись и уезжай, — произнес внутренний голос. — Вы с ней больше не пересечетесь. Немедленно уезжай».

Эд любил порядок. Он предпочитал знать, что ждет дальше.

Все в этой женщине говорило о своего рода... *беспредельщине,* которая действовала ему на нервы.

Эд пошел по дорожке, пытаясь подобрать нужные слова. Приблизившись к дому, он услышал разговор за полузакрытой дверью. Голоса разносились по садику.

— Я ему откажу.

— С какой стати, Джесс? — Голос парня. — Почему?

— Потому что это слишком сложно. Я работаю на него.

— Ты убираешься у него в доме. Это не одно и то же.

— Тогда потому, что мы его не знаем. Нельзя учить Танзи не садиться в машину к незнакомым мужчинам, а делать совершенно противоположное.

— Он носит очки. Вряд ли он серийный убийца.

— Расскажи это жертвам Денниса Нильсена. И Гарольда Шипмана.

— Ты знаешь слишком много серийных убийц.

— Мы натравим на него Нормана, если он сделает что-нибудь плохое. — Снова голос мальчика.

— Ну конечно. Ведь Норман так самоотверженно защищает нашу семью.

— Но мистер Николс этого не знает.

— Послушай! Он чужой человек. Вчера он помог нам и немного увлекся. Он явно не хочет никуда ехать. Мы... мы просто осторожно поговорим с Танзи.

Танзи. Эд смотрел, как она бегает по заднему двору и волосы развеваются у нее за спиной. Смотрел, как пес ковыляет к двери — не то пес, не то як, — оставляя за собой прерывистую нитку слюны, словно улитка.

— Я стараюсь его измотать, чтобы он проспал большую часть поездки. — Танзи встала перед ним, задыхаясь.

— Хорошо.

— Я правда разбираюсь в математике. Мы едем на олимпиаду, чтобы я могла выиграть деньги и поступить в школу, где смогу решать задачи продвинутого уровня. Угадайте, как меня зовут в двоичном коде?

Эд взглянул на нее:

— Танзи — твое полное имя?

— Нет. Но все зовут меня Танзи.

Он надул щеки и выдохнул:

— Гм. Ладно. 01010100 01100001 01101110 01111010 01101001 01100101.

— Вы сказали 1010 в конце? Или 0101?

— 1010. Ха!

Они с Ронаном любили эту игру.

— Круто! Все правильно. — Она прошла мимо него и толкнула дверь. — Я ни разу не была в Шотландии. Никки уверяет, что там бродят стада диких хаггисов. Но это же неправда?

— Насколько я знаю, в наши дни все хаггисы домашние.

Танзи уставилась на него, улыбнулась и негромко зарычала.

И Эд Николс понял, что едет в Шотландию.

Он распахнул дверь, и женщины замолчали. Они опустили взгляд на сумки, которые он взял обеими руками.

— Мне нужно кое-что уладить перед отъездом. — Дверь болталась за его спиной. — И вы забыли Гэри Риджуэя. Убийцу из Грин-Ривера. Но вам нечего бояться. Они все были близорукими. А я дальнозоркий.

Ушло три четверти часа, только чтобы выехать из города. Сломанные светофоры на вершине холма в сочетании с пасхальными выходными превратили шоссе в медлительную и очень раздраженную гусеницу. Джесс сидела на соседнем сиденье, смущенно молчала и сжимала ладони коленями. Наверное, знала, что Эд подслушал весь разговор. Кажется, она не сказала ни слова с момента отъезда.

Танзи сидела по одну сторону от пса, мальчик — Никки — по другую. Эд включил кондиционер, но от пса все равно воняло. Пришлось выключить кондиционер и открыть все четыре окна. Неловкое молчание нарушало только непрерывное щебетание Танзи.

— Вы уже бывали в Шотландии?

— Откуда вы родом?

— У вас есть там дом?

— А почему тогда вы живете здесь?

Эд ответил, что ему надо разобраться с работой. Это проще, чем сказать: «Я жду, когда мне предъявят обвинение и посадят в тюрьму лет на семь».

— У вас есть жена?

— Больше нет.

— Вы ей изменяли?

— Танзи, — одернула Джесс.

Эд заморгал. Взглянул в зеркало заднего вида:

— Нет.

— В «Шоу Джереми Кайла» мужчины всегда изменяют. Иногда у них рождаются дети на стороне, приходится делать анализ ДНК, и если результат положительный, у женщин явно чешутся руки. Но чаще всего они плачут. — Танзи сощурилась, глядя в окно. — Головой надо было думать. У мужчин есть дети от других женщин. Или бывшие подружки. Так что, по статистике, измена не за горами. Но женщины, похоже, не разбираются в статистике.

— Я не смотрю «Шоу Джереми Кайла», — сказал Эд, глянув на навигатор.

— Я тоже не смотрю. Только в гостях у Натали, когда мама работает. Натали включает запись и идет убираться, чтобы посмотреть шоу вечером. У нее сорок семь выпусков на жестком диске.

— Танзи! Не мешай мистеру Николсу вести машину.

— Ничего страшного.

Джесс теребила прядь волос. Она забралась на сиденье с ногами. Эд терпеть не мог, когда на сиденье забираются с ногами. Даже если без обуви.

— И почему жена вас бросила?

— Танзи!

— Я веду себя вежливо. Ты говорила, что вести вежливую беседу — это хорошо.

— Простите, — сказала Джесс.

— Не стоит извинения. — Эд посмотрел на Танзи в зеркало заднего вида. — Моя жена считала, что я слишком много работаю.

— В «Шоу Джереми Кайла» такого не говорят.

Пробка рассосалась, и они выехали на шоссе с разделительной полосой. Эд прибавил скорость. День был чудесный, и ему хотелось выбрать прибрежную дорогу, но он опасался снова попасть в пробку. Пес скулил, мальчик играл в «Нинтендо» с выключенным звуком, сосредоточенно опустив голову, а Танзи постепенно притихла. Эд включил радио — канал с хитами — и на мгновение поверил, что все будет хорошо. Это всего лишь один день его жизни, если не торчать в пробках. Всяко лучше, чем сидеть дома.

— Навигатор считает, что через восемь часов мы будем на месте, если не застрянем в пробке, — сказал Эд.

— По шоссе?

— Ну да. — Он покосился налево. — Даже у топовой модели «ауди» нет крыльев. — Эд попытался улыбнуться, чтобы показать Джесс, что шутит, но она не улыбнулась в ответ.

— Э-э-э... Есть одна проблема.

— Проблема?

— Танзи тошнит, если ехать слишком быстро.

— «Быстро» — это сколько? Восемьдесят миль в час? Девяносто?

— Ммм... Пятьдесят, если честно. Или даже сорок.

Эд посмотрел в зеркало заднего вида. Кажется, девочка немного побледнела? Она смотрела в окно, положив руку на голову пса.

— Сорок? — Эд притормозил. — Вы шутите? Вы предлагаете ехать в Шотландию по проселочным дорогам?

— Нет. То есть может быть. Послушайте, возможно, Танзи уже переросла это. Но она редко ездит на машине, и у нас были с этим большие проблемы, и... Я просто не хочу испачкать вашу красивую машину.

Эд снова посмотрел в зеркало заднего вида:

— Мы не можем ехать проселочными дорогами — это нелепо. Придется несколько дней добираться до места. Ничего не случится. Машина совсем новая. У нее титулованная подвеска. В ней никого никогда не тошнит.

Джесс смотрела прямо перед собой:

— Полагаю, у вас нет детей?

— А почему вы спрашиваете?

— Просто так.

На дезинфекцию и мытье заднего сиденья шампунем ушло двадцать пять минут, и с тех пор Эд чувствовал слабый запах рвоты каждый раз, когда заглядывал в салон. Ведро Джесс одолжила на бензоколонке, шампунь нашла в одной из сумок детей. Никки сидел на обочине рядом со станцией техобслуживания, нацепив огромные солнечные очки, а Танзи обнимала собаку и прижимала ко рту скомканный платок, словно чахоточная.

— Ради бога, простите, — повторяла Джесс. У нее были закатаны рукава, на лице застыло угрюмое сосредоточенное выражение.

— Все в порядке. Вы чистите машину, не я.

— Я заплачу, чтобы ее как следует отмыли.

Эд поднял бровь. Он раскладывал на сиденье пластиковый пакет для мусора, чтобы дети не промокли, когда сядут обратно.

— Ну, то есть сама ее отмою. В любом случае, в ней будет лучше пахнуть.

Через некоторое время они забрались обратно в машину. О запахе никто не упоминал. Эд опустил окно до упора и взялся за навигатор.

— Итак, — начал он, — мы едем в Шотландию. По проселочным дорогам. — Он нажал кнопку «место назначения». — Глазго или Эдинбург?

— Абердин.

Эд посмотрел на Джесс.

— Абердин. Ну конечно. — Он обернулся, стараясь не выдавать своего отчаяния. — Все довольны? Вода? Пластиковый пакет на сиденье? Гигиенические пакеты на месте? Хорошо. Тогда в путь.

Выезжая на дорогу, Эд услышал голос сестры. «Ха-ха-ха, Эд. ПОЛУЧИЛ?»

Вскоре после Портсмута пошел дождь. Эд ехал по проселочным дорогам с постоянной скоростью тридцать восемь миль в час, и дождь моросил на него сквозь последние полдюйма окна, закрыть которые Эд был не в силах. Ему приходилось сосредоточенно следить, чтобы не вдавить педаль газа. Езда на столь степенной скорости действовала на нервы — как невозможность почесать там, где чешется. В конце концов Эд включил систему автоматического поддержания скорости.

Никки заснул. Джесс что-то пробормотала насчет того, что он только вчера вышел из больницы. Эду захотелось спросить, что случилось, но стоит ли выяснять, насколько глубоко эта семья увязла в неприятностях?

Учитывая черепашью скорость, у него было время украдкой изучить Джесс. Она молчала и в основном смотрела в сторону, словно Эд ее раздражал. Теперь он вспомнил, как она со вздернутым подбородком (она была невысокой) и немигающим колючим взглядом требовала денег в коридоре. А потом он вспомнил, как она вела себя в баре, как ей пришлось нянчиться с ним всю дорогу домой. Похоже, она до сих пор считает его козлом. Забей, сказал он себе. Два, максимум три дня. И ты никогда их больше не увидишь. Будь с ними мил.

— Итак... вы убираетесь во многих домах?

Она немного нахмурилась:

— Да.

— У вас много постоянных клиентов?

— Это загородный комплекс.

— Вы... Вы хотели этим заниматься?

— Хотела ли я стать уборщицей? — Она подняла бровь, как бы спрашивая, не шутит ли он. — Гм, нет. Я хотела стать профессиональным аквалангистом. Но родилась Танзи, а детские коляски плохо держатся на плаву.

— Ладно, это был дурацкий вопрос.

Джесс потерла нос:

— Да, это не работа моей мечты. Но она не так уж плоха. Я могу уделять время детям, и мне нравится большинство людей, у которых я убираюсь.

Большинство.

— На это можно прожить?

Она резко повернула голову:

— Что вы имеете в виду?

— Только то, что сказал. На это можно прожить? Дело прибыльное?

Джесс замкнулась.

— Нам хватает.

— Нет, не хватает, — заявила Танзи с заднего сиденья.

— Танзи!

— Ты всегда говоришь, что у нас нет денег.

— Это лишь фигура речи. — Джесс покраснела.

— А вы чем занимаетесь, мистер Николс? — спросила Танзи.

— Я работаю на компанию, которая выпускает программное обеспечение. Ты знаешь, что это такое?

— Конечно.

Никки поднял взгляд. Эд наблюдал в зеркало заднего вида, как он снимает наушники. Заметив, что за ним следят, парень отвернулся.

— Вы разрабатываете игры?

— Нет, не игры.

— А что?

— Ну, последние пару лет мы работаем над программой, которая, надеюсь, приблизит общество без наличных денег.

— Как это?

— Ну, когда вы что-то покупаете или оплачиваете счет, вы просто помахиваете телефоном, в котором есть что-то вроде штрихкода, и за каждую транзакцию платите крошечную сумму денег, примерно одну сотую фунта.

— Придется платить, чтобы заплатить? — спросила Джесс. — Это никому не понравится.

— А вот и нет. Банки это обожают. Торговцам это нравится, поскольку одна универсальная система идет на смену картам, наличным, чекам... и транзакция обходится дешевле, чем при оплате кредитными картами. Так что это выгодно обеим сторонам.

— Некоторые из нас платят кредитными картами только в безвыходной ситуации.

— Тогда программа будет привязана к банковскому счету. Вам ничего не придется делать.

— То есть если каждый банк и торговец возьмет на вооружение вашу систему, у нас не останется выбора.

— До этого еще далеко.

Повисла короткая пауза. Джесс подтянула колени к подбородку и обхватила их руками.

— То есть, в сущности, богатые — банки и торговцы — станут еще богаче, а бедные еще беднее.

— Ну, в теории — возможно. Но в этом вся прелесть. Сумма такая крошечная, что вы ничего не заметите. И это будет очень удобно.

Джесс пробормотала что-то неразборчивое.

— Сколько, вы сказали? — спросила Танзи.

— Примерно одна сотая фунта за транзакцию. Чуть меньше пенни.

— Сколько транзакций в день?

— Двадцать? Пятьдесят? У всех по-разному.

— Итого пятьдесят пенсов в день.

— Именно. Пустяки.

— Три с половиной фунта в неделю, — сказала Джесс.

— Сто восемьдесят два фунта в год, — подсчитала Танзи. — Смотря насколько меньше пенни. И не високосный ли год.

Эд оторвал одну руку от руля.

— Максимум. Даже для вас это не так уж и много.

Джесс развернулась на сиденье:

— Что можно купить на сто восемьдесят два фунта, Танзи?

— Две пары школьных брюк в супермаркете, четыре школьные блузки, пару обуви. Спортивный костюм и пять пар белых носков. Если покупать в супермаркете. Итого восемьдесят пять фунтов девяносто семь пенсов. На сто фунтов можно купить продуктов на девять целых две десятых дня или меньше, если ожидаются гости и мама купит бутылку вина. Магазинной марки. — Танзи минуту подумала. — Или уплатить месячный муниципальный налог на собственность категории D. Мама, у нас ведь категория D?

— Да. Если не поменяли.

— Или провести три дня на базе отдыха в Кенте. Вне сезона. Сто семьдесят пять фунтов, включая налог на добавленную стоимость. — Танзи наклонилась вперед. — Мы отдыхали там в прошлом году. Нам добавили бесплатную ночь за то, что мама подшила хозяину занавески. А еще там была водяная горка!

Повисла короткая пауза.

Эд собирался заговорить, когда Танзи просунула голову между передними сиденьями.

— Или целый месяц убирать пятикомнатный дом, включая стирку простыней и полотенец, по текущим маминым расценкам. Плюс-минус фунт. — Она удовлетворенно откинулась на спинку сиденья.

Они проехали три мили, повернули направо на Т-образном перекрестке, затем свернули налево на узкий проселок. Эд временно лишился дара речи. Никки снова надел наушники и отвернулся. Солнце ненадолго скрылось за облаком.

— И все же, — произнесла Джесс, закинув босые ноги на приборную панель, и наклонилась, чтобы включить музыку, — давайте надеяться, что у вас все получится.

12

Джесс

Бабушка Джесс часто говорила, что ключ к счастливой жизни — короткая память. Нужно признать, что говорила она это до того, как заболела старческим слабоумием и стала забывать, где живет, но Джесс ее понимала. Необходимо забыть о тех деньгах. Она ни за что не выживет в одной машине с мистером Николсом, если позволит себе слишком напряженно думать о том, что сделала. Марти утверждал, что она совершенно не умеет скрывать свои чувства — они отражаются на ее лице, словно деревья в неподвижном пруду. Через несколько часов она не выдержит и во всем признается, как какой-нибудь северный кореец. Или сойдет с ума и примется ковырять обивку салона ногтями.

Джесс сидела в машине, слушала болтовню Танзи и говорила себе, что найдет способ вернуть деньги до того, как мистер Николс ее раскусит. Она возьмет часть выигрыша Танзи. Или как-нибудь заработает. Она говорила себе, что мистер Николс всего лишь предложил их подбросить и надо просто вежливо беседовать с ним пару часов в день.

Время от времени она оглядывалась на своих детей и думала: «А что еще мне оставалось делать?»

Откинуться на спинку кресла и наслаждаться поездкой было так просто! На насыпях вдоль проселочных дорог росли полевые цветы, а когда дождь закончился и облака разошлись, за ними открылась небесная лазурь, как на открытках пятидесятых годов. Танзи больше не тошнило, и с каждой милей плечи Джесс постепенно расправлялись. Она осознала, что уже много месяцев не чувствовала себя хотя бы отчасти непринужденно. В ее жизни постоянно звучала фоновая барабанная дробь беспокойства: «Что еще сделают Фишеры? Что творится у Никки в голове? Что делать с Танзи?» И под всем этим пульсировала мрачная басовая перкуссия: «Деньги. Деньги. Деньги».

— С вами все в порядке? — спросил мистер Николс.

Выдернутая из своих раздумий, Джесс пробормотала: «Да, спасибо». Они неловко кивнули друг другу. Мистер Николс не расслабился. Это было очевидно по тому, как время от времени он выпячивал подбородок, как о чем-то напряженно размышлял, спрятавшись за солнечными очками, как костяшки его пальцев побелели на руле. Джесс не понимала, какого черта он предложил их подбросить, но ничуть не сомневалась, что он пожалел об этом, едва Танзи заныла, что ей нужен гигиенический пакет.

— Гм, вы не могли бы перестать барабанить?

— Барабанить?

— Ногами. По приборной панели. — (Джесс посмотрела на свои ноги.) — Это очень отвлекает.

— Вы хотите, чтобы я перестала барабанить ногами.

Он глядел прямо перед собой через лобовое стекло:

— Да. Прошу вас.

Она спустила ноги, но так было неудобно, и через мгновение она засунула их под себя и положила руку на окно.

— Ваша рука.

— Что?

— Ваша рука. Теперь вы барабаните по колену.

Она машинально постукивала по колену.

— Вы хотите, чтобы я сидела неподвижно, пока вы за рулем.

— Этого я не говорил. Но когда вы барабаните, мне сложно сосредоточиться.

— Вы не можете вести машину, если я шевелю какой-либо частью своего тела?

— Дело не в этом.

— Тогда в чем?

— В том, что вы барабаните. Когда кто-то барабанит... меня это... раздражает.

Джесс глубоко вдохнула:

— Дети, никому не шевелиться. Ясно? Мы же не хотим раздражать мистера Николса.

— Дети этого не делают, — спокойно возразил он. — Только вы.

— Ты все время ерзаешь, мама.

— Спасибо, Танзи. — Джесс сжала руки перед собой.

Она сидела и стискивала зубы, сосредоточившись на том, чтобы не двигаться, стараясь думать о хорошем, а именно о том, что мистер Николс не передумал. Они проехали уже почти шестьдесят миль, и он не передумал. А когда на твоих плечах лежит ответственность за весь дом, довольно приятно на время перестать быть главной.

Джесс откинулась на подголовник, закрыла глаза и выбросила из головы все мысли о деньгах и о дурацкой машине Марти, все волнения за детей. Пусть уплывают прочь вместе с милями! Она внимала тихому гулу дорогого мотора. Ветерок из открытого окна гладил ее по лицу, музыка заполняла уши, и на короткое мгновение Джесс ощутила себя женщиной, ведущей совсем другую жизнь.

Они заехали пообедать в паб под Оксфордом, вышли из салона и потянулись, тихонько вздыхая от облегчения и хрустя суставами. Мистер Николс нырнул в паб, а Джесс села за стол для пикника и распаковала бутерброды, которые поспешно нарезала сегодня утром, когда выяснилось, что их все-таки подбросят до Шотландии.

— Мармайт[1], — скривился Никки, вернувшись и разлепив два куска хлеба.

— Я спешила.

— Другого ничего нет?

— Джем.

Никки вздохнул и полез в сумку. Танзи, сидя на краю скамьи, уже уткнулась в задания по математике. Она не могла читать в машине, поскольку от этого ее тошнило, и потому хваталась за любую возможность поработать. Джесс наблюдала, как Танзи сосредоточенно пишет алгебраические уравнения в тетради, и в сотый раз размышляла, откуда она такая взялась.

— Вот. — Мистер Николс поставил на стол поднос. — Надо думать, всем хочется пить. — Он пододвинул к детям две бутылки колы. — Я не знал, что вы предпочитаете, и взял всего понемногу.

Он купил бутылку итальянского пива, больше похожего на сидр, бокал белого вина, еще одну колу, лимонад и бутылку апельсинового сока. Себе он взял минеральную воду. Посередине подноса лежала горка чипсов с разными вкусами.

1 *Мармайт* — фирменное название белковой пасты.

— Вы все это купили?

— В пабе очередь. Мне не хотелось возвращаться и спрашивать.

— Я... У меня нет столько наличных.

Мистер Николс удивленно посмотрел на нее:

— Это всего лишь напитки. Можно подумать, я купил вам дом.

У него зазвонил телефон. Он схватил его и зашагал прочь по парковке, разговаривая на ходу.

— Предложить ему наши бутерброды? — спросила Танзи.

Джесс наблюдала, как мистер Николс шагает по узкой улице, сунув руку в карман, и исчезает из виду.

— Не сейчас, — сказала она.

Никки промолчал. Когда Джесс спросила, где у него болит, он пробормотал, что хорошо себя чувствует.

— Все наладится. — Джесс протянула к нему руку. — Правда. Мы немного отдохнем, разберемся с Танзи и решим, что делать дальше. Иногда нужно время, чтобы разложить в голове все по полочкам. Мыслить ясно.

— Я не думаю, что проблема у меня в голове.

Джесс дала ему обезболивающее. Она смотрела, как Никки запивает таблетки колой и осторожно вытягивает свои длинные конечности. Джесс пыталась подвинуть пса, чтобы он не прижимал Никки к дверце машины, но это оказалось непросто. На полу Норман не помещался. Он мог сидеть посередине заднего сиденья — его даже пристегнули ремнем, — но постепенно перетекал в горизонтальное положение. Собака-оползень: голова на коленях Танзи, огромный зад теснит Никки по кожаному сиденью.

Никки пошел выгуливать собаку, горбясь и шаркая ногами. Джесс задумалась, нет ли у него сигарет. Никки был не в духе, потому что его «Нинтендо» разрядился миль двадцать назад. Знает ли он, чем заняться, если пуповина с игровой приставкой перерезана?

Она молча смотрела ему вслед.

Джесс думала о том, что его редкие улыбки становятся все более редкими. Он настороженн и в те немногие часы, которые проводит за пределами своей комнаты, похож на рыбу, вытащенную из воды, бледную и беззащитную. Джесс вспомнила, как Никки смотрел на нее в больнице — безропотно, равнодушно. Говорят, нельзя быть счастливее своего самого несчастного ребенка.

Танзи склонилась над статьями:

— Наверное, мне придется переехать, когда подрасту.

Джесс взглянула на дочь:

— Что?

— Например, в университет. Очень не хочется расти рядом с Фишерами.

Танзи написала в тетради число, затем стерла одну цифру и заменила на четверку.

— Они меня немного пугают, — тихонько сказала она.

— Фишеры?

— Мне приснился кошмар про них.

Джесс сглотнула.

— Тебе нечего их бояться, — сказала она. — Они просто глупые мальчишки. Так поступают только трусы. Они пустое место.

— Они не похожи на пустое место.

— Танзи, я обязательно придумаю, как их приструнить, и мы все исправим. Хорошо? Спи спокойно. Я все исправлю.

Они сидели в тишине. На улочке было тихо, только трактор пыхтел вдалеке. Птицы кружили над головой в бесконечной синеве. Мистер Николс шел обратно. Он держал спину прямо, как будто принял решение, и небрежно помахивал телефоном. Джесс потерла глаза.

— Пожалуй, я закончила с комплексными уравнениями. Хочешь посмотреть? — Танзи протянула матери исписанную цифрами страницу.

Джесс взглянула на открытое милое личико дочери, протянула руку и поправила очки на ее носу.

— Да, — ослепительно улыбнулась она. — Я с удовольствием посмотрю на твои комплексные уравнения.

Следующий отрезок пути занял два с половиной часа. Мистер Николс барабанил по рулю, как будто они застряли в пробке (вовсе нет). Ему позвонили два раза: женщина по имени Джемма (бывшая жена? Мистер Николс бросил трубку) и кто-то из его конторы. Мистер Николс сказал, что перезвонит позже. После второго звонка он молчал целых сорок минут. Когда они заехали на заправку, позвонила женщина с итальянским акцентом, и после слов «Эдуардо, милый» мистер Николс выхватил телефон из держателя, вышел из машины и встал у насоса.

— Нет, Лара, — говорил он, отвернувшись. — Мы это уже обсудили... Что ж, твой адвокат ошибается... Можешь сколько угодно называть меня лобстером, это ничего не изменит.

Никки задремал. Его иссиня-черные волосы прикрывали распухшую скулу, лицо во сне стало мягче. Танзи бесшумно напевала и гладила собаку. Норман во сне громко пукнул пару раз и постепенно пропитал машину своим запахом. Никто не жаловался. Это даже замаскировало застоявшийся запах рвоты.

— Детям нужно перекусить? — спросил мистер Николс, когда они наконец добрались до окраины какого-то крупного города. Джесс уже перестала обращать внимание на указатели. Большие офисные центры сверкали через каждые полмили, на их фасадах красовались незнакомые названия, связанные с менеджментом или технологиями: «АККСИС», «ТЕХНОЛОДЖИКА», «МЕДИАПЛЮС». Вдоль дорог тянулись бесконечные автомобильные парковки. Пешком никто не ходил.

— Можно поискать «Макдоналдс». Здесь должна быть тьма «Макдоналдсов».

— Мы не едим в «Макдоналдсе», — отрезала Джесс.

— Вы не едите в «Макдоналдсе»?

— Да. Могу повторить, если хотите. Мы не едим в «Макдоналдсе».

— Вегетарианцы?

— Нет. Может, поищем супермаркет? Я сделаю бутерброды.

— «Макдоналдс», вероятно, обойдется дешевле, если дело в деньгах.

— Дело не в деньгах.

Джесс не могла ему объяснить, что стереотипная мать-одиночка выпрашивает пособие, курит, живет в муниципальном доме и кормит детей в «Макдоналдсе». А значит, этого делать нельзя. По возможности.

Джесс тихонько вздохнула, глядя прямо перед собой.

— Ладно, тогда давайте поищем ночлег. Может, при гостинице будет ресторан.

— Если честно, я собиралась спать в машине.

Мистер Николс съехал на обочину и повернулся к Джесс:

— Спать в машине?

От смущения она стала язвительной.

— У нас с собой Норман. Ни одна гостиница его не примет. Мы прекрасно переночуем и здесь.

Мистер Николс достал телефон и коснулся экрана:

— Я найду гостиницу, где принимают собак. Такие гостиницы точно есть, пусть даже придется проехать чуть дальше.

Джесс чувствовала, как краска заливает щеки.

— Знаете, лучше не надо. — (Он продолжал стучать по экрану.) — Серьезно. У нас... у нас нет денег на гостиницу.

Палец мистера Николса замер на экране.

— Это безумие. Вы не можете спать в моей машине.

— Всего пару ночей. С нами ничего не случится. Мы могли спать в «роллс-ройсе». Потому я и взяла одеяла. — (Танзи наблюдала за ними с заднего сиденья.) — У меня есть дневной бюджет. И я не хотела бы его превышать. Если вы не против.

Двенадцать фунтов в день на еду. Максимум. Мистер Николс посмотрел на нее, как будто она рехнулась.

— Я не против, чтобы вы поселились в гостинице, — добавила Джесс. Ей не хотелось признаваться, что такой вариант устроил бы ее наилучшим образом.

— Это бред, — наконец сказал мистер Николс.

Лишь когда он снова повернулся к рулю, до Джесс дошло, что он может опасаться оставлять их одних в своей машине.

Следующие несколько миль они проехали в тишине. Мистер Николс, похоже, тихо злился. Джесс это даже нравилось. Два, максимум три дня, говорила она себе. Мистер Николс подбросит их на соревнование по математике, а домой они доберутся самостоятельно. Вряд ли она сможет выдержать еще сорок восемь часов в его обществе. А если Танзи и вправду выступит так хорошо, как все думают, можно потратить часть ее выигрыша на билеты на поезд.

При мысли о том, чтобы избавиться от мистера Николса, Джесс настолько полегчало, что она ничего не сказала, когда машина подъехала к «Трэвел инн».

— Я вернусь через минуту. — Мистер Николс зашагал к гостинице через парковку, нетерпеливо бренча ключами.

— Мы переночуем здесь? — спросила Танзи, потирая глаза и оглядываясь.

— Мистер Николс переночует. Мы останемся в машине. Это будет настоящее приключение! — пообещала Джесс.

Все помолчали.

— Круто, — сказал Никки.

Джесс знала, что ему неудобно. Но что она могла поделать?

— Ты можешь вытянуться на заднем сиденье. Мы с Танзи ляжем спать на переднем. Всем будет удобно.

Вернулся мистер Николс, прикрывая глаза от раннего вечернего солнца. Джесс сообразила, что он одет так же, как в пабе в тот вечер.

— Остался всего один номер. С двумя кроватями. Забирайте, а я поищу ночлег по соседству.

— Ни в коем случае, — отрезала Джесс. — Я же говорила. Я ничего у вас больше не возьму.

— Я делаю это не для вас. Я делаю это для ваших детей.

— Нет. — Она попыталась говорить чуть более учтиво. — Это очень любезно с вашей стороны, но мы прекрасно переночуем здесь.

Мистер Николс провел рукой по волосам:

— Вот что: я не могу спать в гостиничном номере, зная, что паренек, который только что вышел из больницы, спит на заднем сиденье машины в двадцати футах от меня. Никки может лечь на вторую кровать.

— Нет, — рефлекторно отказала Джесс.

— Почему?

Она не могла объяснить.

Его лицо потемнело.

— Я не извращенец.

— Я не говорила, что вы извращенец.

— Тогда почему вы запрещаете сыну ночевать со мной в одном номере? Да он едва ли не выше меня!

Джесс покраснела:

— Ему в последнее время пришлось нелегко. Мне нужно за ним присматривать.

— Кто такой извращенец? — спросила Танзи.

— Я мог бы зарядить свой «Нинтендо», — заявил Никки с заднего сиденья.

— Знаете что? Это дурацкий спор. Я голоден и хочу есть. — Мистер Николс сунул голову в машину. — Никки! Где ты предпочитаешь спать — в машине или в гостиничном номере?

Никки покосился на Джесс:

— В гостиничном номере. И я тоже не извращенец.

— А я извращенец? — спросила Танзи.

— Хорошо, — сказал мистер Николс. — Предлагаю сделку. Никки и Танзи спят в гостинице. Вы можете лечь на полу в их номере.

— Вы не можете оплатить нам гостиницу и спать в машине. К тому же пес будет выть всю ночь. Он вас не знает.

Мистер Николс закатил глаза. Он явно терял терпение.

— Тогда так. Дети спят в гостинице. Мы с вами спим в машине с собакой. Все счастливы. — Счастливым он явно не выглядел.

— Я никогда не жила в гостинице. Я жила в гостинице, мама?

Последовало краткое молчание. Джесс чувствовала, как контроль над ситуацией ускользает из ее рук.

— Я позабочусь о Танзи. — Никки явно оживился. Его лицо было желтовато-серым, покрытым синяками. — Ванна — это здорово.

— Ты прочитаешь мне сказку?

— А в ней есть зомби? — Никки криво улыбнулся Джесс. И эта улыбка ее подкосила.

— Хорошо. — Джесс затошнило при мысли о том, на что она сейчас согласилась.

Приземистый мини-маркет светился через дорогу, на его окнах горели восклицательные знаки и реклама хрустящих рыбных палочек и шипучих напитков. Джесс купила булочки и сыр, чипсы и непомерно дорогие яблоки и устроила детям пикник на травянистом склоне автомобильной парковки. Машины с грохотом неслись на юг, окутанные пурпурной дымкой. Джесс предложила мистеру Николсу разделить с ними трапезу, но он взглянул на содержимое ее сумки, поблагодарил и сказал, что лучше поест в ресторане. Наверное, хотел немного от них отдохнуть.

Когда он скрылся из виду, Джесс тоже расслабилась. Она устроила детей в номере, слегка сожалея, что не может лечь спать вместе с ними. Номер был расположен на первом этаже, напротив парковки. Джесс попросила мистера Николса поставить машину поближе к окну, и Танзи заставила ее трижды выйти на улицу, только чтобы помахать матери из-за занавесок и прижать нос к стеклу.

Никки скрылся в ванной комнате на целый час. Журчала вода. Затем он вышел, включил телевизор и лег на кровать. Никки выглядел одновременно утомленным и расслабленным. Джесс выдала ему таблетки, искупала

Танзи и переодела в пижаму, и велела детям лечь спать пораньше.

— И не вздумай курить, — предупредила она. — Я серьезно.

— Было бы что, — мрачно ответил он. — Моя нычка у тебя.

Танзи лежала на боку и читала учебники по математике, погрузившись в безмолвный мир цифр. Джесс покормила и выгуляла собаку, села на пассажирское сиденье, оставив дверцу открытой, съела булочку с сыром и принялась ждать, пока мистер Николс закончит ужинать.

Была четверть десятого, и Джесс пыталась читать газету в тускнеющем свете, когда появился мистер Николс. Судя по тому, как он держал телефон, ему опять позвонили, и, похоже, он был рад видеть Джесс не больше, чем она его. Мистер Николс забрался в машину и закрыл свою дверцу.

— Я попросил администратора позвонить, если кто-нибудь отменит броню. — Он смотрел на ветровое стекло. — Разумеется, я не стал уточнять, что буду ждать звонка на парковке отеля.

Норман лежал на гудроне с таким видом, будто упал с большой высоты. Джесс захотелось взять пса в машину. В подступающей темноте, без детей на заднем сиденье находиться в машине наедине с мистером Николсом было еще более странно.

— Дети устроились?

— Они в восторге. Спасибо.

— Вашего паренька, похоже, крепко избили.

— Ничего, он поправится.

Последовало долгое молчание. Мистер Николс посмотрел на Джесс. Затем положил обе руки на руль и откинулся на спинку сиденья. Потер глаза нижней стороной ладоней и повернулся к Джесс:

— Ладно... Чем еще я вас обидел?

— Что?

— Вы весь день ведете себя так, будто я вас раздражаю. Я извинился за то, что случилось в пабе тем вечером. Я помог вам добраться до этого места. И все равно у меня такое чувство, что я сделал что-то нехорошее.

— Вы... Вы не сделали ничего нехорошего, — запинаясь, проговорила она.

Он пристально посмотрел на нее:

— Это типичное женское «все нормально», которое на самом деле означает, что я совершил нечто непростительное и должен об этом догадаться? И вы разозлитесь по-настоящему, если не догадаюсь?

— Нет.

— Теперь я окончательно запутался. Ваше «нет» может быть частью женского «все нормально».

— Я не говорю загадками. Все нормально.

— Тогда давайте немного расслабимся? Рядом с вами мне не по себе.

— Вам не по себе? — (Он медленно покрутил головой.) — У вас такой вид, будто вы жалеете, что предложили нас подбросить, с тех пор, как мы сели в машину. Да что там, задолго до того.

«Заткнись, Джесс, — мысленно предупредила она себя. — Заткнись. Заткнись. Заткнись».

— Я вообще не понимаю, почему вы это сделали.

— Что?

— Ничего. — Она отвернулась. — Забудьте.

Мистер Николс смотрел прямо перед собой через лобовое стекло. Внезапно он показался Джесс очень усталым.

— Вот что, подбросьте нас утром до станции. Мы не станем вам больше докучать.

— Вы этого хотите? — спросил он.

Джесс подтянула колени к груди:

— Возможно, это лучший выход.

Они сидели в тишине. Небо вокруг стало чернильным. Джесс дважды открывала рот, но слова не шли с языка. Мистер Николс смотрел на задернутые шторы гостиничного номера, глубоко погрузившись в раздумья.

Джесс подумала о Никки и Танзи, безмятежно спящих по ту сторону штор, и пожалела, что сейчас не с ними. Ее подташнивало. Нельзя было притвориться? Побыть милой? Всего пару дней. Идиотка! Она снова упустила свой шанс.

Холодало. Наконец Джесс достала одеяло Никки с заднего сиденья и сунула мистеру Николсу.

— Держите.

— Ого! — Мистер Николс посмотрел на здоровенное изображение Супер-Марио. — Спасибо.

Джесс позвала собаку в машину, наклонила свое сиденье ровно настолько, чтобы не касаться мистера Николса, и укрылась одеялом Танзи.

— Спокойной ночи.

Она уставилась на плюшевую обивку в нескольких дюймах от лица, вдыхала запах новой машины, и мысли ее путались. Далеко ли до станции? Сколько стоит билет? Придется еще раз переночевать в гостинице. Как минимум. И куда девать собаку? Джесс слушала, как Норман негромко храпит за спиной, и мрачно думала, что черта с два теперь станет пылесосить заднее сиденье.

— Сейчас половина десятого, — нарушил тишину голос мистера Николса. Джесс замерла. — Сейчас. Половина. Десятого. — Он глубоко вздохнул. — Вот уж не думал, что скажу такое, но это хуже, чем быть женатым.

— Что, я слишком громко дышу?

Он резко распахнул свою дверцу:

— Боже праведный!

Мистер Николс зашагал через парковку. Джесс рывком села, глядя, как он перебегает дорогу и ныряет во флуоресцентное нутро мини-маркета. Через несколько минут он вернулся с бутылкой вина и упаковкой пластиковых стаканчиков.

— Вино наверняка дрянное, — сказал он, забираясь обратно на водительское сиденье. — Но сейчас мне наплевать. — (Джесс смотрела на бутылку.) — Перемирие, Джессика Томас? День был длинным. Неделя — паршивой. И хотя машина большая, она все же недостаточно велика для двух людей, которые не разговаривают друг с другом.

Мистер Николс посмотрел на нее. У него был усталый взгляд, и на подбородке начала пробиваться щетина. Как ни странно, так он выглядел более уязвимым.

Джесс взяла у него стаканчик:

— Простите. Я не привыкла, чтобы нам помогали. От этого я...

— Становитесь недоверчивой? Раздражительной?

— Я хотела сказать: «От этого я жалею, что слишком мало общаюсь с людьми».

— Ладно, — выдохнул он и опустил взгляд на бутылку. — Тогда давайте... Вот черт!

— Что?

— Я думал, здесь винтовая крышка. — Он глядел на пробку, как будто ее нарочно ему подсунули. — Отлично. Полагаю, штопора у вас нет?

— Нет.

— Может, попросить поменять?

— Вы взяли чек? — Мистер Николс протяжно вздохнул, но Джесс перебила: — Не надо.

Она забрала у него бутылку, открыла дверцу и вылезла из машины. Норман вскинул голову.

— Надеюсь, вы не собираетесь разбить бутылку о лобовое стекло?

— Нет. — Джесс отодрала фольгу. — Снимите ботинок.

— Что?

— Снимите ботинок. Со шлепанцами не получится.

— Только не используйте его в качестве бокала. Моя бывшая однажды использовала туфлю на шпильке, и было трудно, очень трудно притворяться, будто меня возбуждает шампанское с запахом ног.

Джесс протянула руку. Мистер Николс наконец снял ботинок. Под его взглядом Джесс вставила донышко бутылки в ботинок и, старательно удерживая конструкцию вместе, подошла к гостинице и как следует стукнула ею по стене.

— Полагаю, бессмысленно спрашивать, что вы делаете.

— Просто подождите минутку, — проговорила она сквозь стиснутые зубы и стукнула снова.

Мистер Николс медленно покачал головой.

Джесс выпрямилась и сверкнула глазами:

— Можете высосать пробку, если хотите.

Он поднял руку:

— Нет-нет! Вперед! Битое стекло в носках — это именно то, чего мне не хватает сегодняшним вечером.

Джесс проверила пробку и стукнула еще раз. Есть! Пробка на сантиметр вышла из горлышка. Бац! Еще сантиметр. Осторожно держа бутылку, Джесс стукнула еще раз. Готово: она аккуратно вытащила остаток пробки из горлышка и протянула бутылку мистеру Николсу.

Он посмотрел на бутылку, затем на Джесс. Она вернула ему ботинок.

— Ух ты! Вы очень полезны в хозяйстве.

— Еще я умею вешать полки, перестилать гнилые половицы и менять вентиляторный ремень на связанные колготки.

— Серьезно?

— Насчет ремня — нет. — Она забралась в машину и взяла у него пластиковый стаканчик с вином. — Както раз попробовала. Колготки порвались, не успели мы проехать и тридцати ярдов. Отличные теплые колготки из «Маркс и Спенсер». — Она сделала глоток. — И в машине несколько недель воняло горелыми колготками.

Норман заскулил во сне.

— Перемирие. — Мистер Николс поднял свой стаканчик.

— Перемирие. Надеюсь, вы не сядете за руль в ближайшее время? — Джесс подняла свой.

— Не сяду, если вы не сядете.

— Очень смешно.

И внезапно вечер стал чуть менее омерзительным.

13

Эд

Итак, вот что Эд узнал о Джессике Томас, после того как она выпила пару стаканчиков (по правде говоря, четыре или пять) и немного оттаяла. Сведения о ее жизни, а не простые наблюдения. Например, что она без особой необходимости стягивает волосы в хвостик, когда испытывает неловкость, и что ее смех похож на лай тюленя — громкий, резкий и нелепый, контрастирующий с ростом и фигурой. По ее поджарому телу было ясно, что она зарабатывает на жизнь физическим трудом, корни волос давно отросли, и на ней были дешевые джинсы. Мужчине не к лицу замечать подобные детали, но Лара любила обращать внимание на цвет джинсовой ткани и строчку, и это странным образом задержалось в памяти Эда, в отличие от дня рождения бывшей жены.

1. Мальчик на самом деле не ее ребенок. Это сын ее бывшего и бывшей ее бывшего, и, учитывая, что оба от него отказались, похоже, у парня не осталось никого, кроме Джесс.

— У вас доброе сердце, — заметил Эд.

— Дело не в этом, — ответила она. — Никки мне как родной. Он живет со мной с восьми лет. Он заботится о Танзи. И к тому же современные семьи могут быть разными. Не обязательно иметь 2,4 ребенка.

Судя по оборонительному тону, она не раз вела подобные разговоры.

2. Девочке десять лет. Эд произвел некоторые мысленные подсчеты, но Джесс перебила, прежде чем он открыл рот.

— Семнадцать.

— Это... Вы были слишком юной.

— Я была сумасбродным подростком. Считала, что все знаю, а на самом деле не знала ничего. Появился Марти, я вылетела из школы, а потом забеременела. Знаете, я вовсе не мечтала стать уборщицей. Моя мама была учительницей. — Джесс мазнула по нему взглядом, как будто знала, что этот факт его шокирует.

— Понятно.

— Сейчас она на пенсии. Живет в Корнуолле. Мы не слишком ладим. Ей не нравится мой «жизненный выбор». Я так и не смогла объяснить, что, если родить ребенка в семнадцать, выбора нет.

— Даже теперь?

— Даже теперь. — Она покрутила в пальцах прядь волос. — Ты все время плетешься в хвосте. Твои друзья поступают в колледж, а ты сидишь дома с малышом. Твои друзья делают первые шаги по карьерной лестнице, а ты идешь в управление по жилищному строительству в поисках крыши над головой. Твои друзья покупают первые машины и дома, а ты пытаешься найти работу, которая позволит ухаживать за ребенком. Причем работа во время школьных занятий оплачивается очень скудно. А теперь экономика и вовсе полетела под откос. Поймите меня правильно. Я не жалею, что у меня появилась Танзи, ни секунды не жалею. И не жалею, что забрала Никки. Но если бы можно было повернуть время вспять, несомненно, я завела бы детей после того, как добилась бы чего-нибудь в жизни. Было бы чудесно дать им... нечто большее.

Она не стала поднимать спинку сиденья, рассказывая Эду о себе. Она лежала, опершись на локоть, лицом к нему под одеялом и закинув босые ноги на приборную панель. Эд обнаружил, что они уже не так его раздражают.

— Вы еще можете сделать карьеру, — заметил он. — Вы молоды. Я имею в виду... вы могли бы оставлять детей с няней...

Джесс засмеялась. В салоне машины взорвалось громкое тюленье «Ха!». Она резко села и сделала большой глоток вина:

— Ага. Конечно, мистер Николс. Несомненно, могла бы.

3. Ей нравится чинить вещи. Она подрабатывает у себя в районе — меняет пробки, кладет плитку в ванной и так далее.

— Я делаю по дому все. У меня золотые руки. Я умею даже расписывать обои.

— Самодельные обои?

— Не надо на меня так смотреть. Я поклеила их в комнате Танзи. Я и одежду ей шила до недавнего времени.

— Вы родом из Второй мировой? Банки из-под джема и веревочки случайно не собираете?

— А вы кем хотели стать?

— Тем, кем стал, — ответил он. И тут же понял, что не хочет об этом говорить, и сменил тему.

4. У нее крошечные ступни. Вплоть до того, что она покупает обувь в детском отделе (очевидно, там дешевле).

После этого Эду пришлось следить за собой, чтобы не поглядывать на ее ноги, как гнусный извращенец.

5. До того как у нее появились дети, она могла выпить четыре двойные порции водки подряд и все же пройтись по прямой.

— Да, я могу пить и не пьянеть. Но, очевидно, этого мало, чтобы помнить о контрацепции.

Эд ей верил: они выпили две бутылки вина, и, по его прикидкам, Джесс выпила раза в два больше. Она немного расслабилась, но не казалась даже слегка навеселе.

Дома она почти никогда не пила.

— Когда я работаю в пабе и кто-нибудь предлагает мне выпить, я просто забираю наличные. А дома боюсь, что с детьми приключится беда и надо будет иметь трезвую голову. — Джесс смотрела в окно. — Пожалуй, я развлекаюсь впервые за... пять месяцев.

— С мужчиной, который захлопнул дверь у вас под носом, и двумя бутылками дрянного вина на автомобильной парковке.

— Сойдет.

Она не стала объяснять, почему так сильно беспокоится о детях. Эд вспомнил лицо Никки и решил не спрашивать.

6. У нее есть шрам под подбородком, оттого что она упала с велосипеда и камешек застрял под кожей на целых две недели. Джесс пыталась показать Эду шрам, но в машине было слишком темно. Еще у нее есть татуировка чуть пониже спины.

— Как у гулящей девки, сказал Марти. И два дня со мной не разговаривал. — Джесс помолчала. — Наверное, поэтому я ее и сделала.

7. Ее второе имя — Рей. Приходится каждый раз произносить его по буквам.

8. Она не против заниматься уборкой, но всем сердцем ненавидит людей, которые обращаются с ней, будто

она «всего лишь» уборщица. (В этом месте Эду хватило такта немного покраснеть.)

9. Она два года ни с кем не встречалась после расставания с бывшим.

— Вы не занимались сексом два с половиной года?

— Я сказала, что Марти ушел два года назад.

— Примерно так и выходит.

Джесс села прямо и покосилась на него:

— Три с половиной. Считать так считать. За исключением одного... гм... приключения в прошлом году. И нечего смотреть на меня с таким ужасом.

— Я не смотрю на вас с ужасом. — Он постарался привести лицо в порядок и пожал плечами. — Три с половиной года. В смысле, это всего лишь четверть вашей взрослой жизни. Пустяки.

— Да. Спасибо большое.

Он не вполне понял, что случилось, но атмосфера изменилась. Джесс пробормотала что-то неразборчивое, в очередной раз стянула волосы в хвостик и сказала, что, пожалуй, пора хоть немного поспать.

Эд опасался, что так и не уснет. Лежать в темной машине рядом с привлекательной женщиной, с которой они только что выпили две бутылки вина, оказалось непросто. И неважно, что она завернулась в одеяло с Губкой Бобом Квадратныс Штаны. Эд глядсл на звсзды через люк в крыше, прислушивался к громыханию грузовиков, кативших в Лондон, к сонному поскуливанию собаки на заднем сиденье и думал, что его реальная жизнь — жизнь, в которой существует его компания, его офис и нескончаемое похмелье от Дины Льюис, — осталась в миллионе миль отсюда.

— Еще не спите?

Он повернул голову, гадая, наблюдает ли Джесс за ним.

— Нет.

— Ладно, — пробормотала она. — Поиграем в правдивые ответы?

Эд поднял глаза к потолку:

— Начинайте.

— Вы первый.

Ему ничего не приходило на ум.

— Неужели вы ничего не можете придумать?

— Хорошо. Почему на вас шлепанцы?

— Это и есть ваш вопрос?

— На улице холодно. Старожилы не припомнят такой морозной и сырой весны. А на вас шлепанцы.

— Вам не все равно?

— Я просто не понимаю. Вы явно мерзнете.

Джесс вытянула ногу:

— На дворе весна.

— И что?

— И то. Сейчас весна. Значит, погода исправится.

— Вы носите шлепанцы в знак того, что верите в лучшее?

— Можно сказать и так.

Эд не представлял, как на это ответить.

— Ладно, теперь моя очередь. — (Он ждал.) — Вам приходило в голову уехать и бросить нас сегодня утром?

— Нет.

— Вранье.

— Ладно. Быть может, на минуту. Ваша соседка собиралась разбить мне голову бейсбольной битой, а ваш пес ужасно воняет.

— Пфф. Это все отговорки.

Он услышал, как Джесс ерзает на сиденье. Она спрятала ноги под одеялом. Ее волосы пахли шампунем. Эду вспомнились батончики «Баунти».

— И почему вы не уехали?

Он с минуту размышлял, прежде чем ответить. Возможно, потому, что не видел ее лица. Возможно, потому, что где-то между третьим и четвертым стаканчиком решил, что она вполне ничего. Возможно, выпивка и поздний час ослабили его оборону, поскольку в обычном состоянии он бы так не ответил.

— Потому что недавно я сделал большую глупость. И возможно, в глубине души мне хотелось сделать что-нибудь хорошее.

Эд ожидал, что Джесс что-нибудь скажет. Даже отчасти надеялся. Но она промолчала.

Он еще несколько минут смотрел на фонари, прислушивался к дыханию Джессики Рей Томас и думал о том, как славно спать рядом с другим человеком. Большинство дней он чувствовал себя невыносимо одиноким. Он подумал о крошечных ступнях с идеально отполированными ноготками. А затем явственно увидел поднятую бровь сестры и понял, что, наверное, слишком много выпил. Не будь идиотом, Николс, сказал он себе и повернулся к Джесс спиной.

Эд Николс думал о своей бывшей жене и о Дине Льюис, пока нежные, меланхоличные мысли не сменила неукротимая злость. А затем внезапно стало холодно и серо, у него отнялась левая рука, и он только через пару минут понял, что это не просто стук — это охранник стучит в водительское окно, чтобы сказать, что на парковке нельзя спать.

14

Танзи

На шведском столе за завтраком было четыре вида плюшек, три вида фруктового сока и целая полка порционных пакетиков хлопьев, которые мама считает невыгодными и никогда не покупает. Мама постучала в окно в четверть девятого, велела надеть куртки на завтрак и запихать в карманы как можно больше еды. Ее волосы были примяты, на лице — ни капли косметики. Танзи заподозрила, что спать в машине оказалось не так уж замечательно.

— Никакого масла или джема. И только то, что можно есть руками. Рулетики, маффины и так далее. Да смотрите не попадитесь. — Мама обернулась на мистера Николса. Он, похоже, спорил с охранником. — И яблоки. Яблоки — это здоровая еда. И еще, может быть, пару ломтиков ветчины для Нормана.

— Куда я положу ветчину?

— Или сосиски. Заверни в салфетку.

— Разве это не воровство?

— Нет.

— Но...

— Ты всего лишь возьмешь чуть больше, чем сможешь съесть сразу. Ты просто... Представь, что у тебя гормональное заболевание и поэтому ты ужасно, ужасно голодная.

— Но у меня нет гормонального заболевания.

— Но могло бы быть. В этом весь смысл. Ты голодный, больной человек, Танзи. Ты заплатила за завтрак, но тебе надо много есть. Больше, чем в обычной жизни.

Танзи скрестила руки на груди:

— Ты говорила, что воровать нехорошо.

— Это не воровство. Мы просто оправдаем потраченные деньги.

— Но мы не платили за гостиницу. Мистер Николс платил.

— Танзи, пожалуйста, просто сделай, что я говорю. Вот что, нам с мистером Николсом надо уехать с парковки на полчаса. Просто наберите еды, вернитесь в номер и будьте готовы к отъезду в девять. Хорошо?

Она наклонилась, поцеловала Танзи через окно и побрела обратно к машине, запахнув куртку. Затем остановилась, обернулась и крикнула:

— Обязательно почисть зубы! И не забудь учебники по математике.

Никки вышел из ванной. На нем были слишком тесные черные джинсы и футболка с надписью «ПОФИГ».

— Ты ни за что не спрячешь в них сосиску, — сказала Танзи, глядя на его джинсы.

— Спорим, я спрячу больше, чем ты?

Их взгляды скрестились.

— Попробуй! — ответила Танзи и побежала одеваться.

Мистер Николс наклонился и щурился сквозь лобовое стекло на Танзи и Никки, бредущих через парковку. Честно говоря, подумала Танзи, она бы тоже щурилась. Никки засунул в джинсы два больших апельсина и яблоко и еле ковылял, как будто сходил в штаны по-большому. Танзи была в куртке, несмотря на жару, потому что напихала в карманы толстовки пакетики с хлопьями и без куртки выглядела бы беременной. Они с Никки всю дорогу смеялись.

— Садитесь, садитесь, — приговаривала мама, кидая сумки в багажник и практически запихивая детей в машину и озираясь. — Что вы принесли?

Мистер Николс тронулся с места. Танзи видела, как он поглядывает в зеркало, пока они по очереди выгружают добычу и отдают маме.

Никки достал из кармана белый пакет.

— Три плюшки. Аккуратнее — глазурь прилипла к салфеткам. Четыре сосиски и несколько ломтиков бекона в бумажном стаканчике для Нормана. Два ломтика сыра, йогурт и... — Он натянул куртку пониже, запустил руку в штаны, поморщился, напрягся и вытащил фрукты. — Поверить не могу, что запихал их туда.

— Все, что я могу сказать на этот счет, совершенно недопустимо в разговоре матери и сына.

Танзи прихватила шесть пакетиков хлопьев, два банана и бутерброд из поджаренного белого хлеба с джемом. Она сидела и ела, а Норман смотрел на нее, и два сталактита слюны на его губах свисали все ниже и ниже, пока не растеклись по сиденью машины мистера Николса.

— Женщина за стойкой с яйцами-пашот определенно нас заметила.

— Я сказала ей, что у тебя гормональное заболевание, — пояснила Танзи. — Сказала, что ты должен есть в два раза больше своего веса три раза в день, а не то упадешь в обморок прямо в столовой и можешь вообще умереть.

— Отлично, — похвалил Никки.

— Ты набрал больше, — сказала она, пересчитав добычу. — Но мне положены дополнительные очки за ловкость.

Танзи наклонилась и под перекрестными взглядами осторожно достала из карманов два полистироловых стаканчика кофе, обложенных салфетками, чтобы держались вертикально. Один она протянула маме, другой поставила в держатель для напитков рядом с мистером Николсом.

— Ты гений, — заявила мама, поднимая крышку. — Ах, Танзи, я безумно хочу кофе.

Мама с закрытыми глазами отпила кофе. Танзи не знала, в чем дело — в том, что они отлично справились за шведским столом, или в том, что Никки смеялся впервые за целую вечность, — но на мгновение мама показалась такой счастливой, какой не была с тех пор, как ушел папа. Мистер Николс таращился на них, как на инопланетян.

— Итак, на обед будут бутерброды с ветчиной, сыром и сосисками. Плюшки можете съесть сейчас. Фрукты на десерт. Хотите? — Она протянула апельсин мистеру Николсу. — Он еще теплый. Но я могу его почистить.

— Э-э-э... спасибо. — Мистер Николс отвел глаза. — Но я лучше заеду в «Старбакс».

Следующая часть путешествия оказалась довольно приятной. После выезда из города пробок не было, мама уговорила мистера Николса включить ее любимую радиостанцию и спела шесть песен, с каждым разом все громче. По обыкновению, если она не знала слов, то заменяла их на всякую белиберду вроде «сладкого торта» или «лысого копа». Порой это бесило Танзи, но сегодня выходило очень смешно. Мама заставила Танзи и Никки подпевать, и мистер Николс поначалу сердился, но через несколько миль Танзи заметила, что он постукивает пальцами по рулю, как будто тоже веселится на свой лад. Солнце пригревало, и мистер Николс убрал крышу. Норман сел столбиком, нюхая воздух, и на заднем сиденье стало посвободнее.

Это немного напомнило Танзи времена, когда папа жил с ними и они иногда отправлялись на прогулку в его машине. Только папа всегда ехал слишком быстро и сердился, когда мама просила его притормозить. И они вечно спорили, где остановиться и где поесть. И папа говорил, что не понимает, почему нельзя потратить немного денег на обед в пабе, а мама говорила, что уже приготовила бутерброды и глупо их выбрасывать. Затем папа говорил Никки, чтобы он оторвался от очередной игрушки и наслаждался чертовым пейзажем, а Никки бормотал, что не просил брать его с собой, отчего папа злился еще больше.

И тогда Танзи подумала, что, хотя она любит папу, пожалуй, это путешествие приятнее без него.

Через два часа мистер Николс сказал, что ему нужно размяться, а Норману нужно было пописать, и потому они остановились рядом с загородным парком. Мама достала часть трофеев со шведского стола, и они устроились на полянке в тени, за настоящим деревянным столом для пикника. Танзи кое-что повторила (простые числа и квадратные уравнения) и отправилась гулять с Норманом по парку. Пес был абсолютно счастлив и останавливался каждые две минуты, чтобы что-нибудь понюхать. Солнце пускало зайчиков сквозь листву, и они встретили оленя и двух фазанов, как будто находились на отдыхе.

— Как ты себя чувствуешь, милая? — спросила мама, скрестив руки на груди. Оттуда, где они стояли, сквозь деревья был виден Никки, беседующий за столом с мистером Николсом. — Уверена в своих силах?

— Пожалуй, — ответила Танзи.

— Ты сделала новые задания вчера вечером?

— Да. Последовательности простых чисел показались мне немного трудными, но я их выписала и разобралась, как их составлять.

— Кошмары о Фишерах больше не снятся?

— Сегодня ночью, — сказала Танзи, — мне приснился кочан капусты, который умел ездить на роликах. Его звали Кевин.

Мама окинула ее долгим взглядом:

— Хорошо.

Они прошли немного дальше. В лесу было прохладнее и пахло хорошей сыростью, мшистой, зеленой и живой, не похожей на сырость в задней комнате, где пахло попросту плесенью. Мама остановилась на тропинке и повернула обратно к машине.

— Я же говорила, что хорошие вещи случаются. — Она подождала, пока Танзи догонит ее. — Мистер Николс завтра привезет нас в Абердин. Мы спокойно переночуем, ты примешь участие в олимпиаде и пойдешь в новую школу. А там, надеюсь, наша жизнь изменится к лучшему. И разве нам не весело? Разве это не замечательное путешествие?

Мама не сводила глаз с машины, и по ее голосу было ясно, что она думает совсем о другом. Танзи заметила, что мама накрасилась, пока они ехали. Отвернулась от мистера Николса, открыла пудреницу и накрасила ресницы тушью, хотя каждый раз, когда машина подскакивала на кочке, у нее на лице появлялась черная клякса. Танзи не совсем понимала, зачем так стараться. Мама прекрасно выглядит и без туши.

— Мама? — окликнула она.

— Да?

— Получается, мы украли еду со шведского стола? С точки зрения математики мы взяли больше своей доли.

Мама с минуту смотрела под ноги, размышляя.

— Если это действительно тебя беспокоит, мы возьмем пять фунтов из твоих призовых денег, положим в конверт и отправим в гостиницу. Годится?

— Думаю, с учетом того, что мы взяли, лучше шесть фунтов. Возможно, шесть пятьдесят, — ответила Танзи.

— Значит, шесть пятьдесят. А сейчас придется как следует потрудиться и заставить этого старого толстого пса немного побегать, чтобы: а) он достаточно устал и проспал всю следующую часть поездки, б) возможно, это вдохновит его сходить в туалет и не пукать ближайшие восемьдесят миль.

Они снова тронулись в путь. Шел дождь. Мистер Николс в Очередной Раз Поговорил По Телефону с каким-то Сиднеем, обсудил курс акций и оживление на рынке и немного помрачнел, так что мама перестала петь. Все молчали. Танзи старалась не заглядывать в работы по математике (мама сказала, что ее от этого стошнит), а «Нинтендо» снова разрядился, так что Никки только смотрел в окно и вздыхал. Эта часть поездки, казалось, никогда не закончится. У Никки был один из «тихих» дней. Танзи хотела поговорить с братом, но по его виду было ясно, что он не хочет разговаривать, — он сжимал губы в тонкую линию и отводил глаза. Ноги Танзи липли к кожаным сиденьям машины мистера Николса, и она отчасти пожалела, что надела шорты. К тому же Норман в чем-то вымазался в лесу, и до нее время от времени доносился по-настоящему мерзкий запах, но Танзи не хотела ничего говорить. Вдруг мистер Николс решит, что с него довольно их вонючего пса и вообще их компании? Так что Танзи зажимала нос пальцами, стараясь дышать ртом, и отпускала ноздри только через каждые тридцать фонарных столбов.

Время шло. Небо прояснилось. Они проехали мимо Ковентри и покатили к Дерби с его кольцевыми дорогами и большими темно-красными фабриками. Танзи изучала пейзажи, которые становились все более суровыми. Цифры проносились у нее в голове короткими строками, и она пыталась делать мысленные подсчеты, не глядя на цифры, чтобы не стошнило.

У мистера Николса зазвонил телефон, и какая-то женщина немедленно принялась кричать на него по-итальянски. Он бросил трубку, ничего не сказав.

Мама сидела на переднем сиденье и считала деньги в кошельке. У нее было 63,91 фунта, но она еще не заметила, что один из десятипенсовиков на самом деле иностранная монета, так что у нее всего 63,81 фунта, если не сплавить кому-нибудь иностранную монету.

— Никки.

Он поднял взгляд. Мистер Николс наблюдал за ним в зеркало заднего вида.

— Возьми мой телефон, если хочешь. На нем мало игр, но можно зайти в «Твиттер», или «Фейсбук», или чем вы сейчас увлекаетесь.

— Правда? — Никки сидел, развалившись, но при словах мистера Николса резко выпрямился.

— Конечно. Он в кармане моей куртки.

Мама достала телефон и передала Никки.

— Только аккуратно, Никки, — сказала она.

— Я отключил PIN, — сообщил мистер Николс. — Делай что хочешь, только фильмы не скачивай.

— Круто.

Никки не улыбнулся — в последнее время он почти перестал улыбаться, подумала Танзи, — но явно был доволен.

— Тебе нельзя, Танзи, — сказала мама. — Не смотри на экран, не то тебя стошнит.

Танзи вздохнула. Иногда ее жизнь УЖАСНО скучна. Танзи попыталась спихнуть с колен тяжеленную голову Нормана, потому что у нее затекли ноги. Интересно, сколько времени нужно, чтобы доехать до Шотландии? Ей было очень, очень скучно, но она знала, что, если пожалуется, мама ответит: «Всем скучно, Танзи. Я ничего не могу поделать». Танзи задремала и ударилась головой об окно. Мама и мистер Николс разговорились. Похоже, они забыли, что в машине не одни.

— Расскажите о своей жене.

— Бывшей жене. Нет, не хочу.

— Почему? Вы ей не изменяли. И она, видимо, тоже, иначе вы бы сделали такое лицо.

— Какое лицо?

Короткая пауза. С десяток фонарных столбов.

— Не уверен, что вообще могу сделать такое лицо. Нет. Она мне не изменяла. И нет, я действительно не хочу это обсуждать. Это...

— Личное?

— Я просто не люблю обсуждать свою личную жизнь. Вы не хотите обсудить своего бывшего?

— На глазах у его детей? Отличная идея.

Несколько миль они проехали в молчании. Мама начала барабанить по стеклу. Танзи поглядывала на мистера Николса. Каждый раз, когда мама ударяла по стеклу, на его подбородке дергался маленький мускул.

— Тогда о чем мы будем говорить? Меня не слишком интересует программное обеспечение, а вас, вероятно, совершенно не интересуют мои занятия. И не могу же я каждую минуту тыкать пальцем в окно и восклицать: «Глядите, коровы!..» — (Мистер Николс вздохнул.) — Ну же. До Шотландии далеко. — (Молчание на тридцать фонарных столбов.) — Я могу спеть, если хотите. Мы все споем. Сейчас поищу что-нибудь...

— Лара. Итальянка. Модель.

— Модель. — Мама громко рассмеялась. — Ну конечно.

— Что вы имеете в виду? — мрачно спросил мистер Николс.

— Все мужчины вроде вас встречаются с моделями.

— В каком смысле — мужчины вроде меня? — (Мама поджала губы.) — В каком смысле — мужчины вроде меня? Говорите.

— Богатые мужчины.

— Я не богат.

— Ну конечно, — покачала головой мама.

— Я не богат.

— Полагаю, это зависит от определения богатства.

— Я встречал богатых людей. Я не богат. Обеспечен — да. Но до богатого мне далеко.

Мама повернулась к нему. Он и правда не представлял, с кем имеет дело.

— У вас больше одного дома?

Он нажал на гудок и крутанул руль.

— Возможно.

— У вас больше одной машины?

Он отвел глаза:

— Да.

— Значит, вы богаты.

— Ничего подобного. У богатых есть частные самолеты и яхты. У богатых есть прислуга.

— А я кто?

Мистер Николс покачал головой:

— Вы не прислуга. Вы...

— Кто?

— Воображаю ваше лицо, если бы я представил вас знакомым прислугой! — (Мама засмеялась.) — Моя служанка. Моя работница.

— Да. Примерно так. Хорошо, кто, по-вашему, богат?

Мама достала из сумки яблоко со шведского стола и откусила кусочек. Она с минуту жевала, прежде чем ответить.

— Богатые оплачивают все счета вовремя и даже не думают об этом. Богатые могут съездить в отпуск или пережить Рождество, не затягивая пояса в январе и феврале. Да что там, богатые просто не вспоминают о деньгах каждую минуту.

— Все думают о деньгах. Даже богатые люди.

— Да, но вы думаете, как заставить деньги работать. А я думаю, как нам протянуть хотя бы неделю.

Мистер Николс фыркнул:

— Поверить не могу, что везу вас в Шотландию, а вы меня пилите, потому что перепутали с Дональдом Трампом.

— Я вас не пилю.

— Ну конечно.

— Я просто хочу подчеркнуть, что есть разница между теми, кого вы считаете богатыми, и настоящими богачами.

Повисла довольно неловкая тишина. Мама покраснела, будто наговорила лишнего, и принялась шумно грызть яблоко, хотя просила Танзи есть аккуратно. К этому времени Танзи проснулась. Она не хотела, чтобы мама и мистер Николс перестали разговаривать друг с другом в такой замечательный день, а потому просунула голову между передними сиденьями.

— Знаете, я где-то читала, что нужно зарабатывать больше ста сорока тысяч фунтов в год, чтобы попасть в верхний процент нашей страны, — подсказала она. — Так что, если мистер Николс столько не зарабатывает, наверное, он не богатый. — Она улыбнулась и села на место.

Мама посмотрела на мистера Николса. Она все смотрела и смотрела на него.

Мистер Николс почесал в затылке.

— Вот что, — сказал он через некоторое время, — может, остановимся и выпьем чая?

Мортон-Марстон выглядел так, словно его создали специально для туристов. Все дома в нем были из серого камня и очень старые, а сады были само совершенство: с крошечными голубыми цветочками, ползущими по верху стен, и изящными корзиночками вьющихся растений, прямо как из книжки или, быть может, сериала «Убийства в Мидсомере». Попахивало овцами, вдалеке раздавалось блеяние; ветерок веял холодом, как бы предупреждая, каково здесь в ненастный день. Магазины словно сошли с рождественских открыток; на рыночной площади женщина в наряде времен королевы Виктории продавала булочки с лотка, и группы туристов бродили вокруг, фотографируя все подряд. Танзи так увлеченно глазела в окно, что не сразу обратила внимание на Никки. Она заметила, что брат притих, лишь когда они заехали на парковку. Никки не смотрел на телефон, хотя, как она знала, охотно в него вцепился, и лицо его было белым как мел. Танзи спросила, не болят ли у него ребра, и он ответил, что нет, а когда она поинтересовалась, не застряло ли у него яблоко в штанах, отрезал: «Нет, Танзи, и не приставай», но по его тону стало ясно, что дело неладно. Танзи бросила взгляд на маму, но мама прилагала все усилия, чтобы не смотреть на мистера Николса, а мистер Николс усердно искал лучшее место для парковки. Норман молча глядел на Танзи, как бы говоря: «Даже не спрашивай».

Все вышли и размялись, и мистер Николс предложил выпить чая с пирожными, он угощает, только, пожалуйста, не надо поднимать шум из-за денег, это всего лишь чай, договорились? Мама подняла брови, словно собиралась что-то сказать, но неохотно пробормотала: «Спасибо».

Они зашли в средневековую чайную «Пегая хавронья», хотя Танзи могла поспорить, что никаких чайных в Средневековье не было. Она почти не сомневалась, что тогда и чая-то не было. Остальным, похоже, было все равно. Никки вышел в уборную. Мистер Николс и мама выбирали еду у стойки, поэтому Танзи взяла телефон мистера Николса и увидела страницу Никки в «Фейсбуке». Она немного подождала, потому что Никки терпеть не мог, когда кто-то лезет в его дела, убедилась, что он действительно вышел в уборную, увеличила экран и похолодела. Фишеры замусорили ленту Никки сообщениями и фотографиями мужчин, которые делали что-то нехорошее с другими мужчинами. Они называли его ГОМОСЕКОМ и ПЕДРИЛОЙ, и хотя Танзи не знала, что это означает, она была уверена, что это плохие слова, и внезапно ее затошнило. Она подняла взгляд на маму с подносом.

— Танзи! Осторожнее с телефоном мистера Николса!

Танзи с грохотом бросила телефон на край стола. Ей не хотелось к нему прикасаться. Она задумалась, не плачет ли Никки в уборной. Она бы заплакала.

Подняв глаза, она увидела, что мама смотрит на нее:

— Что случилось?

— Ничего.

Танзи села и отодвинула апельсиновый капкейк. Ей больше не хотелось есть, хотя капкейк был посыпан разноцветными крошками.

— Танзи! Что случилось? Расскажи мне.

Танзи медленно подвинула телефон по деревянному столу кончиком пальца, как будто боялась обжечься. Мама нахмурилась и посмотрела на него. Включила телефон и уставилась на экран.

— Господи Иисусе, — произнесла она через минуту.

Мистер Николс сел рядом с ней. У него на блюдце был самый большой кусок шоколадного торта, какой Танзи видела в жизни.

— Все довольны? — спросил он. Сам он выглядел довольным.

— Сволочи малолетние, — произнесла мама. Ее глаза наполнились слезами.

— Что? — пробормотал мистер Николс с полным ртом.

— Это то же самое, что извращенец?

Мама словно не услышала. Она с грохотом отодвинула стул и направилась к туалетам.

— Это мужской, мадам, — окликнула хозяйка, когда мама толкнула дверь.

— Я умею читать, спасибо. — Мама скрылась за дверью.

— Что? Что еще случилось? — Мистер Николс пытался проглотить недожеванный торт.

Он оглянулся на дверь, за которой скрылась мама. Затем, поскольку Танзи ничего не ответила, посмотрел на свой телефон и дважды коснулся экрана. Он ничего не говорил, только смотрел. Затем подвигал экран, как будто читал все подряд. Танзи стало не по себе. Возможно, ему не следовало это видеть.

— Это... это как-то связано с тем, что случилось с твоим братом?

Танзи хотелось плакать. Казалось, Фишеры испортили этот замечательный день. Казалось, они отправились за ними. Казалось, они никогда от них не отвяжутся. Она не могла говорить.

— Эй, — произнес мистер Николс, когда на стол плюхнулась крупная слеза. — Эй!

Он протянул ей бумажную салфетку, и Танзи вытерла глаза. Она судорожно всхлипнула, и мистер Николс обошел стол, обнял ее и притянул к себе. От него пахло лимонами и мужчинами. Танзи не чувствовала этого мужского запаха с тех пор, как уехал папа, и оттого ей стало еще тоскливее.

— Эй! Не надо плакать.

— Простите.

— Тебе не за что извиняться. Я бы тоже плакал, если бы кто-нибудь поступил так с моей сестрой. Это... это... — Он выключил телефон. — О господи! — Он покачал головой, надул щеки и выдохнул. — И часто над ним так издеваются?

— Не знаю. — Танзи шмыгнула носом. — Он теперь ничего не рассказывает.

Мистер Николс подождал, пока она перестанет плакать, вернулся на свое место и заказал горячее какао с шоколадной стружкой и дополнительными сливками.

— Лечит все известные болезни. — Он подвинул к ней какао. — Можешь мне поверить. Я знаю.

Странно, но это оказалось правдой.

К тому времени, как мама и Никки вышли из уборной, Танзи уже выпила какао и съела капкейк. Мама жизнерадостно улыбалась, словно ничего не случилось, и обнимала Никки за плечи. Это выглядело немного странно. Он перерос ее на полголовы. Никки скользнул на соседнее сиденье и уставился на свой торт, как будто совершенно не хотел есть. Его лицо стало таким же, как до поездки: бесстрастным, точно у манекена. Танзи наблюдала, как мистер Николс наблюдает за Никки. Собирается ли мистер Николс говорить о том, что было на его телефоне? Но он ничего не сказал. Наверное, не хочет смущать Никки. Как бы то ни было, день испорчен, с грустью подумала Танзи.

А потом мама встала, чтобы проведать Нормана, который был привязан на улице. Мистер Николс заказал вторую чашку кофе и сидел, медленно помешивая кофе, точно о чем-то думал. Затем он посмотрел исподлобья на Никки и тихо спросил:

— Вот что, Никки, ты что-нибудь знаешь о хакерстве?

Танзи заподозрила, что этот разговор не для ее ушей, и уткнулась в квадратные уравнения.

— Нет, — ответил Никки.

Мистер Николс перегнулся через стол и понизил голос:

— В таком случае сейчас самое время узнать.

Когда мама вернулась, мистера Николса и Никки за столом не было.

— Где они? — спросила она, обводя взглядом зал.

— Ушли в машину мистера Николса. Мистер Николс сказал, чтобы их не беспокоили. — Танзи посасывала кончик карандаша.

Брови мамы взметнулись до самых волос.

— Мистер Николс знал, что ты так отреагируешь. Он просил передать, что со всем разберется. С «Фейсбуком».

Что он сделает? Как?

— Он знал, что ты спросишь. — Танзи стерла двойку, которая была слишком похожа на пятерку, и сдула катышки бумаги. — Он попросил дать им двадцать минут и заказал тебе еще чашку чая. Сказал, что ты должна съесть какое-нибудь пирожное, пока ждешь. Они вернутся за нами, когда закончат. Да, и еще он сказал, что шоколадный торт просто замечательный.

Маме это не понравилось. Танзи сидела и решала задачи, пока ответы ее не устроили, а мама ерзала, смотрела в окно и порывалась заговорить, но закрывала рот. Заказывать шоколадный торт она не стала. Просто оставила пять фунтов, которые мистер Николс положил на стол, на месте, и Танзи придавила их ластиком, чтобы не сдуло сквозняком.

Наконец, когда хозяйка начала подметать совсем рядом с их столом, молча намекая, что пора бы и честь знать, дверь открылась, прозвенел колокольчик, и вошел мистер Николс с Никки. Никки держал руки в карманах и завесил лицо челкой, но едва заметно ухмылялся.

Мама встала, переводя взгляд с одного на другого. Было видно, что она очень, очень хочет что-то сказать, но не знает что.

— Вы попробовали шоколадный торт? — спросил мистер Николс. Его лицо прямо излучало добродушие, как у ведущего телеигры.

— Нет.

— Напрасно. Он такой вкусный! Спасибо! У вас лучший торт на свете! — сообщил он хозяйке, которая разулыбалась и просияла, хотя на маму смотрела совсем иначе.

Мистер Николс и Никки зашагали обратно бок о бок, словно всю жизнь были лучшими друзьями, предоставив Танзи и маме собирать вещи и спешить следом.

15

Никки

В газете как-то напечатали статью о безволосой павианихе. Ее кожа была не полностью черной, как следовало ожидать, а пятнистой, розовой с черным. Глаза ее были обведены черным, как будто она их накрасила, и у нее был один длинный розовый сосок и один черный, как у обезьяноподобного грудастого Дэвида Боуи.

Но она была совсем одна. Похоже, павианы не любят тех, кто от них отличается. И ни один павиан не желал с ней встречаться. Так что фотографы раз за разом снимали, как она ищет еду, голая и уязвимая, и никого рядом с ней. Потому что хотя другие павианы и знали, что она, типа, тоже павиан, неприятие тех, кто от них отличается, оказалось сильнее врожденной тяги к самке.

Никки довольно часто думал о том, что нет ничего печальнее одинокой безволосой павианихи.

Никки подозревал, что мистер Николс собирался прочитать ему лекцию об опасностях социальных сетей или сказать, что надо сообщить обо всем учителям, полицейским или еще кому-нибудь. Но он не сделал ничего подобного. Он вытащил ноутбук из багажника, включил его в прикуриватель, вставил модем и вышел в Интернет.

— Готово, — сказал он, когда Никки плюхнулся на пассажирское сиденье. — Расскажи мне все, что знаешь об этом славном мальчугане. Братья, сестры, даты рождения, домашние животные, адреса... Все, что вспомнишь.

— Что?

— Надо подобрать его пароль. Давай... Ты наверняка что-то знаешь.

Они сидели на парковке. Люди вокруг загружали покупки в машины, бродили в поисках паба или кафе. Здесь не было граффити и брошенных тележек из супермаркета. В таких городках люди могут пройти несколько миль, чтобы вернуть тележку на место. Никки готов был поспорить, что где-нибудь поблизости торчит знак «Город образцового содержания». Седая женщина, загружавшая покупки в машину, поймала его взгляд и улыбнулась. Честное слово, улыбнулась! А может, она улыбнулась Норману, который положил свою большую голову на плечо Никки.

— Никки?

— Да. Я думаю.

Он попытался выбросить все лишнее из головы. И выложил все, что знал о Фишере. Его адрес, имя сестры, имя мамы. Он даже знал день его рождения, потому что тот был всего три недели назад и отец купил ему квадроцикл, который он через неделю разбил.

Мистер Николс усердно барабанил по клавишам.

— Не то. Не то. Продолжай. Должно быть что-то еще. Какую музыку он любит? За какую команду болеет? О, смотри — у него есть почтовый ящик на «Хотмейле». Отлично, может пригодиться.

Никки рассказал ему все, что знал. Ничего не сработало. Затем ему пришла в голову внезапная мысль.

— Тулиса. Он без ума от Тулисы. Певицы.

Мистер Николс постучал по клавиатуре и покачал головой.

— Попробуйте «Задница Тулисы», — предложил Никки.

Мистер Николс напечатал:

— Не то.

— «ЯТрахнулТулису». Слитно.

— Не то.

— «Тулиса Фишер».

— Ммм. Не то. Но мысль хорошая.

Они сидели и думали.

— Попробуйте просто его имя, — сказал Никки.

— Даже полный идиот не станет использовать собственное имя в качестве пароля, — покачал головой мистер Николс.

Никки посмотрел на него. Мистер Николс напечатал несколько букв и уставился на экран.

— Знаешь что? — Он откинулся на спинку кресла. — Да ты самородок!

— И что теперь?

— Повеселимся немного на странице Джейсона Фишера в «Фейсбуке». Вообще-то, сам я ничего не могу. Я... Э-э-э... Мне сейчас нельзя светить свой IP-адрес. Но я знаю кое-кого, кто может. — Он набрал номер.

— А если Фишер узнает, что это моих рук дело?

— Как? Мы сейчас все равно что он. На тебя ничто не будет указывать. Возможно, он даже не заметит. Погоди минутку. Джез?.. Привет. Это Эд... Да. Да, я временно под колпаком. Можешь мне помочь? Дел на пару минут.

Никки слушал, как мистер Николс сообщает Джезу пароль и адрес электронной почты Джейсона Фишера.

Он сказал, что Фишер «доставил пару неприятных минут» его другу, и покосился на Никки.

— Просто подшути над ним, ладно? Просмотри его страницу. Поймешь, что за тип. Я бы сам разобрался, но мне сейчас надо быть тише воды ниже травы... Да... Да, я объясню, когда увидимся. Спасибо огромное.

Никки не мог поверить, что это оказалось так просто.

— А он не взломает меня в ответ?

Мистер Николс положил трубку:

— Я бы на его месте попробовал. Но парень, который не может придумать пароля посложнее собственного имени, вряд ли разбирается в компьютерах.

Они сидели в машине и ждали, обновляя страницу Джейсона Фишера в «Фейсбуке» снова и снова. И словно по волшебству, все начало меняться. Какой же Фишер козел! На его стене было полно записей о том, как он «поимеет» ту или другую девчонку из школы, или о том, что такая-то — шлюха, или о том, как он избивает всех, кто не входит в его банду. В его личных сообщениях было примерно то же самое. Никки заметил одно сообщение, в котором упоминалось его имя, но мистер Николс поспешно его прочитал, сказал: «Ясно. Можешь не смотреть» — и прокрутил дальше. Единственный раз, когда Фишер повел себя не как козел, — это когда он написал Крисси Тейлор, что она ему очень нравится, и пригласил к себе в гости. Крисси, похоже, не слишком обрадовалась, но Фишер продолжал ей писать. Он пообещал сводить ее в «реально крутое» место и одолжить у папы машину (как бы не так — возрастом не вышел). Он написал ей, что она самая симпатичная девушка в школе, что она вскружила ему голову, и если его приятели узнают, что с ним творится, то посчитают его «психом».

— Кто сказал, что романтики перевелись? — пробормотал мистер Николс.

Так все и началось. Джез написал двум друзьям Фишера, что насилие ему опротивело и он не хочет с ними больше общаться. Написал Крисси, что она по-прежнему ему нравится, но сперва ему надо разобраться со своими проблемами. Якобы он «подцепил какую-то дурацкую инфекцию, и доктор говорит, что ее надо лечить. Я хочу быть чистым и здоровым, когда мы сойдемся, понимаешь?»

— О боже! — От хохота у Никки заболели ребра. — О боже!

«Джейсон» написал еще одной девушке по имени Стейси, что она ему очень нравится и что мама подобрала ему клевый костюмчик на случай, если она захочет пойти с ним на свидание; и то же самое девушке по имени Анжела из его параллели, которую он однажды назвал вонючкой. И еще Джез удалил новое сообщение от Дэнни Кейна, который раздобыл билеты на крутой футбольный матч и предложил Джейсону пойти с ним, если он напишет до вечера. Сегодняшнего вечера.

Он изменил фотографию Фишера на изображение ревущего осла. Затем мистер Николс посмотрел на экран, размышляя, и взял мобильный.

Думаю, пока с него хватит, приятель, — сказал он Джезу.

— Почему? — спросил Никки, когда мистер Николс положил телефон. Шутка с ослом была замечательная.

— Потому что лучше работать аккуратно. Если ограничиться его личными сообщениями, вполне возможно, что он даже не заметит. Мы отправим их, а потом удалим. Мы отключим его уведомления по электронной почте. И тогда его друзья и эта девушка подумают, что он просто еще больше поглупел. А он понятия не будет иметь, что случилось. В этом, собственно, и смысл.

Никки не верилось, что испортить жизнь Фишеру так просто. Позвонил Джез и сказал, что вышел из аккаунта, и тогда они закрыли «Фейсбук».

— Это все? — спросил Никки.

— Пока что. Веселье только началось. Но тебе уже полегчало, верно? А еще Джез вычистит твою страницу, так что на ней не останется ни единой записи Фишера.

Никки выдохнул, содрогнулся и немного смутился. Ему действительно полегчало. Не то что бы это решило его проблемы, но приятно для разнообразия побыть шутником, а не жертвой насмешек.

Он теребил край футболки, пока снова не смог дышать ровно. Возможно, мистер Николс все понял, потому что с живым интересом смотрел на машины и стариков.

— Почему вы это делаете? Почему помогли мне со взломом и везете нас до самой Шотландии? Вы нас даже не знаете.

Мистер Николс продолжал смотреть на парковку, и на мгновение показалось, что он больше не настроен разговаривать с Никки.

— За мной вроде как должок перед твоей мамой. И пожалуй, мне просто не нравятся люди, которые издеваются над другими. Вы не первое поколение, которое страдает от хулиганов.

Мистер Николс минуту сидел молча, и Никки внезапно испугался, что он попытается его разговорить. Как школьный консультант, который набивался ему в друзья и раз пятьдесят повторил: все, что Никки скажет, будет «только между нами», пока это не начало звучать жутковато.

— Вот что я тебе скажу.

Начинается, подумал Никки, и вытер плечо, которое Норман заляпал слюной.

— Все достойные люди, с которыми я знаком, в школе были немного особенными. Тебе просто нужно найти своих людей.

— Найти своих людей?

— Твой клан. — (Никки скривился.) — Тебе всю жизнь кажется, что ты никуда не вписываешься. И однажды ты входишь в комнату — в университете, офисе или клубе — и видишь: «А! Да вот же они». И внезапно чувствуешь себя как дома.

— Я нигде не чувствую себя как дома.

— Это пройдет.

Никки обдумал его слова и спросил:

— И где вы нашли свой клан?

— В компьютерном зале в университете. Я был вроде как ботаником. Там я встретил своего лучшего друга Ронана. А потом... мы основали компанию. — Он помрачнел.

— Но мне придется торчать здесь, пока я не закончу школу. И там, где мы живем, ничего такого нет, никаких кланов. — Никки опустил челку на глаза. — Либо ты стараешься угодить Фишеру, либо держишься от него подальше.

— Так поищи своих людей в Интернете.

— Как?

— Ну, не знаю. Почитай форумы, посвященные тому, что тебе... нравится? Образу жизни?

Никки заметил выражение его лица.

— А! Вы тоже считаете меня голубым?

— Нет, я просто говорю, что Интернет велик. В нем обязательно найдутся те, кто разделяет твои интересы, ведет такую же жизнь.

— Никто не ведет такую жизнь, как я.

Мистер Николс закрыл ноутбук и убрал в чехол. Выдернул все провода и взглянул на кафе:

— Нам пора. Твоя мама наверняка волнуется. — Он открыл дверь и обернулся. — Кстати, ты можешь вести блог.

— Блог?

— Не обязательно под своим настоящим именем. Но это хороший способ рассказать о том, что происходит в твоей жизни. Надо только добавить несколько ключевых слов, и люди тебя найдут. Я имею в виду, такие люди, как ты.

— Люди, которые красят глаза тушью. И не любят ни футбол, ни мюзиклы.

— И у которых есть огромные вонючие собаки и сестры с потрясающими способностями к математике. Готов поспорить, что найдется хотя бы один такой человек. — Он с минуту подумал. — Не исключено. Возможно, в Хокстоне. Или в Тупело.

— Знаете, я не безволосая павианиха.

— Что?

— Ничего. — Никки снова потянул себя за челку, пытаясь прикрыть синяки. Они приобрели довольно мрачный желтый цвет, и казалось, что у него какая-то экзотическая болезнь. — Спасибо, но блоги... не совсем по моей части. Блоги — это для женщин средних лет, которые пишут о своих разводах, кошках и так далее. Или зацикленные на лаках для ногтей.

— Просто пиши о том, что тебе интересно.

— Вы ведете блог?

— Нет. — Мистер Николс вышел из машины. — Но меня не особо тянет на разговоры.

Никки вылез следом. Мистер Николс навел на машину брелок, и дверца с мягким щелчком закрылась.

— Кстати, — понизил он голос, — этого разговора не было, ясно? Мне не поздоровится, если кто-нибудь узнает, что я учу невинных детей взламывать личные страницы.

— Джесс все равно.

— Я не только о Джесс.

Никки выдержал его взгляд:

— Первое правило клуба ботанов. Нет никакого клуба ботанов.

— Молодец. Все верно. Ты не мог бы выгулять своего вонючего пса, прежде чем мы тронемся дальше?

16

Танзи

Всем не слишком хотелось забираться обратно в машину. Новизна поездки в машине, даже такой замечательной, как у мистера Николса, довольно быстро приелась. Это самый длинный день, объявила мама, словно медсестра перед тем, как сделать укол. Надо устроиться поудобнее и обязательно сходить в туалет, потому что мистер Николс собирается доехать почти до самого Ньюкасла, где нашлась гостиница, в которую пускают собак. Они приедут на место около десяти часов вечера. Мистер Николс подсчитал, что после этого до Абердина останется всего день езды. Они поселятся рядом с университетом, Танзи выспится и на следующий день блеснет на олимпиаде по математике. Мистер Николс с надеждой посмотрел на нее:

— А может, ты уже привыкла и можно ехать быстрее сорока миль?

Танзи покачала головой:

— Нет.

— Ну ладно, — погрустнел он.

Мистер Николс взглянул на заднее сиденье и заморгал. Несколько шоколадных драже растаяло на коже сливочного цвета, и хотя Танзи постаралась все оттереть, наверняка останутся коричневые следы. Под ногами хлюпала грязь и листья, налипшие во время прогулки по лесу. Слюна Нормана блестела по всему сиденью, словно следы улитки. Дома Танзи вытирала его щеки тряпочкой, но при попытке проделать это в машине ее затошнило. Мистер Николс поймал ее взгляд, криво улыбнулся, как будто ему было все равно, хотя ему явно было не все равно, и повернулся обратно к рулю.

— Значит, договорились. — Он завел мотор.

Все молчали около часа, пока мистер Николс слушал по «Радио-4» какую-то программу о технике. Мама читала очередную книгу. С тех пор как закрылась библиотека, она покупала в благотворительном магазине две книги в бумажных обложках в неделю, но успевала прочитать только одну. Иногда, когда мама работала сверхурочно, Танзи находила ее по утрам спящей с разинутым ртом и раскрытой книгой на подушке. Поскольку мама плохо разбиралась в линейных уравнениях, дом постепенно заполнили потрепанные книги, которые она собиралась вот-вот прочитать.

Время едва тащилось, дождь лил сплошными потоками. Они ехали мимо бесконечных холмистых зеленых полей, проезжали деревню за деревней, беспокойно ерзали на сиденьях и расправляли скомканные на пояснице рубашки. После Ковентри все деревни стали казаться на одно лицо. Танзи смотрела в окно и пыталась решать в уме математические задачи, но без тетради было сложно сосредоточиться. Около шести Никки начал ерзать, как будто ему было неудобно.

— Когда следующая остановка?

Мама ненадолго задремала. Она рывком села прямо, делая вид, что вовсе не спала, и посмотрела на часы.

— Десять минут седьмого, — сообщил мистер Николс.

— Есть хочется, — пожаловалась Танзи.

— Мне позарез нужно пройтись. Ребра ноют.

Ноги Никки были слишком длинными даже для этой машины. Он прижимался коленями к сиденью мистера Николса, и Норман, похоже, загнал его в угол, улегшись поперек и вывалив изо рта большой розовый язык.

— Давайте поищем, где перекусить. Можно заехать в Лестер за карри.

— С нас хватит сэндвичей.

Никки тихо застонал.

— Вы что, питаетесь одними сэндвичами?

— Ну, разумеется, нет. Но они удобны. И у нас нет времени сидеть и есть карри.

— Я люблю карри, — мрачно сообщил Никки.

— Ладно, может, поедим в Абердине.

— Если я выиграю.

— Только попробуй не выиграть, малек, — тихо сказал Никки. — Еще один сэндвич с обветренным сыром — и я сам закручусь по краям.

Мистер Николс проехал через маленький городок, затем еще через один и, следуя указателю, повернул к торгово-развлекательному центру. Начинало темнеть. На дорогах были пробки, как во всякий субботний вечер. Гудели машины, набитые футбольными болельщиками, которые праздновали победу никому не известной команды и прижимали к окнам радостные лица. «Ауди» тащилась через пробки, выбивая дворниками унылую назойливую дробь, и наконец остановилась рядом с супермаркетом. Мама с громким вздохом вылезла из машины и побежала в магазин. Через залитую дождем витрину было видно, как она стоит перед холодильниками, берет то одно, то другое и кладет на место.

— Купила бы готовые сэндвичи, — пробормотал мистер Николс, поглядывая на часы. — Это намного быстрее.

— Слишком дорого, — пояснил Никки.

— И не известно, кто лазил в них пальцами.

— В прошлом году Джесс три недели делала сэндвичи в супермаркете. Она рассказывала, что ее соседка ковырялась в носу, нарезая курицу для роллов «Цезарь».

— И никто не надевал перчатки.

Мистер Николс притих.

Джесс вышла через несколько минут с маленьким пакетом и побежала к краю тротуара, держа пакет над головой.

— Пять к одному, что в пакете ветчина собственного производства магазина, — предположил Никки. — И яблоки. Она всегда покупает яблоки.

— Ветчина магазина идет два к одному, — возразила Танзи.

— Пять к двум — черствый хлеб. С распродажи.

— Можно я тоже попробую? Сырная нарезка, — сказал мистер Николс. — Сколько вы поставите на сырную нарезку?

— Слишком неопределенно, — ответил Никки. — Выбирайте между «Дэйрили» и более дешевым оранжевым сыром тоже производства магазина. Возможно, под выдуманным названием.

— «Приятная сырная долина».

— «Вымяпомрачительный чеддер».

— Фу, какая гадость.

— «Бодливая корова».

— Да ладно, она не настолько жестока.

Танзи и Никки рассмеялись.

Мама открыла дверцу и протянула пакет.

— А вот и я! — жизнерадостно провозгласила она. — Купила на распродаже паштет из тунца. Кому сэндвич?

— Вы никогда не едите наши сэндвичи, — сказала мама, когда мистер Николс ехал через город.

Мистер Николс включил поворотник и выехал на шоссе:

— Я не люблю сэндвичи. Они напоминают мне о школе.

— И что же вы едите? — Мама с удовольствием жевала сэндвич.

Машина провоняла рыбой за пару минут. Танзи решила, что мистер Николс слишком вежлив, чтобы сказать об этом.

— В Лондоне? Тост на завтрак. Суши или лапшу на обед. На ужин беру еду навынос в своем любимом заведении.

— Вы ужинаете едой навынос? Каждый вечер?

— Если не иду в ресторан.

— И часто вы ходите по ресторанам?

— Сейчас? Вообще не хожу. — (Мама мрачно посмотрела на него.) — Ну, разве что напиться в ваш паб.

— Вы правда едите одно и то же каждый день?

Похоже, мистер Николс немного смутился.

— Можно заказывать разное карри.

— Должно быть, это стоит целое состояние. А что вы едите в «Бичфранте»?

— Покупаю еду навынос.

— В «Радже»?

— Да. Знаете это заведение?

— Еще как знаю.

Все замолчали.

— Что? — спросил мистер Николс. — Вы туда не ходите? Что с ним не так? Слишком дорого? Вы собираетесь рассказать мне, как легко приготовить картошку в мундире? А я не люблю картошку в мундире. И сэндвичи не люблю. И готовить не люблю.

Наверное, он проголодался, потому что внезапно стал довольно ворчливым.

Танзи протиснулась между сиденьями:

— Натали однажды нашла волос в своем джалфрези[1] с курицей. — Мистер Николс открыл рот, чтобы что-то сказать, но в этот миг Танзи добавила: — Не с головы.

Молчание продлилось двадцать три фонарных столба.

— Вы слишком из-за этого переживаете, — сказал мистер Николс.

Вскоре после Нанитона Танзи начала скармливать свой сэндвич Норману, потому что паштет из тунца даже не пах тунцом, а хлеб прилипал к нёбу. Мистер Николс завернул на бензоколонку, похожую на НЛО, которое только что приземлилось.

— У них наверняка ужасные сэндвичи. — Мама всмотрелась в киоск. — Лежат месяцами.

— Я не собираюсь покупать сэндвичи.

— А пирожки у них есть? — с тоской спросил Никки. — Я люблю пирожки.

— Пирожки еще хуже. Наверняка с собачатиной.

Танзи закрыла уши Нормана руками.

Мама посмотрела на Никки и вздохнула.

— Вы идете? — спросила она мистера Николса, роясь в кошельке. — Купите детям по шоколадке, пожалуйста. На закуску.

— Мне с вафлями, пожалуйста, — повеселел Никки.

— А мне, пожалуйста, пористую. С мятой, — сказала Танзи. — И, если можно, большую.

Мама протягивала деньги. Но мистер Николс смотрел куда-то вправо.

— Купите сами. Мне нужно через дорогу.

1 *Джалфрези* — разновидность карри.

— Куда?

Он похлопал себя по животу и внезапно просиял:

— Туда.

В забегаловке «Кебаб у Кита» было шесть пластмассовых стульев, привинченных к полу, четырнадцать банок диетической колы на витрине, неоновая вывеска без буквы «б» и ром-баба, которая явно пролежала на прилавке не один десяток лет. Танзи смотрела через окно машины, как мистер Николс почти бегом заходит в освещенное лампами дневного света помещение. Он изучил стену за стойкой и поговорил с хозяином, который указал на какие-то подносы за стеклом, а затем на огромную глыбу коричневого мяса, медленно поворачивающуюся на вертеле. Танзи задумалась, что это может быть за животное, но в голову пришел только буйвол. Возможно, безногий буйвол.

— О боже, — тоскливо простонал Никки, когда продавец начал нарезать мясо. — Можно нам тоже?

— Нет, — ответила мама.

— Интересно, сколько это стоит.

— Слишком много.

— Мистер Николс наверняка нас угостит, — сказал Никки.

— Мистер Николс и так очень много для нас делает, — отрезала мама. — Мы не станем больше ничего клянчить. Ясно?

Никки закатил глаза и посмотрел на Танзи.

— Ладно, — угрюмо ответил он.

Все замолчали.

— Прости, — сказала мама через минуту. — Просто я... Просто я не хочу, чтобы мистер Николс подумал, будто мы злоупотребляем его добротой.

— Но разве это злоупотребление, если кто-то сам предложил помощь? — спросила Танзи.

Ей до смерти надоело есть холодную еду из полиэтиленовых пакетов. И она подозревала, что, если попросить, мистер Николс купит им поесть.

— Съешь яблоко, если не наелась. Или маффин с завтрака. Маффины точно еще оставались. — Мама снова принялась рыться в полиэтиленовом пакете.

Никки молча закатил глаза. Танзи вздохнула.

Мистер Николс открыл дверцу и, ухмыляясь, сел на место. Машину наполнил запах горячего жирного мяса. Кебаб был завернут в белую бумагу с пятнами жира, нарезанный зеленый салат топорщился по обе стороны от мяса, как усы Китченера[1]. Из пасти Нормана немедленно спустились два каната слюны.

— Точно не хотите попробовать? — жизнерадостно спросил мистер Николс, поворачиваясь к Никки и Танзи. — Я попросил поменьше соуса чили.

— Нет. Огромное спасибо, но нет, — решительно отказала мама и бросила на Никки предупреждающий взгляд.

— Нет, спасибо, — тихо сказала Танзи.

Пахло потрясающе.

— Нет. Спасибо, — отвернулся Никки.

— Ладно. Кому еще бутерброд? — спросила мама.

Нанитон, Маркет-Босуорт, Коалвилл, Эшби де-ла-Зуш — указатели проносились мимо один за другим. С тем же успехом на них могло быть написано «Занзибар» или «Танзания» — все равно Танзи не знала, где что находится. Она обнаружила, что мысленно повторяет: «Эшби де-ла-Зуш, Эшби де-ла-Зуш» — и размышляет, какое это прекрасное имя. «Привет! Как тебя зо-

1 *Герберт Китченер* (1850–1916) — английский военный деятель, возможный прототип Старшего Брата из романа Джорджа Оруэлла «1984».

вут?» — «Я Эшби де ла Зуш». — «Привет, Эшби! Это так круто!» В имени Костанза Томас тоже пять слогов, но ритм совсем другой. Танзи переставила имена местами: Констанза де ла Зуш из шести слогов и скучная Эшби Томас.

Констанза де ла Зуш.

Машина застряла в пробке, которая образовалась буквально на ровном месте, и еще пришлось возвращаться, когда мистер Николс повернул не туда. Он казался немного рассеянным.

Констанза де ла Зуш.

Через 389 фонарных столбов по шоссе мистер Николс сказал, что ему нужно остановить машину. Обычно остановиться просил кто-нибудь из них. Танзи слишком много пила из-за обезвоживания и часто бегала в туалет. Норман скулил, что ему нужно выйти, каждые двадцать минут, но никто не мог понять, действительно ему нужно или он просто соскучился и хочет подышать свежим воздухом. Мама снова читала, включив свет над пассажирским сиденьем, а мистер Николс все ерзал и ерзал и наконец спросил:

— Там, на карте... нет ли впереди ресторана?

— Вы не наелись? — Мама подняла взгляд.

— Нет. Мне... Мне нужно в туалет.

Мама снова уткнулась в книгу.

— Не обращайте на нас внимания. Просто зайдите за дерево.

— Я не это имел в виду, — пробормотал он.

— О! — Мама достала карту из бардачка. — Ну, судя по карте, ближайший город — Кегворт. Там наверняка что-то есть. Или можно выехать на автомагистраль.

— А что ближе?

Мама водила по карте пальцем.

— Сложно сказать. Кегворт?

— Сколько до него?

— Минут десять.

— Ладно. — Мистер Николс кивнул, как будто сам себе. — Десять минут вполне подойдет. — Его лицо странно блестело. Он повторил: — Десять минут не так уж и много.

Никки слушал музыку в наушниках. Танзи гладила большие мягкие уши Нормана и размышляла о теории струн. И тут мистер Николс резко свернул на придорожную площадку. Все повалились вперед. Норман едва не съехал с сиденья. Мистер Николс распахнул водительскую дверцу и обежал машину сзади. Танзи обернулась. Мистер Николс скорчился у канавы, обхватив колено рукой. Его выворачивало наизнанку. Это было слышно даже с закрытыми окнами.

Все смотрели на него.

— Ого, — сказал Никки. — Сколько в нем поместилось. Это как... Обалдеть, это как в «Чужом».

— О боже! — произнесла мама.

— Это отвратительно, — сказала Танзи, глядя через заднее стекло.

— Скорее, — засуетилась мама. — Никки, где бумажные полотенца?

Они смотрели, как мама выходит из машины, чтобы помочь мистеру Николсу. Он сидел, согнувшись пополам, как будто у него ужасно болел живот. Заметив, что Танзи и Никки смотрят через заднее стекло, мама махнула им рукой, как будто этого нельзя было делать, хотя сама только что делала то же самое.

— Ты еще хочешь кебаб? — спросила Танзи у Никки.

— Вот злыдня, — содрогнулся он.

Мистер Николс шел к машине так, словно только что научился ходить. Его лицо приобрело странный бледно-желтый оттенок. Кожа была покрыта мелкими бисеринками пота.

— Вы ужасно выглядите, — сообщила ему Танзи.

Он устроился за рулем.

— Со мной все будет в порядке, — прошептал он. — Теперь все должно быть в порядке.

Мама протянула руку между сиденьями и одними губами попросила:

— Полиэтиленовый пакет.

Танзи отдала ей свой.

— Просто на всякий случай, — жизнерадостно сказала мама и приоткрыла окно. Следующие несколько миль мистер Николс ехал очень медленно. Так медленно, что две машины мигали сзади, а один водитель при обгоне злобно нажал на гудок. Иногда мистер Николс заезжал на белую линию, как будто не мог сосредоточиться, но Танзи заметила, что мама старательно молчит, и решила тоже ничего не говорить.

— Долго еще? — бормотал мистер Николс.

— Недолго, — ответила мама, хотя откуда ей было знать? Она похлопала мистера Николса по руке, как ребенка. — Вы молодец.

Он бросил на нее страдальческий взгляд.

— Потерпите, — тихо сказала она, и это прозвучало как инструкция.

Они проехали еще полмили.

— О боже! — Он снова ударил по тормозам. — Мне нужно...

— Паб! — завопила мама и указала на паб, огни которого только что показались на окраине очередной деревушки. — Смотрите! Вы успеете!

Мистер Николс вдавил педаль газа. Щеки Танзи сдуло назад ускорением. Он на полной скорости въехал на парковку, распахнул дверцу, шатаясь, выбрался из машины и бросился в паб.

Они сидели и ждали. В мертвенной тишине было слышно, как тикает, остывая, мотор.

Через пять минут мама наклонилась, закрыла водительскую дверцу, чтобы не выстудить машину, обернулась и улыбнулась:

— Как тебе пористая шоколадка?

— Отлично.

— Я тоже люблю пористый шоколад.

Никки с закрытыми глазами кивал в такт музыке. Рядом припарковались мужчина и женщина с высоким хвостиком. Женщина пристально посмотрела на машину. Мама улыбнулась. Женщина не улыбнулась в ответ.

Прошло десять минут.

— Сходить за ним? — спросил Никки, вытаскивая из ушей наушники и глядя на часы.

— Лучше не надо, — ответила мама и начала постукивать ногой.

Прошло еще десять минут. Наконец, когда Танзи отправилась с Норманом на прогулку вокруг парковки, а мама делала растяжку на заднем сиденье, потому что ее «всю перекосило», появился мистер Николс.

Он был белым как бумага. Танзи никогда такого не видела. Казалось, кто-то стер его черты дешевой резинкой.

— Боюсь, придется здесь задержаться, — сказал он.

— В пабе?

— Нет, не в пабе. — Он обернулся. — Только не в пабе. Может быть... Может быть, в нескольких милях отсюда.

— Хотите, я поведу? — спросила мама.

— Нет, — ответили они хором.

Мама улыбнулась и попыталась сделать вид, что не обиделась.

«Гавань колокольчиков» оказалась единственной гостиницей в радиусе десяти миль, которая не была полностью забронирована. В ней имелось восемнадцать трейлеров, игровая площадка с двумя качелями и песочницей и табличка «С собаками запрещено».

Мистер Николс зарылся лицом в руль.

— Мы найдем другое место. — Он поморщился и согнулся пополам. — Подождите минутку.

— Не надо.

— Вы говорили, что не можете оставить пса в машине.

— Мы не оставим его в машине. Танзи, — скомандовала мама, — солнечные очки.

У передних ворот стоял трейлер с надписью «Администратор». Мама вошла первой, а Танзи надела солнечные очки и осталась на крыльце, наблюдая через дверное стекло с пузырьками воздуха. Толстяк устало поднялся со стула и заявил, что маме очень повезло — остался всего один дом, и на него специальная цена.

— Сколько? — спросила мама.

— Восемьдесят фунтов.

— За одну ночь? В трейлере?

— Сегодня суббота.

— А сейчас семь часов вечера, и у вас никого нет.

— Может, приедут еще.

— Ну конечно. Я слышала, Мадонна выступала тут неподалеку и теперь ищет, где бы разместить свою свиту.

— Необязательно быть такой саркастичной.

— Необязательно драть с меня три шкуры. Тридцать фунтов. — Мама достала банкноты из кармана.

— Сорок.

— Тридцать пять. — Мама протянула деньги. — У меня больше нет. Кстати, с нами собака.

Толстяк поднял мясистую руку:

— Табличку читали? Никаких собак.

— Это собака-поводырь. Моей маленькой дочки. Напоминаю, что закон запрещает отказывать в доступе людям с ограниченными возможностями.

Никки открыл дверь и под локоток ввел Танзи. Девочка неподвижно стояла в темных очках, а Норман терпеливо стоял перед ней. Они уже проделывали это дважды, когда нужно было сесть на автобус до Портсмута после того, как ушел папа.

— Пес хорошо обучен, — сказала мама. — И не доставит хлопот.

— Он — мои глаза, — добавила Танзи. — Без него моя жизнь не имела бы смысла.

Мужчина посмотрел на ее руку, затем на лицо. У него были брыли, как у Нормана. Танзи старалась не поглядывать на телевизор.

— Вы схватили меня за яйца, леди.

— Еще чего, — весело откликнулась мама.

Толстяк покачал головой, убрал здоровенную руку и с трудом кивнул на шкафчик с ключами.

— «Золотые акры». Вторая дорожка, четвертый дом справа. Рядом с туалетами.

Когда они добрались до трейлера, мистеру Николсу уже было так плохо, что он, возможно, даже не заметил, где они оказались. Он тихо постанывал и держался за живот, а при виде таблички «Туалеты» вскрикнул и исчез почти на час.

«Золотые акры» не были золотыми и не тянули даже на пол-акра, но мама сказала, что на безрыбье и рак рыба. В доме были две крохотные спальни, а в гостиной — диваны, которые можно превратить еще в одну постель. Мама сказала, что Никки и Танзи лягут спать в комнате с двумя кроватями, мистер Николс — во второй спальне, а ее вполне устроит диван. В спальне Никки и Танзи оказалось очень даже неплохо, несмотря на то что ноги Никки свисали с края кровати и все провоняло сигаретами. Мама открыла окна, положила на кровати одеяла и включила в ванной воду, чтобы холодная стекла. Мистер Николс, наверное, захочет принять душ, когда вернется.

Танзи по очереди заглянула во все шкафы из прессованных опилок, задернула занавески в цветочек и осмотрела химический туалет в ванной комнате, прижала нос к окну и пересчитала огни в остальных трейлерах. Заняты, похоже, только два. «Все-таки наврал, скотина», — заметила мама. Пока они ждали возвращения мистера Николса, мама изучала карту, водя пальцами по дорогам.

— У нас куча времени. Просто куча. Все будет хорошо. К тому же ты сможешь побольше повторить в спокойной обстановке. — Казалось, она пытается убедить саму себя.

Мамин телефон простоял на зарядке ровно пятнадцать секунд и зазвонил. Она вздрогнула и схватила его, не вынимая из розетки.

— Алло? — Похоже, мама думала, что это мистер Николс звонит из туалета и просит принести еще бумаги. — Дес? — Она прижала руку ко рту. — О господи, Дес, я не успею вернуться.

Серия приглушенных вспышек ярости на другом конце линии.

— Мне очень жаль. Я знаю, что сказала. Но все пошло наперекосяк. Я в... — Она сделала Танзи страшные глаза. — Где мы?

— Рядом с Эшби де-ла-Зуш, — ответила Танзи.

— Эшби де-ла-Зуш, — повторила мама. И еще раз, запустив руку в волосы: — Эшби де-ла-Зуш. Знаю. Мне очень жаль. Все пошло наперекосяк, водитель заболел, телефон разрядился, и при всем... Что? — Она посмотрела на Танзи. — Не знаю. Наверное, не раньше вторника. Или даже среды. Я не думала, что дело так затянется.

Танзи слышала, как Дес кричит на маму.

— Разве Челси не может меня подменить? Я столько раз ее подменяла... Я знаю, что сейчас горячее время. Знаю. Дес, мне правда очень жаль. Я же сказала, что я... — Она помолчала. — Нет. Не могу вернуться раньше. Нет. Я правда... Что ты имеешь в виду? Я за прошлый год не пропустила ни одной смены. Я... Дес?.. Дес? — Мама замолчала и уставилась на телефон.

— Это Дес из паба? — Танзи нравился Дес из паба.

Как-то раз воскресным вечером она сидела снаружи с Норманом и ждала маму, а Дес угостил ее пакетиком жареных креветок.

В этот миг дверь в трейлер открылась, и мистер Николс едва не упал внутрь.

— Лечь, — пробормотал он, на мгновение собрался с силами и рухнул на диванные подушки в цветочек. Он посмотрел на маму. Его лицо было серым, глаза — большими и запавшими. — Лечь. Извините.

Мама сидела и смотрела на свой мобильный.

Мистер Николс заморгал, глядя на нее, заметил телефон и пробормотал:

— Вы пытались до меня дозвониться?

— Он меня уволил, — сказала мама. — Поверить не могу. Этот сукин сын меня уволил.

17

Джесс

Джесс все равно спала бы плохо, учитывая, что к прочим бедам добавилась потеря работы в «Перьях». Но большую часть ночи она ухаживала за мистером Николсом. Она никогда еще не видела, чтобы человек был так болен и при этом не кашлял, как чахоточный. К полуночи он превратился в пустую оболочку. В нем буквально ничего не осталось.

— Мне уже лучше, уже лучше, — уверял он.

А через полчаса хватал ведро, которое Джесс вытащила из-под раковины, и выкашливал тонкую струйку зеленой желчи.

Ночь стала странной, бессвязной, часы набегали друг на друга, текучие и бесконечные. Джесс больше не пыталась уснуть. Смотрела на чисто вымытые стены карамельного цвета, читала, дремала. Мистер Николс стонал рядом и время от времени вставал и тащился в туалет. Джесс закрыла дверь в комнату детей и ждала его в маленьком трейлере, иногда засыпала на дальнем конце углового дивана, протягивала мистеру Николсу воду и салфетки, когда он, пошатываясь, возвращался.

Вскоре после трех мистер Николс сказал, что хочет принять душ. Джесс взяла с него обещание не запираться в ванной, отнесла его одежду в прачечную (стиральная машина с сушилкой в сарае) и потратила три фунта двадцать пенсов на стирку при шестидесяти градусах. Мелочи на сушилку у нее не было.

Мистер Николс еще мылся в душе, когда Джесс вернулась в трейлер. Она развесила его вещи на вешалках над обогревателем, надеясь, что они хотя бы немного высохнут к утру, и тихонько постучала в дверь. Ответа не было, только шум бегущей воды и клубы пара. Она заглянула за дверь. Стекло было запотевшим, но она разглядела, что мистер Николс неподвижно лежит на полу. Мгновение она подождала, глядя на его широкую спину, прижатую к стеклянной панели, неожиданно красивую — бледный перевернутый треугольник; затем увидела, как он поднимает руку и устало проводит по лицу.

— Мистер Николс? — прошептала Джесс, вставая у него за спиной. Он не ответил, и она повторила: — Мистер Николс?

Он обернулся и увидел ее и, возможно из-за воды, показался ей самым разбитым человеком в мире. Его глаза покраснели, голова ушла в плечи.

— Вот дерьмо. Я даже встать не могу. А вода остывает, — сказал он.

— Вам помочь?

— Нет. Да. О господи!

— Подождите.

Джесс развернула полотенце, чтобы защитить не то мистера Николса, не то себя, забралась в душ и выключила воду, намочив руку по локоть. Затем присела, чтобы мистер Николс прикрылся, и наклонилась:

— Обхватите меня за шею.

— Вы такая крошечная. Я вас уроню.

— Я сильнее, чем выгляжу. — (Он не пошевелился.) — Вам придется мне помочь. На плечах я вас не унесу.

Мистер Николс закрепил полотенце на талии и обхватил Джесс мокрой рукой. Джесс оперлась о стенку душа, и наконец они встали, покачиваясь. К счастью, трейлер был таким маленьким, что по дороге к дивану мистер Николс мог прислониться к стене. Шатаясь, они дошли до так называемой гостиной, и он рухнул на диванные подушки.

— Вот до чего я докатился, — застонал он, разглядывая ведро, которое Джесс поставила рядом с кроватью.

— Ага. — Джесс изучала слоящиеся обои, краску с пятнами никотина. — В моей жизни тоже бывали субботние вечера получше.

Она приготовила себе чашку чая. Было чуть больше четырех. Ей словно насыпали песка в глаза, голова кружилась. Джесс села и на секунду закрыла веки.

— Спасибо, — слабо произнес мистер Николс.

— За что?

Он с трудом сел прямо:

— За то, что принесли мне рулон туалетной бумаги посреди ночи. За то, что постирали мою отвратительную одежду. За то, что помогли мне выбраться из душа. И за то, что ни разу не намекнули, что я сам виноват, купив сомнительную шаурму в заведении под названием «Кебаб у Кита».

— Несмотря на то, что вы сами виноваты.

— Ну вот. Вы все испортили. — Он снова лег на подушку, закрыв глаза рукой.

Джесс старалась не смотреть на широкие просторы его груди над стратегически расположенным полотенцем. Она и не помнила, когда в последний раз видела обнаженный мужской торс, не считая соревнования паба по пляжному волейболу в прошлом августе. Не надо было слушать Деса.

— Идите в спальню. Там удобнее.

Мистер Николс открыл один глаз:

— А мне дадут одеяло с Губкой Бобом?

— Вам дадут мое розовое полосатое одеяло. Но я обещаю, что это не уронит вашего мужского достоинства.

— А вы где будете спать?

— Здесь. Меня вполне устраивает. — А когда он начал возражать, она добавила: — В любом случае сомневаюсь, что крепко усну.

Он позволил отвести его в крошечную спальню. Со стоном рухнул на кровать, как будто даже это причиняло мучения, и Джесс бережно накрыла его одеялом. Под глазами мистера Николса лежали пепельные тени, язык заплетался.

— Я только пару часов отдохну, и в путь.

— Ну конечно, — заверила Джесс, изучая призрачную бледность его кожи. — Отдыхайте.

— Кстати, а куда нас занесло?

— На Дорогу из желтого кирпича.

— Это где Великий Лев всех спасает?

— Вы перепутали с Нарнией. Здесь лев трусливый и бесполезный.

— Ясно.

И наконец он уснул.

Джесс молча вышла из комнаты. Она лежала на узком диване под персиковым одеялом, пахнущим сыростью и выкуренными украдкой сигаретами, и старалась не поглядывать на часы. Они с Никки изучили карту, пока мистер Николс сидел в туалете, и постарались составить новый, лучший маршрут. Времени полно, сказала себе Джесс. И наконец тоже уснула.

Большую часть утра в комнате мистера Николса царила тишина. Джесс подумывала его разбудить, но всякий раз, направляясь к двери, вспоминала, как он лежал на полу душевой кабинки, и ее пальцы замирали на ручке. Она открыла дверь только тогда, когда Никки заметил, что мистер Николс вполне мог захлебнуться собственной рвотой. Похоже, Никки самую малость расстроился, когда оказалось, что мистер Николс всего лишь крепко спит. Дети прогулялись с Норманом по дороге (Танзи — в темных очках для достоверности), купили продукты в магазине и позавтракали, разбежавшись по углам. Джесс превратила оставшийся хлеб в бутерброды («Обожаю», — сказал Никки), прибралась в трейлере, чтобы чем-то заняться, вышла на улицу и оставила сообщение на автоответчике Деса, еще раз извинившись. Трубку он не взял.

В десять тридцать дверь комнатки со скрипом открылась, и на пороге появился мистер Николс в футболке и трусах-боксерах. Он поднял ладонь в знак приветствия. Он выглядел растерянным, как будто потерпел кораблекрушение и очнулся на острове. Его щеку рассекала длинная вмятина от подушки.

— Мы в...

— Эшби де-ла-Зуш. Или где-то неподалеку. Это не то что «Бичфрант».

— Уже поздно?

— Без четверти одиннадцать.

— Без четверти одиннадцать. Ясно.

На его подбородке пробивалась щетина, волосы топорщились. Джесс притворялась, будто читает книгу. От мистера Николса пахло теплым сонным мужчиной. Она совсем забыла, какой странной властью обладает этот запах.

— Без четверти одиннадцать. — Мистер Николс поскреб подбородок, неуверенно подошел к окну и выглянул на улицу. — А такое чувство, будто я проспал миллион лет. — Он плюхнулся на диванную подушку напротив Джесс и провел рукой по подбородку.

— Эй, приятель, — окликнул его Никки, сидевший рядом с матерью. — Побег из тюрьмы!

— Что?

Никки помахал шариковой ручкой:

— Верните заключенных на место.

Мистер Николс уставился на него и повернулся к Джесс, как бы говоря: «Ваш сын сошел с ума».

— О боже!

— Что — о боже? — нахмурился мистер Николс.

Джесс проследила за взглядом Никки, опустила глаза и тут же отвела.

— Могли бы, по крайней мере, угостить меня ужином. — Она встала и убрала оставшуюся после завтрака посуду.

— О! — Мистер Николс посмотрел вниз и поправил одежду. — Прошу прощения. Извините. Ладно. — Он направился к ванной. — Я... Э... Я... Можно мне еще раз принять душ?

— Мы оставили вам немного горячей воды. — Танзи корпела в углу над экзаменационным заданием. — Вообще-то, всю воду. Вчера от вас ужасно пахло.

Он вышел через двадцать минут. Его волосы были влажными и благоухали шампунем, подбородок был чисто выбрит. Джесс деловито взбалтывала сахар и соль в стакане воды, стараясь не думать о том, что только что видела. Она протянула стакан мистеру Николсу.

— Что это? — скривился он.

— Раствор от обезвоживания. Надо возместить часть того, что вы потеряли прошлой ночью.

— Я должен выпить стакан соленой воды? После того как меня тошнило всю ночь?

— Просто выпейте. — Джесс слишком устала, чтобы с ним спорить.

Пока он морщился и давился, она поджарила простой тост и заварила черный кофе. Мистер Николс сел за маленький пластиковый стол, пригубил кофе, робко откусил тост и через десять минут не без удивления признал, что ему действительно немного лучше.

— Лучше — это в смысле «могу водить машину без эксцессов»?

— Что вы имеете в виду под эксцессами?

— Не сворачивая на придорожные площадки.

— Спасибо, что уточнили. — Он еще раз откусил тост, более уверенно. — Да. Но дайте мне еще минут двадцать. Я хочу убедиться, что мне...

— ...ничего не грозит.

— Ха! — усмехнулся он, и видеть его улыбку оказалось неожиданно приятно. — Да. Вполне. О боже, мне и правда лучше.

Он провел рукой по пластиковой столешнице и сделал большой глоток кофе, вздыхая с явным удовольствием. Доел первый тост, осведомился о добавке и посмотрел вокруг стола.

— Но, знаете, мне будет еще лучше, если вы все перестанете таращиться на меня, пока я ем. А то такое чувство, будто у меня еще что-то где-то торчит.

— Вы бы поняли, — заявил Никки. — Мы бы убежали с криками ужаса.

— Мама сказала, что вы чуть кишки не выплюнули, — сообщила Танзи. — Интересно, на что это похоже.

Мистер Николс посмотрел на Джесс и помешал свой кофе. Он не сводил с нее глаз, пока она не покраснела.

— Честно? В последнее время у меня большинство субботних вечеров такие. — Он допил кофе и поставил чашку. — Ладно. Я в порядке. Негодяйский кебаб побежден. В путь!

Пейзаж менялся с каждой милей, холмы теперь были более крутыми и менее пасторальными, живые изгороди сменились прочным серым камнем. Небо прояснилось, вокруг становилось все светлее, вдали мелькали символы индустриального пейзажа: фабрики из красного кирпича, огромные электростанции, выпускавшие клубы горчичного пара. Джесс украдкой поглядывала на мистера Николса, сперва опасаясь, что он схватится за живот, затем со смутным удовлетворением при виде того, как краски возвращаются на его лицо.

— Вряд ли мы доберемся до Абердина сегодня, — виновато сказал мистер Николс.

— Тогда давайте проедем как можно больше, а последний отрезок — завтра рано утром.

— Именно это я и хотел предложить.

— Времени еще полно.

— Полно.

Мили проносились мимо. Джесс дремала, снова просыпалась и старалась не беспокоиться обо всем, о чем следовало беспокоиться. Она украдкой повернула зеркало, чтобы следить за Никки. Его синяки уже побледнели. Казалось, он немного разговорился. Но все равно был закрыт для нее. Иногда Джесс опасалась, что Никки навсегда останется замкнутым, сколько ни говори, что она любит его, что они его семья. «Слишком поздно, — сказала ее мать, когда Джесс сообщила, что Никки будет жить с ними. — В его возрасте уже ничего не исправить. Я-то знаю».

Ее мать, школьная учительница, могла погрузить три десятка восьмилетних детей в нарколептический транс, провести их через тесты, как пастух загоняет овец в загон. Но на памяти Джесс мать ни разу не улыбнулась ей, как улыбаются матери, глядя на своих детей.

Во многом мать была права. Когда Джесс пошла в среднюю школу, мать сказала ей: «Выбор, который ты сделаешь сейчас, определит всю твою жизнь». Но тогда Джесс понимала одно: мать хочет, чтобы она засушила себя, словно листик в гербарии. Проблема в том, что, когда тебя все время пытаются засушить, в конце концов перестаешь верить даже самым разумным советам.

Когда юная и глупая Джесс стала матерью, ей хватило мудрости признаваться дочери в любви каждый день. Обнимать ее, вытирать ей слезы, переплетаться с ней ногами и вместе плюхаться на диван. Окутать ее любовью. Когда Танзи была совсем маленькой, Джесс спала с ней в обнимку в супружеской постели. Марти плелся в гостевую комнату, ворча, что ему не хватает места. Джесс пропускала его нытье мимо ушей.

А когда через два года появился Никки и все сказали Джесс, что она с ума сошла — брать чужого ребенка, которому уже восемь лет, ребенка со сложным прошлым (ты же знаешь, какими вырастают подобные мальчишки), — она ни на кого не обращала внимания. Потому что сразу увидела: настороженная маленькая тень, которая сторонится даже собственного отца, испытала то же самое, что и она. Джесс хорошо знала, что случается, если мать не прижимает тебя к груди, не твердит все время, что ты лучший ребенок на свете, или просто не замечает, дома ты или нет. Ты замыкаешься в себе. Тебе не нужна мать. Тебе никто не нужен. И ты ждешь, сам того не понимая. Ждешь, что всякий, кто приблизится, разглядит в тебе что-то нехорошее, чего не замечал вначале, охладеет и исчезнет, как морской туман. Потому что с тобой непременно что-то неладно, если даже собственная мать тебя не любит.

Вот почему Джесс не страдала, когда Марти ушел. С чего вдруг? Он не мог причинить ей боль. Ее волновали только дети. Они должны видеть, что мать их любит. Пусть весь мир кидает в тебя камни — если за твоей спиной стоит мать или отец, все будет хорошо. Глубоко внутри ты будешь знать, что любим и заслуживаешь любви. У Джесс было не так уж много поводов для гордости, но она по-настоящему гордилась, что Танзи это знает. Джесс была уверена, что странная маленькая горошинка знает: мать ее любит.

Над Никки Джесс продолжала трудиться.

— Вы не проголодались? — Голос мистера Николса пробудил ее от неглубокого сна.

Она рывком села прямо. У нее затекла шея, изогнутая и жесткая, как проволочная вешалка для одежды.

— Умираю от голода. — Джесс с трудом повернулась к мистеру Николсу. — Заедем куда-нибудь пообедать?

Показалось солнце. Оно струило лучи на широкое открытое зеленое поле слева от машины. Танзи называла такие лучи «пальцами Бога». Джесс полезла в бардачок за картой, чтобы поискать ближайшие кафе.

Мистер Николс взглянул на нее.

— Вообще-то... — немного смущенно начал он, — может, угостите меня сэндвичем?

18

Эд

Гостиница «Олень и гончие» отсутствовала в путеводителях. У нее не было ни сайта в Интернете, ни рекламных брошюр. Догадаться почему, было несложно. Паб одиноко стоял на краю открытой всем ветрам вересковой пустоши, и позеленевшая пластмассовая садовая мебель перед серым фасадом свидетельствовала об отсутствии случайных посетителей или, возможно, о торжестве надежды над опытом. Косметический ремонт в спальнях явно делали несколько десятков лет назад, и они могли похвастать блестящими розовыми обоями, кружевными занавесками и немногочисленными фарфоровыми фигурками вместо полезных вещей, например шампуня или салфеток. В конце коридора на верхнем этаже была общая ванная с сантехникой цвета авокадо (вполне ожидаемо) и рассохшимся розовым мылом. Маленький пузатый телевизор в комнате с двумя кроватями имел всего три канала, и по каждому показывали атмосферные помехи. Обнаружив пластмассовую куклу Барби в вязанном крючком шерстяном бальном платье, примостившуюся на рулоне туалетной бумаги, Никки пришел в восторг.

— А мне здесь нравится. — Он поднес куклу к свету, чтобы рассмотреть блестящий синтетический подол платья. — Настолько ужасно, что даже круто.

Эд не мог поверить, что подобные гостиницы до сих пор существуют. Но он восемь с лишним часов вел машину на скорости сорок миль, номера в «Олене и гончих» стоили по двадцать пять фунтов — цена устроила даже Джесс, — и хозяйка охотно пустила Нормана.

— О, мы обожаем собак. — Миссис Дикинс пробралась через стайку возбужденных померанских шпицев и похлопала себя по голове, на которой красовалось тщательно заколотое шпильками сооружение, похожее на небольшой имбирный каравай. — Мы любим собак больше, чем людей, правда, Джек? — (Откуда-то снизу донеслось ворчание.) — Им определенно легче угодить. Можете устроить своего большого дружка в тепле сегодня ночью, если хотите. Мои девочки с удовольствием познакомятся с новым мужчиной. — Она кокетливо кивнула Эду, открыла две двери и махнула рукой. — Итак, вы устроитесь здесь, мистер и миссис Николс. А ваши дети — по соседству. В этом крыле всего две комнаты, так что весь верхний этаж в вашем распоряжении. На завтрак могу предложить несколько видов хлопьев на выбор. Либо Джек приготовит вам яйца на тосте. Он прекрасно готовит яйца на тосте.

— Спасибо.

Хозяйка протянула им ключи, на долю секунды задержав взгляд.

— Полагаю, вам нравятся... яйца-пашот. Я права? — (Эд обернулся, проверяя, с ним ли она говорит.) — Ну так что, я права?

— Э-э-э... Меня любые удовлетворят. — Он не слишком хотел размышлять о студенистых белых яйцах.

— Вас... удовлетворят... любые, — медленно повторила она, не сводя с него глаз.

Хозяйка подняла одну бровь, еще раз улыбнулась ему и направилась вниз в сопровождении беспокойного пушистого моря собачек. Уголком глаза Эд видел, что Джесс ухмыляется.

— Молчите. — Он бросил сумки на кровать.

— Чур, я первый в ванную. — Никки потер поясницу.

— Мне нужно повторять, — сказала Танзи. — До олимпиады осталось ровно семнадцать с половиной часов. — Она сунула учебники под мышку и скрылась в соседней комнате.

— Давай сначала погуляем с Норманом, милая, — окликнула ее Джесс. — Подышишь свежим воздухом. Потом будет легче уснуть.

Джесс расстегнула сумку и натянула толстовку через голову. Когда она подняла руки, на мгновение мелькнул голый полумесяц живота, бледный и странно волнующий. Ее лицо показалось в горловине толстовки.

— Меня не будет минимум полчаса. Или... могу задержаться подольше. — Она поправила хвостик, взглянула на лестницу и подняла бровь. — Если хотите.

— Очень смешно.

Джесс рассмеялась за дверью. Эд лег на нейлоновое покрывало — волосы немедленно встали дыбом от статического электричества — и достал из кармана телефон.

— Хорошая новость, — сказал Пол Уилкс. — Полицейские закончили предварительное расследование. Мотива твоих действий не выявлено. Свидетельств, что ты извлек прибыль из торговой деятельности Дины Льюис и ее брата, нет. Что более существенно, нет данных, что ты в принципе выиграл от запуска SFAX, не считая роста стоимости акций. Разумеется, твой доход больше, чем у простого держателя акций, учитывая размер твоей доли, но связей с оффшорными счетами или попыток что-то утаить полицейские не нашли.

— Потому что нечего было искать.

— Кроме того, комиссия по расследованию утверждает, что обнаружила несколько счетов на имена родственников Майкла Льюиса, то есть он явно пытался замаскировать свои действия. Из записей торгов следует, что он приобрел большой объем акций перед самым запуском — еще один красный флажок.

— Хорошо. — Сигнал был плохой, и Эд с трудом разбирал слова.

Он встал и подошел к окну. Танзи бегала кругами по саду, радостно вереща. Маленькие тявкающие собачки бегали за ней. Джесс стояла, скрестив руки на груди, и смеялась. Норман сидел посередине и смотрел на остальных — удивленный истукан в море безумия. Эд подумал, что прекрасно понимает собаку, и прижал ладонь к уху.

— Значит, я могу вернуться? Все улажено? — Перед его мысленным взором возник офис, словно мираж в пустыне.

— Придержи коней. Есть новость похуже. Майкл Льюис торговал не только акциями, но и опционами на акции.

— Чем-чем он торговал? — Эд заморгал. — Я не понимаю ваш птичий язык.

— Серьезно? — Пол замолчал. Наверное, закатил глаза в своем кабинете, обшитом деревянными панелями. — Опционы позволяют биржевому маклеру использовать заемный капитал и в результате получить более высокую прибыль.

— Но какое отношение это имеет ко мне?

— Опционы принесли ему такую существенную прибыль, что дело приобрело еще больший размах. И это плавно подводит меня к плохой новости.

— Так это была не плохая новость?

Пол вздохнул:

— Эд, почему ты не сказал, что выписал Дине Льюис чертов чек? — (Эд заморгал. Чек.) — Она положила на свой банковский счет твой чек на пять тысяч фунтов.

— И что?

— А то. — По нарочито медленному и осторожному голосу Пола легко было представить, что он снова закатил глаза. — Это финансовая связь между тобой и махинациями Дины Льюис. Ты частично в ответе за их торговлю.

— Но я всего лишь подкинул ей несколько штук, чтобы помочь! У нее не было денег!

— Извлек ты из этого пользу или нет, ты был финансово заинтересован в Льюис, и это случилось перед самым запуском SFAX. Электронные письма можно было оспорить как неубедительные. Но теперь у нас не просто ее слово против твоего.

Эд смотрел на вересковую пустошь. Танзи прыгала вверх и вниз и махала палкой слюнявому псу. Ее очки перекосились на носу, она смеялась. Джесс подкралась к дочери из-за спины и обняла ее.

— И что это значит?

— Это значит, Эд, что защищать тебя будет намного труднее.

Эд по-настоящему разочаровал отца лишь раз в жизни. Нельзя сказать, что он вообще разочаровал отца, но Эд знал, что отец предпочел бы сына, скроенного по его мерке: прямолинейного, решительного, энергичного. Морпеха-младшего. Но он сумел преодолеть неприязнь, которую втайне испытывал к тихому, придурковатому мальчику, и решил, что, раз столь очевидно не может с ним справиться, дорогое образование поможет.

Тот факт, что скудные сбережения родителей ушли на частную школу для Эда, а не для его сестры, был главной Непризнанной Несправедливостью их семьи. Эд часто задавался вопросом, поступили бы родители так же, если бы знали, какую высокую эмоциональную преграду они соорудили перед Джеммой. Эд так и не смог убедить сестру, что дело исключительно в том, что она была безупречна во всем и родители не видели необходимости ее отсылать. Это Эд целыми днями сидел в своей комнате или у экрана компьютера. Это он был безнадежен во всех видах спорта. Когда он сообщил отцу, что начал бегать каждый день (личный тренер был прав — со временем он полюбил это занятие), тот просиял, словно узнал о скором появлении внука.

Несмотря на многочисленные свидетельства противоположного, его отец был убежден, что дорогая небольшая частная школа с девизом «Человека создает спорт» сделает его сына человеком. «Мы предоставили тебе прекрасные возможности, Эдвард, какие и не снились ни мне, ни твоей матери, — повторял отец. — Не упусти их». В конце первого года обучения отец открыл отчет, обнаружил в нем выражения «замкнутый», «не блещет» и, самое ужасное, «совершенно не командный игрок» и мертвенно побледнел под несчастным взглядом Эда.

Эд не мог сказать отцу, что ему совершенно не нравится эта школа, полная визгливых Генри с длиннющими титулами. Не мог сказать, что, сколько бы его ни заставляли бегать вокруг поля для регби, он так и не полюбил регби. Не мог объяснить, что на самом деле его интересуют пиксели на экране и то, что из них можно создать. И что ему кажется, что это дело всей его жизни. Отец прямо на глазах постарел от разочарования, от того, что все впустую, черт побери, и Эд понял: выбора нет.

— В следующем году я постараюсь как следует, папа, — пообещал он.

Эд Николс должен был явиться в лондонскую полицию через несколько дней.

Он попытался представить лицо отца, когда тот узнает, что его сыну, которым он хвастал перед бывшими сослуживцами, с гордостью заявляя: «Разумеется, я не понимаю, чем именно он занимается, но будущее явно за этим его программным обеспечением», вполне возможно, будет предъявлено обвинение в инсайдерской торговле. Он попытался представить, как голова отца поворачивается на тонкой шее, как его усталое лицо обвисает от потрясения и разочарования, несмотря на попытки его скрыть, как он аккуратно поджимает губы, осознав, что ничего не может сказать или сделать. И едва заметно кивает, признавая, что его сын оказался ничуть не лучше, чем он ожидал.

И тогда Эд принял решение. Он попросит адвоката затянуть судопроизводство, насколько возможно. Потратит все деньги, лишь бы отсрочить объявление о своем предполагаемом преступлении. И не поедет на семейный обед, как бы ни был болен отец. Он окажет ему услугу. Держась подальше, он защищает отца.

Эд Николс стоял в розовом гостиничном номере, пахнувшем освежителем воздуха и разочарованием, смотрел на продуваемую всеми ветрами пустошь, на маленькую девочку, которая лежала на сырой траве и тянула за уши пса с вываленным языком и идиотски восторженной мордой, и не мог понять, почему чувствует себя полным дерьмом, хотя поступает совершенно правильно.

19

Джесс

Танзи нервничала, хотя призналась, что нервничает всего на «тридцать семь процентов, возможно, тридцать восемь». Она не стала ужинать и отказалась спуститься даже на пару минут, чтобы отдохнуть. Свернулась клубочком на розовом нейлоновом покрывале и, доедая остатки завтрака, изучала задания по математике. Джесс была удивлена: ее дочь редко нервничала, если дело касалось математики. Она постаралась успокоить ее, как могла, но это было непросто, ведь она понятия не имела, о чем говорит.

— Мы почти приехали! Все хорошо, Танзи. Не о чем беспокоиться.

— Как, по-твоему, я засну сегодня?

— Ну конечно заснешь.

— Но если я не засну, то могу плохо выступить.

— Ты прекрасно выступишь, даже если вообще не поспишь. Кстати, я не знала, что ты плохо спишь.

— Я переживаю, что слишком распереживаюсь и не смогу уснуть.

— А я не переживаю, что ты распереживаешься. Расслабься. Ты справишься. Все будет хорошо.

Целуя дочь, Джесс заметила, что она сгрызла ногти под корень.

Мистер Николс был в саду. Он расхаживал взад и вперед там же, где они с Танзи гуляли полчаса назад, и оживленно разговаривал по телефону. Несколько раз он остановился и посмотрел на экран, затем забрался на белый пластмассовый садовый стул, наверное, чтобы прием был лучше. Стоял на стуле, жестикулировал и ругался, покачиваясь и совершенно не замечая любопытных взглядов из дома.

Джесс смотрела в окно, не зная, стоит ли мешать мистеру Николсу. Кроме нее, в баре сидели несколько стариков, рядом с хозяйкой, щебетавшей за стойкой. Они равнодушно поглядывали на Джесс поверх кружек с пивом.

— Работа, да? — Хозяйка проследила за ее взглядом.

— О да. Ни минуты покоя, — старательно улыбнулась Джесс. — Я отнесу ему выпить.

Когда она наконец вышла, мистер Николс сидел на низкой каменной стене. Он упирался локтями в колени и смотрел на траву.

Джесс протянула ему кружку, и он мгновение смотрел на нее, прежде чем взять.

— Спасибо. — Он выглядел усталым.

— Все в порядке?

— Нет. — Он приложился к пиву. — Ничего не в порядке.

Джесс села в нескольких футах от него:

— Я могу чем-то помочь?

— Нет.

Они сидели и молчали. Паб был обветшалым, но Джесс это нравилось. Здесь было так тихо — только ветерок, ерошащий вересковую пустошь, крики птиц вдалеке и негромкий гул разговоров в доме. Джесс собиралась похвалить пейзаж, когда голос мистера Николса вспорол неподвижный воздух.

— Твою мать! — яростно произнес мистер Николс. — Твою мать! — (Это было так неожиданно, что Джесс вздрогнула.) — Поверить не могу, что моя чертова жизнь превратилась в этот... кошмар. — Его голос надломился. — Поверить не могу, что столько лет работы пошли псу под хвост. И ради чего? Ради чего, твою мать?!

— Это всего лишь пищевое отравление. Вы...

— Я говорю не о чертовом кебабе. — Он уронил голову на руки. — Но я нс хочу об этом говорить. — Он злобно посмотрел на Джесс.

— Ладно-ладно.

Джесс отпила пива. Она не слишком любила пиво, но на него была скидка. Окно в ванной на втором этаже отворилось, и из него вырвалось облачко пара.

— В том-то все дело. С юридической точки зрения я ни с кем не должен об этом говорить.

Джесс не смотрела на него. Она выучила этот трюк давным-давно: когда Никки только переехал к ним, социальный работник сказал, что мальчик откроется намного больше, если не смотреть ему в глаза. Мужчины, как животные: непосредственный контакт воспринимают как угрозу.

— Я ничего никому не могу рассказать. В смысле, с юридической точки зрения.

Джесс вытянула ноги, любуясь на закат.

— Но я же не считаюсь. Я всего лишь уборщица.

Мистер Николс шумно выдохнул.

— Твою мать! — еще раз повторил он.

И он рассказал ей, опустив голову и ероша пальцами короткие темные волосы. Рассказал о подружке, которую не знал, как половчее бросить, и о бывшей жене, которая до сих пор не оставила его в покое, и о том, как вся его жизнь полетела под откос. Рассказал о своей компании и о том, что сейчас должен быть в офисе, празднуя запуск программы, над которой усердно трудился последние шесть лет. А вместо этого должен держаться подальше от всего и всех, кого знает, и к тому же ему грозит судебное преследование. Рассказал о своем больном отце, которому станет еще хуже, когда он узнает, что случилось. И об адвокате, который только что позвонил и сообщил, что вскоре после возвращения из поездки Эд должен явиться в лондонский полицейский участок, где ему будет предъявлено обвинение в инсайдерской торговле — обвинение, которое может обойтись в двадцать лет заключения. Когда он замолчал, у Джесс кружилась голова.

— Все, ради чего я работал. Все, что было мне дорого. Мне нельзя появляться в собственном офисе. Я не могу даже вернуться в свою квартиру. Вдруг журналисты пронюхают, и я совершу очередную глупость и проболтаюсь. Не могу повидаться с собственным отцом, потому что он умрет с мыслью, что его сын — безнадежный идиот.

Джесс переваривала его рассказ несколько минут. Мистер Николс уныло улыбался, глядя на небо.

— И знаете, что самое замечательное? У меня день рождения.

— Что?

— Сегодня. У меня день рождения.

— Сегодня? Почему вы ничего не сказали?

— Потому что мне тридцать четыре года и в моем возрасте глупо радоваться дням рождения. — Он отпил пива. — И из-за дурацкого пищевого отравления у меня не слишком праздничное настроение. — Он покосился на нее. — К тому же вы могли запеть «С днем рождения» в машине.

— Я спою здесь.

— Пожалуйста, не надо. Все и так ужасно.

У Джесс кружилась голова. Она не подозревала, какое тяжкое бремя лежит на плечах мистера Николса. Будь это кто-нибудь другой, она обняла бы его и попыталась успокоить. Но мистер Николс был слишком раздражителен. И разве его можно винить? Это все равно что предложить пластырь человеку, которому только что ампутировали руку.

— Все наладится, правда, — сказала Джесс, не сумев придумать ничего получше. — Судьба накажет девушку, которая вас подставила.

— Судьба? — скривился мистер Николс.

— Я всегда говорю это детям. Хорошее случается с хорошими людьми. Надо только верить...

— Выходит, я был полным дерьмом.

— Перестаньте. У вас есть собственность. Есть машины. Есть голова на плечах. Есть дорогие адвокаты. Вы можете все исправить.

— Почему вы такая оптимистка?

— Потому что рано или поздно все наладится.

— И это говорит женщина, которой не хватило денег на поезд.

Джесс не сводила глаз с крутого склона холма.

— В честь вашего дня рождения будем считать, что я этого не слышала.

— Простите, — вздохнул мистер Николс. — Я знаю, вы пытаетесь помочь. Но сейчас ваш неослабевающий оптимизм кажется мне утомительным.

— Проехать несколько сотен миль в машине с тремя незнакомыми людьми и большой собакой — вот что действительно утомительно. Ступайте наверх, полежите подольше в ванной, и вам полегчает. Идите.

Мистер Николс побрел в дом, словно приговоренный. Джесс сидела и смотрела на ровную зеленую пустошь. Она попыталась представить, каково это — жить под угрозой тюремного заключения, не иметь возможности приблизиться к любимым вещам или людям. Попыталась представить, каково отбывать срок человеку вроде мистера Николса. А затем решила об этом не думать и всеми фибрами души понадеялась, что Никки не истратил горячую воду.

Через некоторое время Джесс вернулась в паб с пустыми бокалами. Наклонилась через стойку бара, за которой хозяйка смотрела передачу «Дома с молотка». Старики молча сидели за ее спиной и тоже смотрели телевизор либо глядели в свои кружки слезящимися глазами.

— Миссис Дикинс? Видите ли, у моего мужа сегодня день рождения. Вы не могли бы мне помочь?

Мистер Николс наконец спустился вниз в половине девятого в той же одежде, что и днем. И вчера днем. Джесс знала, что он искупался, потому что его волосы были влажными и он побрился.

— Интересно, что у вас в сумке? Труп?

— Что? — Он направился в бар, благоухая мылом «Уилкинсон суорд».

— Вы носите одну и ту же одежду с тех пор, как мы уехали.

Он посмотрел вниз, словно чтобы проверить:

— А! Нет. Это чистая.

— Вы носите одинаковые футболку и джинсы? Каждый день?

— Зато не надо думать, что надеть.

Джесс долго смотрела на него, но решила проглотить все, что вертелось у нее на языке. В конце концов, сегодня его день рождения.

— О! А вы чудесно выглядите, — внезапно произнес он, как будто только что заметил.

Джесс переоделась в голубой сарафан и кардиган. Она приберегала их для олимпиады, но решила, что день рождения важнее.

— Благодарю. Стараюсь соответствовать обстановке.

— Решили на время снять кепку и джинсы, уделанные собачьей шерстью?

— Вы пожалеете о своем сарказме. Потому что у меня в запасе сюрприз.

— Сюрприз? — Мистер Николс внезапно насторожился.

— Приятный сюрприз. Держите. — Джесс протянула ему один из двух бокалов, над которыми немного поколдовала, к удивлению миссис Дикинс. — Полагаю, вы уже неплохо себя чувствуете.

— Что это? — Он с подозрением глядел на бокал.

Здесь не готовили коктейлей с 1987 года, сообщила миссис Дикинс, пока Джесс изучала пыльные бутылки за дозатором.

— Скотч, ликер «Трипл-сек» и апельсиновый сок.

Он сделал глоток. Затем еще один, побольше.

— Неплохо.

— Я знала, что вам понравится. Я приготовила его специально для вас. Он называется «Чертов зануда».

Белый пластмассовый стол стоял на вытертой лужайке. На нем лежали два набора приборов из нержавеющей стали и горела свеча в бутылке из-под вина. Джесс протерла стулья салфеткой и выдвинула стул для мистера Николса:

— Ужин на свежем воздухе. В честь дня рождения. — Мистер Николс с подозрением посмотрел на нее, но она не обратила внимания. — Если вы соблаговолите сесть, я схожу на кухню и сообщу о вашем приходе.

— Надеюсь, на ужин не маффины с завтрака?

— Ну разумеется, не маффины с завтрака. — Джесс притворилась оскорбленной. По дороге на кухню она пробормотала: — Их доели Танзи и Никки.

Когда она вернулась за стол, оказалось, что Норман улегся на ноги мистера Николса. Джесс подозревала, что мистер Николс предпочел бы спихнуть его, но Норман не раз сидел на ее ногах, и она знала, что с места его не сдвинешь. Остается только ждать и молиться, чтобы пес слез раньше, чем ноги почернеют и отвалятся.

— Как вам аперитив?

Мистер Николс посмотрел на свой пустой бокал:

— Превосходно.

— Главное блюдо скоро подадут. Боюсь, сегодня вечером нас будет только двое, поскольку остальные гости приняли другие приглашения.

— Сериал «Улица Ватерлоо» и головоломные алгебраические уравнения?

— Вы нас прекрасно изучили.

Джесс села на свой стул. Миссис Дикинс направилась к ним через лужайку в окружении тявкающих померанских шпицев. С осторожностью метрдотеля, подающего роскошные блюда в пятизвездочном ресторане, она держала на весу две тарелки с большими кусками пирога в фольге и жареной картошкой.

— Держите. — Она поставила тарелки на стол. — Пирог с мясом и почками. От моего соседа Иэна. Он замечательно готовит мясной пирог.

Джесс так проголодалась, что могла бы запросто съесть самого Иэна.

— Потрясающе! Спасибо! — Она положила на колени бумажную салфетку.

Миссис Дикинс оглядывалась по сторонам, как будто видела лужайку впервые.

— Мы никогда здесь не ели. Чудесная идея. Я предложу ее другим клиентам. А вот и ваши коктейли! Я могу сделать еще.

Джесс подумала о стариках в баре, и ей стало неловко. Она передала уксус мистеру Николсу. Он все еще не мог прийти в себя от удивления.

Миссис Дикинс вытерла руки о фартук.

— Что ж, мистер Николс, ваша жена определенно хочет порадовать вас в день рождения, — подмигнула она.

Эд взглянул на нее.

— О! С Джесс никогда не знаешь, чего ожидать. — Он покосился на Джесс.

— И давно вы женаты?

— Десять лет.

— Три года.

— С нами дети от моих прошлых браков. — Джесс разрезала пирог.

— О! Это...

— Я спас ее, — сообщил мистер Николс. — Подобрал на обочине.

— Это правда.

— Как романтично. — Улыбка миссис Дикинс слегка увяла.

— На самом деле нет. Она была арестована.

— Я же все объяснила. Боже, картошка — пальчики оближешь.

— Верно. И полицейские оказались очень понимающими. Учитывая обстоятельства.

Миссис Дикинс попятилась:

— Что ж, это мило. Хорошо, что вы до сих пор вместе.

— Мы неплохо поладили.

— У нас нет выбора.

— Тоже верно.

— Вы не могли бы принести немного красного соуса?

— Чудесная идея, дорогой.

Когда хозяйка испарилась, мистер Николс кивнул на свечу и тарелки. Затем он посмотрел на Джесс, и оказалось, что он больше не хмурится.

— Это лучший пирог с картошкой, какой я когда-либо ел в дурацкой захолустной гостинице на вересковых пустошах Северного Йоркшира.

— Вот и прекрасно. С днем рождения!

Они ели в приятной тишине. Поразительно, насколько легче может стать от горячей еды и довольно крепкого коктейля. Джесс слышала через открытое окно, как Никки смотрит телевизор наверху и время от времени рычит от досады, когда статические помехи прерывают передачу. Вороны нахально каркали на телефонных проводах. Норман застонал и плюхнулся набок, освободив ноги мистера Николса. Мистер Николс задумчиво вытянул ноги, возможно проверяя, не отнялись ли они.

Он посмотрел на Джесс и поднял заново наполненный бокал:

— Серьезно. Мне лучше. Спасибо.

Без очков стало видно, что у него до смешного длинные ресницы. И Джесс особенно остро осознала, что на столе горит свеча. Она попросила поставить ее отчасти в шутку.

— Ну... это самое меньшее, что я могла сделать. Вы спасли нас. Подобрали на обочине. Не знаю, что бы мы делали без вас.

Он наколол вилкой очередной кусок картошки и поднес ко рту:

— Я стараюсь заботиться о своих работниках.

— Пожалуй, мне больше нравилось, когда мы были женаты.

— Ваше здоровье, — улыбнулся он. И это было так искренно и неожиданно, что она невольно улыбнулась в ответ. — За завтрашний день. И за будущее Танзи.

— И чтобы больше никакого дерьма.

— За это я выпью.

Вечер сменился ночью. Переход облегчил крепкий алкоголь и тот приятный факт, что никому не надо спать в машине или постоянно бегать в туалет. Никки спустился, съел кусок пирога и немного жареной картошки, бросил подозрительный взгляд из-под челки на стариков в закутке, которые в ответ посмотрели на него не менее подозрительно, и вернулся в свою комнату к телевизору. Джесс выпила три бокала кислого «Либфраумильх» и сходила проведать Танзи. Она покормила дочь и взяла с нее обещание закончить повторять к десяти.

— Можно я поработаю в твоей комнате? У Никки включен телевизор.

— Конечно, — ответила Джесс.

— От тебя пахнет вином, — упрекнула Танзи.

— Это потому, что мы как бы отдыхаем. Мамам можно пахнуть вином, когда они как бы отдыхают.

— Гмм... — Танзи сурово посмотрела на Джесс и вернулась к своим книгам.

Никки валялся на одной из кроватей и смотрел телевизор. Джесс закрыла за собой дверь и принюхалась:

— Надеюсь, ты не курил?

— Моя нычка у тебя, забыла? Ты сказала, что собираешься ее выбросить.

— Ах да. — Она совершенно забыла. — Но ты смог уснуть без нее. Сегодня и вчера ночью.

— Ммм.

— Правда, здорово?

Никки пожал плечами:

— Полагаю, ты хочешь услышать: «Да, это замечательно, что мне больше не нужны запрещенные вещества, только чтобы уснуть».

— Ладно, ты не мог бы на минутку подняться? Помоги перетащить матрас. — Никки не пошевелился, и Джесс добавила: — Я не могу спать в номере мистера Николса. Мы соорудим дополнительную кровать на полу вашей комнаты, хорошо?

Никки вздохнул, но встал и помог. Джесс заметила, что он больше не морщится, когда двигается. Они положили матрас на ковер рядом с кроватью Танзи, и места почти не осталось. Дверь теперь открывалась всего на шесть дюймов.

— Будет весело, если мне ночью понадобится в уборную.

— Посиди на горшке перед сном. Ты уже большой мальчик.

Она велела Никки выключить телевизор в десять, чтобы не беспокоить Танзи, и оставила детей наверху.

Свеча давно догорела на колючем вечернем ветру, и когда они больше не могли разглядеть друг друга, то перебрались в дом и устроились в самом дальнем от миссис Дикинс и молчаливых стариков углу. Закончив обсуждать родителей и первую работу, они разговорились об отношениях. Джесс рассказала, как однажды Марти подарил ей удлинитель на день рождения и заявил: «Но ты же говорила, что он тебе нужен!» В ответ мистер Николс рассказал ей о своей бывшей, Ларе. Однажды в день ее рождения он заказал машину с водителем, чтобы отвезти ее на завтрак-сюрприз в роскошном отеле с ее друзьями, а потом на шопинг в «Харви Николс» с личным стилистом и неограниченным бюджетом. Когда они встретились за обедом, Лара с кислым видом возмутилась, что он не освободил от работы весь день. Джесс подумала, что с удовольствием врезала бы этой Ларе по ее размалеванной физиономии (она мысленно представила себе кого-то вроде трансвестита).

— Вы должны платить ей алименты?

— Не должен, но платил. Пока она в третий раз не заявилась в мою квартиру и не украла мою вещь.

— Вы ее вернули?

— Дело того не стоило. Если Ларе так хочется иметь трафаретный портрет Мао Цзэдуна — пусть забирает.

— Сколько она стоила?

— Кто?

— Картина.

— Несколько штук.

— Мы с вами говорим на разных языках, мистер Николс. — Джесс изучала его. — Вы поменяли замки?

Он неловко поерзал:

— Это всего лишь вещи... — Должно быть, Джесс поморщилась, потому что он спросил: — Ладно, а сколько вам платит ваш бывший?

— Нисколько.

— Нисколько? — Его брови взметнулись до самых волос. — Совсем ничего?

— У него все валится из рук. Нельзя наказывать человека за то, что у него все валится из рук.

— Даже если это означает, что вам и вашим детям приходится бороться за выживание? Вы правы: мы с вами разговариваем на разных языках.

Как она могла объяснить? У нее ушло два года на то, чтобы понять самой. Она знала, что дети скучают по отцу, но сама втайне испытала облегчение оттого, что Марти ушел. Она испытала облегчение оттого, что не надо больше беспокоиться, что он рискнет их будущим ради очередной непродуманной схемы обогащения. Она устала от его дурного настроения и от того, что дети постоянно его утомляют. Но больше всего она устала оттого, что вечно все делала не так. Марти нравилась шестнадцатилетняя Джесс — сумасбродная, импульсивная, безответственная. Затем он обременил ее ответственностью, и результат его не порадовал.

— Он встанет на ноги и снова будет вносить свой вклад. Но мы и без него справляемся. — Джесс посмотрела наверх, где спали Никки и Танзи. — Мне кажется, это поворотный момент. К тому же вы, наверное, не поймете, и все считают это чуточку странным, но мне повезло, что у меня есть дети. Они добрые и забавные. У них в голове куча идей.

Джесс налила себе еще бокал вина и сделала глоток. Пить определенно становилось все легче. Единственное, что ее волновало, — это зубная эмаль.

— У вас хорошие дети.

— Спасибо, — сказала она. — Знаете, я кое-что осознала сегодня. Последние несколько дней я впервые за долгое время по-настоящему провела с ними. Не работала, не хлопотала по дому, не делала покупки, не пыталась успеть все сразу. Так чудесно просто быть с ними, даже если это звучит глупо.

— Это не звучит глупо.

— И Никки спит. У него вечно бессонница. Не знаю, что вы для него сделали, но он кажется...

— О, мы просто немного уравняли чаши весов.

Джесс подняла бокал:

— Выходит, в ваш день рождения случилось и что-то хорошее — вы помогли моему сыну.

— Это было вчера.

Джесс немного подумала:

— Вас ни разу не стошнило.

— Ладно. Хватит.

Она толком не видела его, сидя рядом на скамье, но то ли от еды, то ли от четырех пинт пива вдобавок к коктейлю, то ли просто от отсутствия необходимости смотреть ей в глаза, мистер Николс наконец расслабился. Он откинулся назад, вытянув длинные ноги под стол. Его нога прикасалась к ее ноге. Джесс мельком подумала, что надо отодвинуться, но не отодвинулась, а теперь и вовсе не могла, ведь это было бы слишком нарочито. Она чувствовала электрическое прикосновение его ноги к голой коже.

И ей это нравилось.

Что-то случилось между пирогом с картошкой и последней парой бокалов, и дело не только в выпивке, и не в том, что они оказались вдали от мира, и не в том, что до пункта назначения оставалось рукой подать. Джесс толком не понимала, в чем дело. Ей хотелось, чтобы мистер Николс не испытывал гнева и отчаяния. Хотелось видеть его широкую сонную ухмылку, которая словно разряжала всю подавленную злобу и позволяла увидеть, каким он был бы, если бы с ним не случилось все это дерьмо. И когда он позволял себе улыбнуться, это было так чудесно и неожиданно, что Джесс невольно расплывалась в улыбке. И вот они сидели, тихо беседовали, прислушивались к гулу телевизора и приглушенным разговорам в баре и время от времени ухмылялись, как два идиота.

— Знаете, я никогда не встречал никого вроде вас, — сказал он.

Он смотрел на стол, явно погрузившись в раздумья. Джесс собиралась пошутить насчет уборщиц, барменш и прочего персонала, но у нее внезапно засосало под ложечкой. Она невольно представила напряженный треугольник его обнаженного торса в душе и задумалась, каков он в постели.

При этой мысли она испытала такое потрясение, что едва не заявила вслух: «Полагаю, было бы неплохо заняться любовью с мистером Николсом». Она отвернулась и залпом выпила оставшиеся полбокала вина, чувствуя горечь неудовлетворенности. Мистер Николс смотрел на нее:

— Только не обижайтесь. Я в хорошем смысле.

— Я не обижаюсь. — У нее порозовели уши.

— Просто вы кажетесь самым оптимистичным человеком, какого я когда-либо встречал. Вы практичны. Вы умеете чинить вещи. Похоже, вы никогда не жалеете себя. Если на вашем пути возникает преграда, вы перелезаете через нее.

— Падая и продирая штаны.

— Но не сдаетесь.

— Если мне помогают.

— Ладно. Я запутался в сравнениях. — Он отпил пива. — Я просто... хотел вам сказать. Я знаю, что наша поездка подходит к концу. Но она мне понравилась. Больше, чем я думал.

— Да. Мне тоже, — бездумно выпалила она.

Они еще немного посидели. Мистер Николс пялился на ее ногу. Джесс гадала, думает ли он о том же, о чем она.

— Знаете что, Джесс?

— Что?

— Вы перестали ерзать.

Они посмотрели друг на друга, и между ними промелькнул безмолвный вопрос. Она хотела отвернуться, но не могла. Мистер Николс был всего лишь способом выпутаться из кошмарной неразберихи. Но теперь Джесс не могла отвести взгляд от его больших темных глаз и невероятно густых волос, зачесанных назад. От пленительной линии верхней губы, похожей на крошечную колыбель.

Ей нужно вернуться в седло.

Он первым отвел глаза.

— Ого! Вы только посмотрите на часы. Уже поздно. Надо хоть немного поспать. Вы сказали, завтра рано вставать. — Он говорил чуть громче, чем следовало. — Да. Уже почти одиннадцать. По моим прикидкам, надо выехать в семь, чтобы добраться до места к полудню. Как вы считаете?

— Э-э-э... Наверное. — Вставая, она покачнулась и попыталась схватить его за руку, но он уже отошел.

Они договорились о раннем завтраке, весьма сердечно пожелали миссис Дикинс доброй ночи и медленно поднялись по лестнице в глубине паба. Джесс толком не разбирала слов. Она остро сознавала, что мистер Николс поднимается по лестнице за ней. Что ее бедра неуверенно покачиваются на ходу. Что у нее голые плечи. Он наблюдает за ней? Ее мысли кружились и ныряли в самых неожиданных направлениях. Она мельком задумалась, что почувствует, если он наклонится и поцелует ее голое плечо. Кажется, при этой мысли она невольно ахнула.

Они остановились на площадке, и Джесс повернулась к мистеру Николсу. Казалось, она разглядела его впервые за... сколько?.. три дня.

— Стало быть, спокойной ночи, Джессика Рей Томас. Через «е» и «и краткое».

Она положила ладонь на дверную ручку. И подняла на него взгляд — на его широкие плечи, чистую стандартную футболку и кроткие печальные глаза. У нее перехватило дыхание. Так давно! Неужели это совсем неудачная мысль? Джесс нажала на ручку и прислонилась к двери:

— До встречи утром.

— Я бы предложил приготовить вам кофе. Но вы все равно встанете первой.

Она не знала, что сказать. Наверное, просто глазела на него.

— Гм... Джесс?

— Да?

— Спасибо. За все. За заботу во время болезни, за сюрприз на день рождения... Если завтра мне не представится случая это сказать... — криво улыбнулся он, — из всех бывших жен вы самая лучшая.

Джесс попыталась улыбнуться в ответ, но у нее пересохло горло. Она толкнула дверь. Она собиралась сказать что-то еще, но ее отвлек тот факт, что дверь не шелохнулась.

Она повернулась и еще раз нажала на ручку. Дверь открылась всего на дюйм.

— Что?

— Я не могу открыть дверь. — Она нажала обеими руками. Не помогло.

Мистер Николс подошел и толкнул дверь. Она открылась чуть шире.

— Дверь не заперта. — Он подергал ручку. — Ее что-то подпирает.

Джесс присела, пытаясь разобраться, в чем дело. Мистер Николс включил свет на площадке. Через щель шириной в два дюйма удалось рассмотреть тушу Нормана с обратной стороны двери. Он лежал на матрасе, повернувшись к Джесс своей широченной спиной.

— Норман, — прошипела Джесс. — Подвинься.

Ноль внимания.

— Норман!

— Если я открою дверь, ему придется проснуться. — Мистер Николс толкнул дверь. Навалился на нее всем телом. Снова толкнул. — О боже!

— Вы плохо знаете мою собаку, — покачала головой Джесс.

Мистер Николс отпустил ручку, и дверь захлопнулась с тихим щелчком. Он и Джесс смотрели друг на друга.

— Что ж... — наконец сказал он. — В моем номере две кровати. Ничего страшного.

— Э-э-э... — поморщилась Джесс, — Норман спит на второй кровати. Я перетащила матрас в эту комнату.

Он устало посмотрел на нее:

— Постучать в дверь?

— Танзи нервничает. Я не могу рисковать ее разбудить. Все в порядке. Я... я... просто посплю в кресле.

Джесс направилась в ванную, прежде чем мистер Николс успел возразить. Умылась и почистила зубы, глядя на порозовевшую от выпивки кожу в зеркале в пластмассовой раме и пытаясь остановить бесконечный круговорот мыслей.

Когда она вернулась в комнату, мистер Николс держал одну из своих темно-серых футболок.

— Возьмите.

Он сунул ей футболку по дороге в ванную. Джесс переоделась, стараясь не обращать внимания на смутную чувственность чистого мужского запаха, вытащила из шкафа запасное одеяло и подушку и свернулась клубочком на кресле, пытаясь подтянуть колени в удобное положение. Ночь будет долгой. Через несколько минут мистер Николс открыл дверь и выключил верхний свет. На нем была белая футболка и синие трусы-боксеры. На ногах выпирали продолговатые мышцы завсегдатая тренажерного зала. Джесс немедленно представила прикосновение его ног к своим. От этой мысли у нее пересохло во рту.

Небольшая кровать со скрипом просела, когда мистер Николс лег.

— Вам удобно? — Он посмотрел на Джесс поверх лавандового покрывала.

— Замечательно! — жизнерадостно заверила она. — А вам?

— Если одна из этих пружин пронзит меня во сне, разрешаю вам вести машину остаток дороги. — Он бросил на нее долгий взгляд через комнату и выключил прикроватную лампу.

Темнота была непроницаемой. Слабый ветер за окном стонал в невидимых щелях камня, шелестели деревья. Хлопнула дверца машины, протестующе взревел мотор. В соседней комнате скулил во сне Норман, тонкая гипсокартонная стенка почти не заглушала звуков. Джесс слышала дыхание мистера Николса и, хотя прошлую ночь провела всего в нескольких дюймах от него, остро ощущала его присутствие, как не ощущала двадцать четыре часа назад. Она вспомнила, как он заставил Никки улыбаться, как его пальцы лежали на руле. Вспомнила, как он сидел на сухой каменной стене, сгорбившись, обхватив голову руками, и рассказывал о том, что потерял, с лицом, искаженным злостью и горечью.

Она подумала о фразе, которую услышала от Никки пару недель назад, — «Живешь только раз» — и вспомнила, как сказала сыну, что считает это оправданием для идиотов, которые делают что хотят, несмотря на последствия.

Она подумала о Лайаме и о том, что он наверняка занимается с кем-нибудь любовью в эту самую минуту — возможно, с той рыженькой барменшей из «Синего попугая» или с голландкой, которая водит цветочный фургон. Подумала о разговоре с Челси, когда девица посоветовала ей врать насчет детей, поскольку никакой мужчина не влюбится в мать-одиночку с двумя детьми. Джесс разозлилась на Челси, потому что в глубине души понимала: она, вероятно, права.

Она подумала, что, даже если мистер Николс не сядет в тюрьму, они вряд ли увидятся после поездки.

А потом, не успев как следует подумать о чем-нибудь еще, Джесс молча выбралась из кресла, уронив одеяло на пол. Понадобилось всего четыре шага, чтобы дойти до кровати, и она помедлила, поджав голые пальцы ног на акриловом ковре, так как до сих пор толком не понимала, что делает. Живешь только раз. В почти полной темноте что-то мелькнуло — мистер Николс повернулся к ней, когда она подняла одеяло и скользнула в кровать.

Джесс прикасалась грудью к его груди, ее прохладные ноги вытянулись вдоль его теплых ног. В его крошечной кровати почти не было места, продавленный матрас прижимал их еще ближе друг к другу, и его край казался отвесным утесом всего в нескольких дюймах за ее спиной. Они были так близки, что она слышала запах его крема после бритья, зубной пасты. Она чувствовала, как вздымается и опускается его грудь, пока ее сердце неровно бьется рядом с его сердцем. Она приподняла голову, пытаясь разобрать выражение его лица. Он положил неожиданно тяжелую правую руку на одеяло, притянув Джесс к себе. Свободной рукой он взял ее ладонь и медленно сжал. Его рука была мягкой, сухой и всего в нескольких дюймах от ее рта. Ей хотелось склонить голову и провести губами по костяшкам его пальцев. Хотелось прильнуть к его рту и ласково покусывать плавный изгиб его верхней губы.

Живешь только раз.

Джесс лежала в темноте, парализованная собственным желанием, тем фактом, что впервые в жизни не знала ответа. Не знала даже вопроса.

— Вы хотите заняться со мной любовью? — спросила она в темноту.

Последовало долгое молчание.

— Вы слышали, что...

— Да, — ответил он. — И... нет.

Он заговорил снова, прежде чем она окаменела.

— Просто я думаю, что это слишком все усложнит.

— Ничего это не усложнит. Мы оба молоды, одиноки, немного выбиты из колеи. И после этой ночи никогда не увидим друг друга.

— Почему?

— Вы вернетесь в Лондон и будете жить в большом городе, а я останусь на побережье, в своем маленьком городке. Не из-за чего переживать.

Он молчал около минуты.

— Джесс... мне так не кажется.

— Я вам не нравлюсь. — По ее коже побежали мурашки от смущения, она внезапно вспомнила, что он говорил о своей бывшей.

Ради всего святого, Лара была моделью! Но даже когда Джесс отодвинулась от него, он крепче сжал ее ладонь и промурлыкал ей на ухо:

— Вы очень красивы.

Она ждала. Его большой палец гладил ее ладонь.

— Тогда... почему вы не хотите со мной переспать? — (Он ничего не ответил.) — Послушайте. Дело вот в чем. У меня не было секса три года. Мне надо вроде как вернуться в седло, и я считаю, что... с вами... это будет чудесно.

— По-вашему, я конь?

— Вовсе нет. Мне нужен метафорический конь.

— Так мы вернулись к запутанным метафорам?

— Послушайте, женщина, которую вы назвали красивой, предлагает вам секс без обязательств. Я не понимаю, в чем проблема.

— Секса без обязательств не бывает.

— Что?

— Все чего-то хотят.

— Я ничего от вас не хочу.

Она ощутила, как он пожал плечами.

— Сейчас — возможно.

— Ого. — Джесс повернулась на бок. — Похоже, она здорово вас задела.

— Я просто...

Джесс провела стопой по его ноге:

— Вы полагаете, что я хочу вас соблазнить? Думаете, я пытаюсь завлечь вас своими женскими уловками? Своими женскими уловками, нейлоновым покрывалом, пирогом и картошкой?

Она переплела свои пальцы с его пальцами и понизила голос до шепота. Она чувствовала себя раскрепощенной и безрассудной. Ей казалось, что она может потерять сознание, так сильно она его хотела.

— Мне не нужны отношения, Эд. Ни с вами, ни с кем-то другим. В моей жизни нет места для «один плюс один». — Она наклонила лицо, так что до его губ оставалось всего несколько дюймов. Она почти чувствовала сладковатый привкус зубной пасты в его дыхании. — Мне казалось, это очевидно.

Он неловко отодвинулся:

— Вы... невероятно убедительны.

— А вы... — Она закинула на него ногу и притянула его ближе. Когда она ощутила его твердость, у нее на мгновение закружилась голова.

Он сглотнул.

Ее губы были в нескольких миллиметрах от его губ. Все нервы ее тела неведомым образом сосредоточились в ее коже. Или, может быть, его коже; она больше не могла отличить.

— Это последняя ночь. Знаете... вы можете высадить нас завтра, и мы больше никогда не увидим друг друга.

В худшем случае обменяемся взглядами поверх пылесоса, и я вспомню замечательную ночь с замечательным парнем, который был действительно замечательным парнем. — Она скользнула губами по его подбородку, чуть колючему от щетины. Ей хотелось его укусить. — А вы, разумеется, вспомните лучший секс в своей жизни.

— И больше ничего. — Его голос был низким, рассеянным.

Джесс придвинулась ближе.

— И больше ничего, — промурлыкала она.

— Из вас вышел бы прекрасный переговорщик.

— Вы замолчите когда-нибудь? — Она чуть подвинулась вперед, пока их губы не встретились. Она еле-еле содрогнулась, почувствовав возбуждающее прикосновение его губ, когда он уступил ей, сладость его рта, а больше ее ничего не волновало. Она хотела его. Она сгорала от страсти. — С днем рождения, — прошептала она.

Он слегка отодвинулся. Она скорее ощутила, чем увидела, что Эд Николс смотрит на нее. Его глаза в темноте были черными, бездонными. Он шевельнул рукой, и когда его ладонь коснулась ее живота, она невольно задрожала.

— Черт! — тихо произнес он. — Черт, черт! — Он застонал и добавил: — Завтра вы скажете мне спасибо.

Он осторожно выбрался из ее объятий, поднялся с кровати, подошел к креслу, сел, с шумным вздохом накрылся одеялом и отвернулся.

20

Эд

Эд Николс думал, что торчать восемь часов на сырой автомобильной парковке — худший способ провести ночь. Затем он решил, что худший способ провести ночь — выворачивать кишки наизнанку в трейлере неподалеку от Дерби. И снова ошибся. Оказывается, худший способ провести ночь — сидеть в крошечной комнате в нескольких футах от подвыпившей привлекательной женщины, которая хотела заняться с тобой любовью и которой ты, как идиот, отказал.

Джесс уснула или притворилась, что уснула, отличить было невозможно. Эд сидел в самом неудобном кресле в мире и смотрел на черное, залитое лунным светом небо через узкую щель в занавесках. Его правая нога уже начала затекать, а левая стопа, торчавшая из-под одеяла, совсем замерзла. Он старался не думать о том, что если бы не выскочил из постели, то мог бы сейчас лежать, обняв Джесс, она закинула бы руки ему на шею, он прижался бы губами к ее коже, ее гибкие ноги обхватили бы его...

Нет.

Он поступил правильно, сказал он себе. Иначе было невозможно. Его жизнь и так достаточно запутанна, без импульсивных уборщиц с эксцентричными родственниками (он тут же возненавидел себя за то, что мысленно назвал Джесс уборщицей). Даже когда непривычно притихшая Джесс прильнула к нему и его мозг начал плавиться, он попытался мыслить логически и с помощью последних функционирующих серых клеточек сделал вывод, что это добром не кончится. Либо а) секс будет ужасен, они разобидятся друг на друга и последние пять часов поездки будут отравлены, либо б) секс будет прекрасен, они проснутся, смутятся и поездка также будет отравлена. Хуже того, есть еще варианты: в) секс будет потрясающим (Эд подозревал, что это наиболее вероятно, — у него до сих пор стоял колом при одной мысли о ее губах), они проникнутся друг к другу чувствами на основании простого сексуального влечения и либо г) будут вынуждены смириться с тем фактом, что у них нет ничего общего и они совершенно не подходят друг другу во всех остальных отношениях, либо д) обнаружат, что не так уж не подходят друг другу, но его посадят в тюрьму. И все это без учета пункта е) у Джесс есть дети. Дети, которым нужна надежная опора, а не кто-то вроде него. В принципе, дети ему нравились, примерно так же, как полуостров Индостан. Приятно знать, что он существует, но Эд ничего о нем не знал и никогда не испытывал особого желания на нем побывать.

И обязательно следует добавить пункт ж) он явно не умеет строить отношения, совсем недавно развязался с двумя самыми катастрофическими романами, какие только можно представить, а шансы, что на этот раз все получится лишь на основании долгой автомобильной поездки, в которую он ввязался, потому что не мог придумать, как отказаться, несомненно, ниже плинтуса.

К тому же разговор о конях был, по правде говоря, странным.

Эти пункты можно было дополнить менее вероятными вариантами. Что, если Джесс — психопатка и уверяет, будто ей не нужны отношения, только чтобы ослабить его бдительность? Конечно, она не похожа на подобную женщину.

Но Дина тоже была не похожа.

Эд сидел, обдумывал эти и другие запутанные проблемы и жалел, что не может посоветоваться с Ронаном, пока небо не стало оранжевым, а затем пронзительно-голубым. У него совсем затекла нога, и похмелье, недавно заявившее о себе смутным напряжением в висках, превратилось в сокрушительную, раскалывающую голову боль. Эд старался не смотреть на девушку, спящую в кровати в нескольких футах от него, пока очертания ее лица и тела под одеялом проступали в разгорающемся свете.

И еще он старался не тосковать по временам, когда заняться сексом с привлекательной женщиной означало всего лишь заняться сексом с привлекательной женщиной, а не пытаться решить серию таких запутанных и маловероятных уравнений, что, наверное, только Танзи могла бы отчасти в них разобраться.

— Скорее. Мы опаздываем. — Джесс тащила в машину Никки, бледного зомби в футболке.

— Я не позавтракал.

— Это потому, что ты не встал, когда я говорила. Купим что-нибудь по дороге. Танзи! Танзи? Пес сходил в туалет?

Утреннее небо было свинцовым и словно давило на головы. Легкая морось обещала проливной дождь. Эд сидел на водительском месте, а Джесс деятельным вихрем носилась вокруг, наставляя, упрекая и обещая. Она занималась этим с тех пор, как Эд с трудом продрал глаза после, кажется, двадцатиминутного сна. Собирала и паковала вещи, тащила сумки вниз, надзирала за завтраком. И кажется, ни разу не посмотрела ему в глаза. Танзи молча забралась на заднее сиденье.

— Ты в порядке? — Эд зевнул и посмотрел на девочку в зеркало заднего вида. Она молча кивнула. — Нервничаешь? — (Она промолчала.) — Тебя тошнит? — (Она кивнула.) — В этой поездке всех тошнит. Все будет хорошо. Правда.

Она посмотрела на него, как он посмотрел бы на любого взрослого, скажи тот ему, что все будет хорошо, и отвернулась к окну. Ее лицо было круглым и бледным, глаза порозовели от усталости. Наверняка допоздна повторяла пройденное.

— Ладно. — Джесс запихнула Нормана на заднее сиденье. Машину наполнил почти невыносимый запах мокрой псины. Джесс проверила ремень безопасности Танзи, забралась на пассажирское сиденье и наконец повернулась к Эду. Ее лицо было непроницаемым. — Поехали.

Машина Эда больше не была похожа на его машину. Всего за три дня ее безупречный кремовый салон приобрел новые запахи и пятна, был покрыт тонким слоем собачьей шерсти, на сиденьях валялись свитера и ботинки. Под ногами хрустели обертки от конфет и чипсы. Настройки радиостанций сбились.

Но что-то случилось, пока Эд вел машину на скорости сорок миль в час. Слабое ощущение, что он должен быть где-то в другом месте, незаметно начало исчезать.

Он перестал пытаться представить, что будет дальше, перестал бояться телефонных звонков, перестал гадать, есть ли шанс, что Дина Льюис решит не топить его вместе с собой... и просто начал жить. Эд Николс спокойно ехал милю за милей в раннем утреннем тумане, достаточно медленно, чтобы замечать окрестности, неуловимые изменения пейзажа, жизнь, кипящую в маленьких ярмарочных городках и больших городах. Он обнаружил, что поглядывает на людей, мимо которых они проезжают, на людей, которые покупают еду, сидят за рулем, ведут детей в школу и из школы в мирах, бесконечно далеких от его собственного, понятия не имея о его маленькой драме в нескольких сотнях миль к югу. Это словно заставило все съежиться, превратиться в макет проблемы, а не в нависшую над головой катастрофу.

Он вел машину, и, несмотря на подчеркнутое молчание женщины на соседнем сиденье, сонное лицо Никки в зеркале заднего вида («До Одиннадцати Часов Утра подростки ни на что не годятся», — пояснила Танзи) и периодические зловонные выхлопы пса, чем больше они приближались к месту назначения, тем яснее ему становилось, что он совершенно не испытывает того облегчения, которое ожидал испытать, когда вернет себе контроль над собственной машиной и жизнью. Его чувства были более сложными. Эд покрутил настройки динамиков, чтобы музыка ревела на задних сиденьях и временно заглохла на передних.

— С вами все хорошо?

— Со мной все хорошо, — ответила Джесс, не глядя на него.

Эд обернулся, проверяя, что никто не подслушивает.

— Я насчет прошлой ночи... — начал он.

— Забудьте.

Он хотел сказать ей, что сожалеет. Хотел сказать, что его тело буквально болело от усилий не забраться обратно в продавленную узкую кровать. Но смысл? Как Джесс сказала прошлым вечером, вряд ли они встретятся снова.

— Я не могу забыть. Я хотел объяснить...

— Нечего объяснять. Вы были правы. Это была дурацкая идея. — Она поджала ноги, отвернулась и уставилась в окно.

— Моя жизнь слишком...

— Я серьезно. Ничего страшного. Просто я... — Она глубоко вздохнула. — Просто я беспокоюсь, успеем ли мы на олимпиаду.

— Но я не хочу, чтобы все так закончилось.

— Нечему заканчиваться. — Она положила ноги на приборную панель, словно поставила точку. — Вперед.

— Сколько миль до Абердина? — Танзи просунула лицо между передними сиденьями.

— Осталось?

— Нет. От Саутгемптона.

Эд вытащил из куртки телефон и протянул ей:

— Посмотри в приложении «Карты».

— Примерно пятьсот восемьдесят? — постучала она по экрану, нахмурив лоб.

— Похоже на правду.

— То есть со скоростью сорок миль в час надо ехать не меньше шести часов в день. А если бы меня не тошнило, мы бы доехали...

— За день. Максимум.

— За день. — Танзи переваривала это, не сводя глаз с шотландских холмов вдалеке. — Но зато мы приятно провели время, правда?

Эд покосился на Джесс:

— Правда.

Через мгновение Джесс взглянула на него.

— Конечно, милая, — чуть помолчав, ответила она с печальной улыбкой. — Просто замечательно.

Машина пожирала мили незаметно и эффективно. Они пересекли шотландскую границу, и Эд попытался устроить радостный визг по этому поводу, но безуспешно. Они остановились, чтобы Танзи сходила в туалет, и еще раз через двадцать минут, чтобы в туалет сходил Никки («Я не издеваюсь. Когда Танзи ходила, я не хотел»), и три раза из-за Нормана (два из них — ложные тревоги). Джесс молча сидела рядом с Эдом, посматривала на часы и грызла ногти. На ней по-прежнему были шлепанцы. Наверное, у нее мерзнут ноги. Никки мутным взглядом смотрел в окно на пустынный пейзаж, редкие каменные дома среди покатых холмов. Эд задумался, что ждет паренька, когда поездка закончится. Ему хотелось дать ему еще полсотни добрых советов, но он попытался представить, как кто-то дает ему советы в том же возрасте, и решил, что просто пропустил бы их мимо ушей. Как Джесс сможет обеспечить безопасность сына, когда они вернутся домой?

Зазвонил телефон, Эд взглянул на экран, и у него екнуло сердце.

— Лара.

— Эдуардо! Милый! Мне нужно поговорить с тобой о квартире.

Он заметил, что Джесс внезапно окаменела и покосилась на него. Неожиданно он пожалел, что ответил на звонок.

— Лара, я не собираюсь это сейчас обсуждать.

— Это не так уж и дорого. Для тебя. Я поговорила со своим адвокатом, и он считает, что тебе не составит ни малейшего труда заплатить.

— Я же говорил тебе, Лара, мы заключили окончательное соглашение.

Внезапно он осознал, что трое людей в его машине напряженно замерли.

— Эдуардо! Милый! Мне нужно уладить с тобой этот вопрос.

— Лара...

Прежде чем он успел ответить, Джесс забрала у него трубку.

— Привет, Лара, — сказала она. — Это Джесс. Мне очень жаль, но он не может платить за твою квартиру, так что хватит ему названивать.

Короткое молчание. Взрыв.

— Это кто?

— Его новая жена. Кстати, он хотел бы получить назад своего председателя Мао. Ты не могла бы занести картину его адвокату? В любое удобное время. Заранее спасибо.

Последовала тишина — как за пару секунд до ядерного взрыва. Но прежде чем к Ларе вернулся дар речи, Джесс нажала на кнопку отбоя и вернула Эду телефон. Он осторожно взял его и выключил.

— Спасибо, — произнес он. — Наверное.

— Пожалуйста, — не глядя, сказала она.

Эд взглянул в зеркало заднего вида. Он не был уверен, но, кажется, Никки изо всех сил пытался не рассмеяться.

Где-то между Эдинбургом и Данди они затормозили на узком лесистом проселке из-за стада коров. Животные окружили машину, со смутным любопытством изучая ее обитателей. Глянцевые шкуры ходили ходуном, глаза вращались в покрытых черной шерстью головах. Норман глядел на коров, окаменев от замешательства и ярости. Танзи сняла очки и потерла глаза, подслеповато глядя на окружающих.

— Абердин-ангусская порода, — сообщил Никки.

Внезапно Норман метнулся к окну, рыча и лязгая зубами. Машину перекосило, оглушительный лай метался по салону, усиленный замкнутым пространством. Заднее сиденье превратилось в беспорядочную путаницу рук и лап. Никки и Джесс пытались дотянуться до Нормана.

— Мама!

— Норман! Прекрати! — Пес сидел на Танзи, прижавшись мордой к окну. Эд видел только розовую куртку, трепыхающуюся под ним.

Джесс бросилась на собаку и схватила ее за ошейник. Они оттащили Нормана от окна. Пес пронзительно и истерично скулил, пытался вырваться, забрызгал весь салон слюной.

— Норман, вот кретин! Что за черт...

— Он никогда раньше не видел коровы. — Танзи пыталась сесть прямо и, как всегда, защищала собаку.

— О господи, Норман!

— Ты цела, Танзи?

— Да, цела.

Коровы шли мимо, никак не реагируя на вспышку ярости пса. Сквозь запотевшие окна с трудом можно было различить фермера, медленно и равнодушно бредущего за стадом той же деревянной походкой, что и его четвероногие подопечные. Проходя мимо, он едва заметно кивнул, как будто ему совершенно некуда было спешить. Норман скулил и рвался из ошейника.

— Никогда раньше не видела его таким. — Джесс поправила волосы, надула щеки и выдохнула. — Может, он учуял говядину?

— Я и не знал, что в нем такое таится, — заметил Эд.

— Мои очки. — Танзи подняла перекрученный кусок металла. — Мама! Норман сломал мои очки.

Была четверть одиннадцатого.

— Я ничего не вижу без очков.

Джесс посмотрела на Эда. Вот дерьмо!

— Ладно, — сказал Эд. — Возьми полиэтиленовый пакет. Я собираюсь прибавить ходу.

Машина мчалась на большой скорости, холодный ветер с ревом рвался в открытые окна, мешая разговорам. Шотландские дороги были широкими и пустынными, и Эд ехал так быстро, что навигатор постоянно пересчитывал время до прибытия. Каждая выигранная минута казалась ему ударом воздушного кулака в голову. Танзи дважды стошнило. Эд отказался остановиться, чтобы ее вырвало на дорогу.

— Ей действительно плохо.

— Я нормально себя чувствую, — все время повторяла Танзи, опустив лицо в полиэтиленовый пакет. — Правда.

— Может, остановимся, милая? Всего на минутку?

— Нет. Едем. Буэ-э-э...

Времени останавливаться не было. От этого поездка не становилась более приятной. Никки отвернулся от сестры, зажав рукой нос. Даже Норман высунул голову как можно дальше на улицу.

Эд мчался как в рекламе роскошной машины: по пустым изгибам дороги, вдоль извилистого подножия открытых всем ветрам древних холмов. Машина держала сцепление со скользким асфальтом, как будто была для этого создана. Эд забыл, что замерз, что салон автомобиля практически испорчен, что его жизнь превратилась в хаос. Он полностью сосредоточился на том, чтобы ехать как можно быстрее и безопаснее, и среди восхитительных пейзажей на него снизошло просветление. Просветление, которое прерывал только кашель ребенка, которого тошнило в очередной пакет.

Эд довезет их до места. Он не просто был уверен в этом — он это знал. Он видел цель так ясно, как не видел ее много месяцев. И когда Абердин наконец забрезжил на горизонте со своими просторными серебристо-серыми зданиями и неожиданно современными небоскребами, мысли Эда помчались еще быстрее. Он направил машину в центр, наблюдая, как дороги сужаются и превращаются в булыжные мостовые. Углубились в доки, проехали мимо огромных танкеров и застряли в пробке. Уверенность Эда начала медленно, но неуклонно ослабевать. Тишина в машине становилась все более тревожной. Эд жал на кнопки в поисках объезда, но все варианты были бессмысленными и не давали выигрыша во времени. Навигатор начал работать против него, прибавляя минуты, которые вычел. Пятнадцать, девятнадцать, двадцать две минуты до здания университета. Двадцать пять минут. Слишком много.

— Почему мы стоим? — спросила Джесс в пустоту. Она нажимала кнопки радио, пытаясь найти информацию о пробках. — Что-то случилось?

— Просто затор.

— Что за бред, — сказал Никки. — Ну разумеется, пробка — это затор. Что же еще?

— Например, авария, — сказала Танзи.

— Но пробка сама по себе мешает движению. Так что проблема все равно в заторе.

— Нет, когда машины едут медленнее оттого, что их слишком много, — это совсем другое.

— А результат один и тот же.

— Но это неточное описание.

Джесс уставилась на навигатор.:

— Мы приехали куда надо? Я думала, доки рядом с университетом.

— Надо проехать через доки, чтобы попасть в университет.

— Вы уверены?

— Я уверен, Джесс. — Эд старался подавить напряжение в голосе. — Посмотрите на навигатор.

Последовало краткое молчание. Светофор впереди дважды загорелся зеленым, но никто даже с места не сдвинулся. Джесс, наоборот, непрерывно двигалась, ерзала, оглядывалась по сторонам в поисках свободного пути, который они просмотрели. Эд ее не винил. Он чувствовал то же самое.

— Боюсь, мы не успеем купить новые очки, — пробормотал он, когда светофор в четвертый раз загорелся зеленым.

— Но Танзи без них ничего не видит.

— Если мы отправимся на поиски аптеки, то не успеем к полудню.

Джесс закусила губу и повернулась:

— Танзи? Ты можешь смотреть через второе стекло?

Из пакета вынырнуло бледное зеленое лицо.

— Я попробую.

Автомобили окончательно остановились. Все притихли, напряжение в машине мучительно нарастало. Когда Норман заскулил, все хором зарычали: «Заткнись, Норман!» Эд чувствовал, что у него растет давление, как будто бремя ответственности становится все тяжелее. Надо было выехать на полчаса раньше. Надо было продумать дорогу как следует. А если они опоздают? Эд покосился на Джесс, которая нервно барабанила по колену. Наверное, она думает о том же. Наконец дорога необъяснимым образом расчистилась, как будто боги играли с ними, словно кошка с мышкой.

Эд мчался по мощеным улицам. Джесс вопила: «НО! НО!», навалившись на приборную панель, как будто была кучером и правила лошадью. Эда так заносило на поворотах, что навигатор начинал бормотать что-то непонятное. Эд въехал в университетский городок на двух колесах и следовал за маленькими печатными указателями, как попало расставленными на разномастных столбиках, пока не отыскал корпус Даунса — малопривлекательное административное здание, построенное в семидесятых годах из того же серого гранита, что и все остальное.

Машина с визгом въехала на парковку и замерла. Эд протяжно выдохнул и посмотрел на часы. Без шести минут двенадцать.

— Вот и все?

— Вот и все.

Джесс внезапно застыла, словно не могла поверить, что они наконец на месте. Затем расстегнула ремень и уставилась на автомобильную парковку, на мальчишек, которые разгуливали вокруг, как будто никуда не спешили. Одни читали электронные устройства, других сопровождали заметно нервничающие родители. На всех была форма разных частных школ.

— Я думала, это будет... масштабнее, — произнесла Джесс.

Никки смотрел на окружающий пейзаж сквозь серую морось:

— Ну конечно. Соревнование по математике — кассовое зрелище!

— Я ничего не вижу, — пожаловалась Танзи.

— Идите, регистрируйтесь. Я куплю очки.

Джесс повернулась к Эду.

— Но мы не захватили рецепта.

— Как-нибудь разберусь. Идите. ИДИТЕ.

Он видел, как она смотрит ему вслед, когда он юзом выехал с парковки и помчался обратно в городской центр.

Через семь минут и три попытки Эд сумел найти достаточно крупную аптеку, в которой продавали очки для чтения. Он затормозил так резко, что Норман упал вперед и стукнулся своей большой головой о его плечо. Ворча, пес заново устроился на заднем сиденье.

— Сидеть, — скомандовал Эд и бросился внутрь.

В аптеке никого не было, не считая пожилой женщины с корзинкой и двух продавцов, беседующих приглушенными голосами. Эд метался между полок с тампонами и зубными щетками, мозольными пластырями и уцененными рождественскими подарочными наборами, пока наконец не нашел нужную стойку рядом с кассой. Черт побери! Ну почему он не спросил, дальнозоркость у Танзи или близорукость? Он потянулся за телефоном, но вспомнил, что у него нет номера Джесс.

— Черт! Черт! Черт! — Эд стоял и строил догадки. Очки Танзи выглядели довольно сильными. Он ни разу не видел ее без очков. Вероятно, у нее близорукость? Дети чаще всего близоруки. Это взрослым приходится отодвигать предметы подальше, чтобы их разглядеть. Эд помедлил секунд десять и после мгновенного колебания снял со стойки все очки, для дальнозорких и близоруких, средней и сильной степени коррекции и бросил на прилавок груду прозрачных стекол в пластмассовых оправах.

Продавщица оторвалась от беседы с пожилой женщиной. Посмотрела на груду очков и на Эда. Обратила внимание на слюну на его воротнике. Эд украдкой попытался вытереть воротник рукавом, но только размазал пятно.

— Все. Беру все, — сказал Эд. — Но только если вы можете пробить покупку быстрее чем за тридцать секунд.

Продавщица взглянула на своего начальника, который пристально посмотрел на Эда и едва заметно кивнул. Девушка молча начала пробивать очки, аккуратно укладывая каждую пару в пакет.

— Не надо. Нет времени. Просто бросайте их внутрь. — Эд протиснулся мимо нее, чтобы запихивать очки в полиэтиленовый пакет.

— У вас есть дисконтная карта?

— Нет. У меня нет дисконтной карты.

— У нас сегодня специальное предложение: три диетических батончика по цене двух. Хотите...

Эд пытался сгрести очки, которые упали со стойки.

— Никаких диетических батончиков, — заявил он. — Никаких предложений. Спасибо.

— Сто семьдесят четыре фунта, — наконец сказала продавщица. — Сэр.

Она обернулась, как будто наполовину ожидала, что сейчас кто-то скажет: «Вас снимает скрытая камера!» Но Эд лишь набрал пин-код, схватил пакет и побежал к машине.

— Ну и манеры, — бросила продавщица ему в спину с густым шотландским акцентом.

Когда он вернулся, на парковке было пусто. Эд остановился у самого входа, предоставил Норману устало карабкаться обратно на заднее сиденье и побежал по гулкому коридору.

— Соревнование по математике? Соревнование по математике? — спрашивал он каждого встречного. Мужчина молча указал на заламинированную табличку. Эд взлетел на следующий этаж, перескакивая через ступеньку, пробежал по очередному коридору и оказался в приемной. За столом сидели двое мужчин. Напротив стояли Джесс и Никки. Эд шагнул к ним.

— Достал. — Он триумфально поднял пакет. Он так задыхался, что едва мог говорить.

— Танзи уже зашла, — сказала Джесс. — Олимпиада началась.

Эд посмотрел на часы, тяжело дыша. Семь минут первого.

— Прошу прощения, — обратился он к мужчине за столом. — Мне нужно передать очки девочке за дверью.

Мужчина медленно поднял глаза. Он разглядывал полиэтиленовый пакет, который Эд держал перед ним.

Эд наклонился над столом и сунул ему пакет.

— Она сломала очки по дороге сюда. Она ничего не видит без них.

— Прошу прощения, сэр. Я не могу вас впустить.

Эд кивнул.

— Еще как можете. Послушайте, я не пытаюсь обмануть или украдкой передать подсказку. Просто я не знал, какие очки она носит, и мне пришлось купить все, что есть. Можете проверить их. Каждую пару. Смотрите. Никаких секретных кодов. Только очки. — Он держал перед собой открытый пакет. — Отнесите ей очки, чтобы она могла найти подходящую пару.

Мужчина медленно покачал головой:

— Сэр, мы не можем нарушить порядок...

— Еще как можете. Это крайняя необходимость.

— Это правила.

Эд пристально смотрел на него ровно десять секунд. Затем выпрямился, прижал ладонь к голове и пошел прочь. Он чувствовал, как его распирает от давления, словно чайник, подскакивающий на плите.

— Знаете что? — Эд медленно обернулся. — Мы целых три дня добирались сюда. За эти три дня моя новенькая машина провоняла рвотой, а что пес сотворил с обивкой — неприлично сказать. Да я вообще не люблю собак! Я провел ночь в машине с незнакомкой. В плохом смысле «провел ночь». Я жил в гостиницах, каких врагу не пожелаешь. Я съел яблоко, которое побывало в тесных джинсах подростка, и кебаб, наверняка с человечиной. Я оставил в Лондоне совершенно жуткий личный кризис и проехал пятьсот восемьдесят миль с людьми, которых толком не знаю — совершенно замечательными людьми, — потому что даже мне было ясно, что это соревнование очень-очень важно для них. Жизненно важно. Потому что эту маленькую девочку интересует только математика. И если она не получит хоть какие-то очки, то не сможет участвовать в вашем соревновании в полную силу. А если она не сможет соревноваться в полную силу, она упустит свой единственный шанс пойти в школу, в которую ей очень-очень надо пойти. И если это случится, знаете, что я сделаю? — (Мужчина смотрел на него.) — Я зайду в эту комнату, соберу все ваши бумаги по математике и порву на мелкие кусочки. Очень-очень быстро, прежде чем вы успеете вызвать охрану. И знаете, почему я это сделаю?

— Нет. — Мужчина сглотнул.

— Потому что все это не может быть напрасно. — Эд наклонился к нему. — Не может. И потому что сейчас, в эту самую минуту, я совершенно уверен, что мне нечего терять.

С лицом Эда что-то случилось. Это было ясно по тому, как его черты словно плавились и принимали незнакомые формы. Это было ясно по тому, как мужчина за столом смотрел на него. Это было ясно по тому, как Джесс шагнула вперед, осторожно положила ладонь Эду на руку и протянула мужчине пакет с очками.

— Мы будем очень благодарны, если вы возьмете ее очки, — тихо сказала она.

Мужчина встал, обошел стол и направился к двери. Он не сводил глаз с Эда.

— Я попробую что-нибудь сделать, — пообещал он. И осторожно закрыл за собой дверь.

Они молча вышли к машине, не обращая внимания на дождь. Джесс выгрузила сумки. Никки стоял в стороне, засунув руки в карманы джинсов как можно глубже. Учитывая, что джинсы были тесные — не слишком глубоко.

— Что ж, мы это сделали. — Джесс слегка улыбнулась.

— Я же говорил, что успеем. — Эд кивнул на машину. — Подождать, пока Танзи закончит?

Джесс наморщила нос:

— Нет. Спасибо. Мы и так отняли у вас много времени.

Улыбка Эда немного увяла.

— Где вы собираетесь ночевать?

— Если Танзи выиграет, возможно, побалую нас роскошным отелем. Если проиграет... — Джесс пожала плечами. — На автобусной остановке.

По ее тону было ясно, что она в это не верит.

Она подошла к задней дверце. Норман посмотрел на дождь, решил не выходить и поднял взгляд на Джесс. Она засунула голову в машину.

— Норман, нам пора.

На мокрой земле позади «ауди» лежала небольшая кучка сумок. Она достала из сумки куртку и протянула Никки:

— Надень, а то холодно.

— Так... значит... вот и... все? — У воздуха был соленый привкус моря. Внезапно он напомнил Эду «Бичфрант».

— Вот и все. Спасибо, что подбросили. Я... Мы... Все очень вам благодарны. За очки. И за все остальное.

Они впервые внимательно посмотрели друг на друга, и у Эда на языке вертелся миллион вопросов.

Никки неуклюже поднял руку:

— Ага, мистер Николс. Спасибо.

— Да! Вот. — Эд вынул из кармана телефон, который достал из бардачка, и бросил Никки. — Это запасной. Он мне... э-э-э... больше не нужен.

— Серьезно? — Никки поймал телефон одной рукой и недоверчиво уставился на экран.

— Мы не можем это взять, — нахмурилась Джесс. — Вы и так очень много для нас сделали.

— Пустяки. Правда. Если Никки не возьмет телефон, мне придется сдать его в утиль. Вы только сбережете мне время.

Джесс посмотрела себе под ноги, словно собиралась сказать что-то еще. Затем подняла взгляд и проворно стянула волосы в хвостик, в чем не было ни малейшей нужды.

— Что ж. Еще раз спасибо. — Она протянула Эду руку. Он помедлил и пожал ее, стараясь отогнать внезапно вспыхнувшее перед глазами воспоминание о вчерашнем вечере. — Удачи вам с отцом. И с обедом. И с работой. Я уверена, все будет хорошо. Помните, хорошие вещи случаются.

Когда она отняла руку, у него возникло странное чувство, будто он что-то потерял. Она отвернулась и посмотрела через плечо:

— Ладно. Пойдем поищем сухое место для вещей.

— Подождите! — Эд достал из куртки визитную карточку, нацарапал номер и подошел к Джесс. — Позвоните мне.

Одна из цифр смазалась. Эд заметил, что Джесс на нее смотрит.

— Это тройка. — Он поправил цифру и сунул руки в карманы, точно неуклюжий подросток. — Сообщите, как дела у Танзи. Пожалуйста.

Джесс кивнула с непроницаемым лицом. И ушла, ведя мальчишку перед собой, словно бдительный пастух. Эд стоял и смотрел, как они тащат свои неподъемные сумки и пыхтящего упрямого пса и исчезают за углом серого бетонного здания.

В машине царила мертвенная тишина. Эд привык к слегка запотевшим окнам, смутному ощущению постоянного движения, к тому, что находился в замкнутом пространстве с другими людьми. К приглушенному писку игровой приставки Никки. К непрерывному ерзанью Джесс. Теперь же Эд разглядывал салон машины, покрытый длинной черной шерстью и призрачными следами высохшей слюны в середине заднего сиденья, где лежал Норман, и ему казалось, будто он стоит в покинутом доме. Он видел крошки и яблочный огрызок, засунутый в пепельницу, растаявший шоколад, сложенную газету в кармане сиденья. Его влажная одежда висела на проволочных вешалках на задних окнах. Эд обнаружил под сиденьем учебник по математике — очевидно, Танзи забыла его, когда выскакивала из машины. Наверное, надо вернуть? Хотя зачем? Слишком поздно.

Слишком поздно.

Эд сидел на серой промозглой парковке, глядя, как последние родители идут к машинам, убивая время в ожидании своих подопечных. Он положил голову на руль и какое-то время не двигался. Затем, когда осталась только его машина, вставил ключ в зажигание и наконец поехал.

Эд проехал около двадцати миль, прежде чем понял, насколько устал. Сочетание трех бессонных ночей, похмелья и сотен миль за рулем оглушило, словно ядро для разрушения зданий, и он почувствовал, что у него слипаются веки. Он включил радио, открыл окна, а когда это не помогло, заехал в придорожное кафе выпить кофе.

Кафе было наполовину пустым, несмотря на обеденное время. В углу повар разогревал какое-то невидимое блюдо быстрого приготовления на темной от жира сковородке, сдвинув колпак на затылок. Двое мужчин в костюмах сидели в противоположных углах зала, углубившись в мобильные телефоны и бумаги; на стене за ними предлагалось шестнадцать разных сочетаний сосисок, яиц, бекона, картошки и фасоли. Эд взял со стойки газету и направился к столику. Попросил официантку принести кофе.

— Прошу прощения, сэр, но в это время дня мы резервируем столики для тех, кто пришел поесть. — Ее акцент был настолько сильным, что Эду приходилось шевелить мозгами, чтобы понимать, что она говорит.

— Вот как. Ясно. Хорошо, я...

КРУПНАЯ ТЕХНОЛОГИЧЕСКАЯ КОМПАНИЯ
ВЕЛИКОБРИТАНИИ
ЗАМЕШАНА
В ИНСАЙДЕРСКОЙ ТОРГОВЛЕ

Эд смотрел на заголовок газеты.

— Сэр?

— Ммм? — У него по коже побежали мурашки.

— Вы должны заказать что-нибудь из еды. Если хотите посидеть.

— А!

Управление по финансовым услугам подтвердило вчера вечером, что ведет расследование инсайдерской торговли свободно обращающимися на рынке акциями технологической компании Великобритании стоимостью несколько миллионов фунтов. Расследование, по-видимому, ведется по обе стороны Атлантического океана с участием фондовых бирж Лондона и Нью-Йорка и Комиссии по биржам и ценным бумагам, которая является американским аналогом Управления по финансовым услугам.

Никто пока не арестован, но наш источник в полиции Лондона заявил, что это «всего лишь вопрос времени».

— Сэр?

Официантка окликнула дважды, прежде чем Эд услышал. Он поднял взгляд. Молодая женщина с покрытым веснушками носом и волосами натурального цвета, взбитыми и начесанными наподобие гнезда. Она ждала перед ним.

— Что бы вы хотели поесть?

— Что угодно. — Его рот словно был набит пылью.

Пауза.

— Э-э-э... Хотите, я расскажу вам о наших сегодняшних специальных предложениях? Или самых популярных блюдах?

Всего лишь вопрос времени.

— Мы весь день подаем завтрак Бернса.

— Отлично.

— И еще... Вы хотите завтрак Бернса?

— Да.

— С белым или серым хлебом?

— Все равно.

Эд чувствовал на себе взгляд официантки. Она что-то написала, аккуратно заткнула блокнот за пояс и ушла. Эд сидел и смотрел на газету на пластиковом столе.

В последние семьдесят два часа ему могло показаться, что мир перевернулся вверх дном, но это были лишь цветочки по сравнению с тем, что его ждет.

— У меня клиент.

— Это займет меньше минуты. — Эд глубоко вдохнул. — Я не приеду на папин обед.

Короткая зловещая пауза.

— Я надеюсь, у меня слуховые галлюцинации?

— Увы, нет. Кое-что случилось.

— Кое-что?

— Я потом объясню.

— Нет. Подожди. Не клади трубку.

Он услышал, как Джемма закрывает трубку рукой. Возможно, сжимает ее в кулаке.

— Сандра. Мне надо поговорить. Вернусь через...

Шаги. А затем, словно кто-то вывернул ручку на полную громкость:

— Серьезно? Ты что, издеваешься, сволочь? Ты серьезно?

Эд смотрел на кабинку на другой стороне зала. Пожилая пара сидела бок о бок и молча и аккуратно ела рыбу с картошкой. Эд решил, что сейчас подходящее время, чтобы сообщить сестре новость. Хуже уже не будет.

— Мне очень жаль.

— Ушам своим не верю. Просто не верю. Обед завтра, Эд. Ты хоть представляешь, сколько труда мама вложила в его подготовку? Дейрдра, Саймон, Грэхемы, та пара соседей, о которых они вечно судачат? Придут все. Придут, потому что мама и папа хотят тобой похвастаться. Ты представляешь, как они по тебе соскучились? На прошлой неделе папа подсчитал, как давно они тебя не видели. С декабря, Эд. Четыре месяца. Четыре месяца, в течение которых отцу становилось все хуже, а ты не делал ни хрена полезного, только присылал ему какие-то дурацкие журналы.

— Он сказал, ему понравился «Нью-Йоркер». Я думал, это его развлечет.

— Он почти ни хрена не видит. Ты бы знал, если бы не поленился приехать. Ему нравятся чертовы журналы, если кто-то читает их вслух. А маме ужасно скучно читать длинные статьи, от которых у нее мозг вытекает через уши. — Джемма все трещала и трещала. Казалось, Эду в ухо направили фен, включенный на полную мощность. — Мама ужасно по тебе соскучилась. Приготовила на папин день рождения твои любимые блюда, а не папины. Вот как она по тебе соскучилась! И за двадцать четыре часа до обеда ты заявляешь, что не можешь приехать? Так просто? Без объяснений? Что за чертовщина? Я тебе не верю. Я защищала тебя перед тетей Шилой, когда она говорила, что ты важничаешь из-за своей работы, что ты становишься слишком большой шишкой для собственной семьи. Но сейчас мне начинает казаться, что она была права.

У Эда горели уши. Он сидел с закрытыми глазами, а когда он открыл их, было без двадцати два. Прошли уже больше трех четвертей олимпиады. Эд подумал о Танзи, о том, как она сидит в университетской аудитории, склонившись над бумагами, а на полу вокруг нее валяются лишние очки. Эд всем сердцем надеялся, что при виде листка с цифрами девочка расслабится и сделает то, ради чего появилась на свет. Он представил, как Никки бродит вокруг здания, возможно, пытается найти укромный уголок и покурить.

А затем Эд представил, как Джесс сидит на сумке с вещами, рядом с ней лежит пес, ее руки сложены на коленях, словно в молитве. Она верит, что, если как следует захотеть, хорошие вещи наконец-то случатся.

— Ты позор рода человеческого, Эд. Я серьезно. — Сестра давилась слезами.

— Знаю.

— Да, и я не стану им говорить. Не стану делать за тебя твое грязное дело.

— Джемм! Пожалуйста... на то есть причина...

— Не смей даже думать об этом. Если ты собираешься разбить им сердце — разбивай. С меня хватит, Эд. Поверить не могу, что ты мой брат.

Эд с трудом сглотнул, когда сестра положила трубку. Протяжно выдохнул, содрогнувшись. Какая разница? Это лишь половина того, что все сказали бы, узнав правду.

А так он всего лишь бессердечный, слишком успешный сын. Слишком занятый, чтобы повидаться с семьей. Это лучше, чем жалкий неудачник. Позорище. Человек, разбивший отцу сердце.

Именно тогда, в наполовину пустом ресторане, сидя на банкетке, обтянутой красным кожзаменителем, и глядя на медленно стынущий завтрак, который он не собирался есть, Эд наконец осознал, как сильно скучает по отцу. Он отдал бы все, лишь бы отец одобрительно кивнул ему, нехотя расплылся в улыбке. Эд пятнадцать лет не скучал по дому, с тех пор как покинул родные стены, и все же внезапно его захлестнул необоримый приступ тоски. Он сидел в ресторане, глядя через грязноватое окно на машины, несущиеся мимо по шоссе, и что-то не вполне понятное накатило на него, словно гребень высокой волны. Впервые за всю свою взрослую жизнь — несмотря на развод, расследование, историю с Диной Льюис — Эд Николс обнаружил, что едва сдерживает слезы.

Он сидел, прижимал ладони к глазам и выпячивал подбородок, пока не осталось лишь чувство давления зубов друг о друга.

— С вами все в порядке?

Взгляд молодой официантки был слегка настороженным, как будто она прикидывала, стоит ли ждать от него неприятностей.

— Все хорошо, — попытался заверить он, но голос надломился. Она явно не поверила, и он добавил: — Мигрень.

Ее лицо немедленно расслабилось.

— О! Мигрень. Сочувствую. Ужасная штука. У вас есть лекарства?

Эд покачал головой, не доверяя собственному голосу.

— Я так и знала, что дело неладно. — Официантка постояла перед ним. — Сейчас.

Она подошла к стойке, держась за затылок с замысловатым пучком. Наклонилась, нащупала что-то невидимое и медленно вернулась к Эду. Оглянулась и бросила на стол две таблетки в фольге:

— Разумеется, я не должна давать клиентам таблетки, но эти просто отличные. Мне больше ничего не помогает. Только не пейте кофе, от него еще хуже. Я принесу воды. — (Моргая, Эд посмотрел на нее, затем на таблетки.) — Не бойтесь. Ничего противозаконного. Просто таблетки от мигрени.

— Вы очень добры.

— Подействует минут через двадцать. Но потом — о! Какое облегчение!

Официантка улыбнулась, сморщив нос. Эд заметил, что у нее добрые глаза. И милое открытое лицо. Опыт еще не стер с него живые эмоции.

Девушка забрала его кофе, словно чтобы защитить его от самого себя. Эд вспомнил Джесс. Хорошие вещи случаются. Порой когда их меньше всего ждешь.

— Спасибо, — тихо сказал он.

— Пожалуйста.

И в этот миг зазвонил его телефон, взорвав тишину придорожного кафе. Эд поспешно приглушил звук, глядя на экран. Номер незнакомый.

— Мистер Николс?

— Да?

— Это Никки. Никки Томас. Э-э-э. Мне ужасно неловко вас беспокоить. Но нам нужна ваша помощь.

21

Никки

Никки было очевидно, что это плохая идея, с тех пор как они припарковались. Все остальные дети — за исключением, быть может, одного или двух — были мальчиками. Все до единого были как минимум на два года старше Танзи. Большинство, похоже, были не понаслышке знакомы со шкалой Аспергера[1]. У них были шерстяные куртки, неудачные стрижки, скобки, мятые рубашки настоящего среднего класса. Их родители ездили на «вольво».

Томасы были захудалым мини-маркетом, а они — большим дорогим гастрономом, Томасы были кетчупом сомнительной марки, а они — песто. Танзи в розовых брюках и джинсовой куртке с блестками и войлочными цветами, нашитыми Джесс, была настолько неуместна среди них, как будто ее высадили прямиком из открытого космоса.

Никки знал, что сестренке не по себе, еще до того, как Норман сломал ее очки. Она становилась все тише и тише, замыкаясь в крохотном мирке нервозности и

1 Синдром Аспергера — расстройство аутистического спектра.

тошноты. Никки пытался ее расшевелить — между прочим, потрясающая самоотверженность, учитывая, как от нее воняло, — но, когда они добрались до Абердина, она настолько глубоко замкнулась в себе, что достучаться до нее было невозможно. Джесс так сосредоточилась на дороге, что ничего не замечала. Все ее мысли были о мистере Николсе, очках и гигиенических пакетах. Ей и в голову не приходило, что дети из частных школ могут быть такими же жестокими, как и дети из Макартурз.

Джесс стояла у стола и регистрировала Танзи, чтобы забрать бирку с ее именем и бумаги. Никки изучал телефон мистера Николса, стоя с Норманом в стороне, чтобы пес никому не мешал, и потому не обратил внимания на двух мальчиков, которые подошли к Танзи, пока она пыталась разглядеть схему рассадки у входа в аудиторию. Никки ничего не слышал, потому что «Депеш мод» в наушниках заглушал все вокруг. Внезапно он заметил удрученное лицо Танзи. И вытащил один наушник.

Мальчик со скобками медленно оглядел ее сверху вниз:

— Ты попала по адресу? Съезд фанаток Джастина Бибера дальше по шоссе.

Тощий мальчик засмеялся.

Танзи смотрела на них круглыми глазами.

— Ты уже бывала на олимпиадах?

— Нет, — ответила она.

— Неужели? Насколько я знаю, участники олимпиад редко носят меховые пеналы. Ты захватил свой меховой пенал, Джеймс?

— Кажется, забыл. О боже!

— Его сшила для меня моя мама, — сухо ответила Танзи.

— Его сшила для тебя твоя мама. — Мальчишки переглянулись. — Это твой счастливый пенал?

— Ты что-нибудь знаешь о теории струн?

— Скорее, она в курсе теории стрингов. Или... Слушай, Джеймс, а чем это воняет? Вроде рвотой? Кажется, кто-то немного нервничает?

Танзи опустила голову и метнулась мимо мальчишек в туалет.

— Это мужской! — крикнули они и засмеялись.

Никки пытался привязать ошейник Нормана к батарее. Когда мальчишки направились в главный зал, он выступил вперед и положил руку на затылок мистера Скобки.

— Привет, дружок. ПРИВЕТ.

Мальчик развернулся. Его глаза широко распахнулись. Никки приблизился к нему и понизил голос до шепота. Внезапно он порадовался, что у его кожи нездоровый желтоватый оттенок, а на щеке — шрам.

— Приятель. На пару слов. Еще раз заговоришь с моей сестрой подобным образом — с чьей угодно сестрой, — и я лично вернусь сюда и завяжу тебе ноги комплексным уравнением. Понял?

Тот кивнул, открыв рот.

Никки окинул его своим коронным Взглядом Психопата Фишера. Достаточно, чтобы парень сглотнул, дернув кадыком.

— Что, не нравится нервничать?

Мальчик покачал головой.

Никки похлопал его плечу:

— Хорошо. Рад, что мы прояснили этот вопрос. А теперь иди и считай свои циферки. — Он развернулся и пошел к туалету.

Один из учителей с вопросительным видом заступил ему дорогу, подняв руку:

— Прошу прощения? Мне показалось, что ты...

— ...пожелал ему удачи? Да. Чудесный ребенок. Просто замечательный. — Никки покачал головой, как бы в восхищении, и направился в мужской туалет за Танзи.

Когда Джесс и Танзи вышли из женского туалета, блузка Танзи была мокрой — Джесс оттирала ее водой с мылом. Бледное лицо Танзи пошло пятнами.

— Танзи, не обращай внимания на этих мелких говнюков, — сказал Никки, вставая. — Он просто пытался выбить тебя из колеи.

— Кто это был? — с каменным лицом спросила Джесс. — Покажи мне его, Никки.

Ну конечно. Если Джесс сейчас развопится, это будет замечательным началом олимпиады для Танзи.

— Я... э... его не запомнил. В любом случае я с ним разобрался.

Ему понравилось, как это звучит. «Я с ним разобрался».

— Но я ничего не вижу, мама. Что мне делать, если я ничего не увижу?

— Мистер Николс купит тебе новые очки. Не беспокойся.

— А если не купит? Если он вообще не вернется?

«Я бы на его месте не вернулся, — подумал Никки. — Мы едва не уничтожили его прекрасную машину. И он постарел лет на десять за время поездки».

— Он вернется, — сказала Джесс.

— Миссис Томас! Пора начинать. Через тридцать секунд ваша дочь должна занять свое место.

— Послушайте, нельзя ли отложить начало на пару минут? Ей позарез нужны очки. Она ничего не видит без очков.

— Нет, мадам. Если она не займет свое место через тридцать секунд, боюсь, придется начинать без нее.

— Тогда можно я пойду с ней? Я могу читать ей вопросы.

— Но я не могу писать без очков.

— Тогда я буду писать за тебя.

— Мама...

Джесс знала, что проиграла. Она посмотрела на Никки и едва заметно покачала головой, как бы признаваясь: я не знаю, что делать.

Никки присел на корточки рядом с сестрой:

— У тебя все получится, Танзи. Все получится. Ты можешь решать задачки, даже стоя на голове. Просто держи бумагу поближе к глазам и никуда не торопись.

Танзи подслеповато смотрела на аудиторию. Дети рассаживались по местам, выдвигали стулья, раскладывали перед собой карандаши.

— И как только мистер Николс вернется, мы принесем тебе очки.

— Правда. Иди и сделай, что сможешь, а мы подождем тебя здесь. Норман будет ждать тебя за соседней стеной. Все мы будем. А потом мы где-нибудь пообедаем. Волноваться не о чем.

К ним подошла женщина с планшетом для бумаг:

— Ты собираешься участвовать в соревновании, Костанза?

— Ее зовут Танзи, — сказал Никки.

Женщина, похоже, не услышала. Танзи молча кивнула и позволила отвести себя за стол. Она выглядела чертовски маленькой.

— У тебя все получится, Танзи! — внезапно выкрикнул Никки. Его голос заметался между стенами аудитории, так что мужчина в ее глубине зацокал языком. — Мяч в сетке, малявка!

— Господи боже, — пробормотал кто-то.

— Мяч в сетке! — снова завопил Никки, и Джесс удивленно посмотрела на него.

А затем прозвенел колокольчик, дверь захлопнулась с громким щелчком, и остались только Никки, Джесс и Норман, которым предстояло убить пару часов.

— Ладно, — произнесла Джесс, наконец оторвав взгляд от двери. Она засунула руки в карманы, вынула их, поправила волосы и вздохнула. — Ладно.

— Он вернется, — сказал Никки, внезапно теряя уверенность в этом.

— Знаю.

Последовавшее молчание было достаточно долгим, чтобы им пришлось неловко улыбаться друг другу. Коридор постепенно опустел, не считая одного организатора, который водил карандашом по списку участников и что-то бормотал себе под нос.

— Наверное, застрял в пробке.

— Страшно вспомнить.

Никки представлял, как Танзи сидит по другую сторону двери, щурится, глядя в бумаги, ждет помощи, которая не придет. Джесс посмотрела на потолок, тихо выругалась, несколько раз распустила и собрала хвостик. Наверное, тоже представляла Танзи.

А затем вдалеке раздался шум, и мистер Николс промчался по коридору как сумасшедший, держа над головой полиэтиленовый пакет, до краев набитый очками. И когда он бросился к столу и начал ругаться с организаторами с настойчивостью человека, который знает, что ему больше нечего терять, Никки испытал такое безмерное облегчение, что ему пришлось выйти на улицу, сползти по стене и прижать голову к коленям, ожидая, пока из груди не перестанут рваться громкие судорожные рыдания.

Так странно было прощаться с мистером Николсом. Они стояли у его машины под моросящим дождем, и Джесс притворялась, будто ей все равно, хотя ей явно было не все равно. И Никки искренне хотелось поблагодарить его за историю со взломом, за то, что он отвез их в такую даль и оказался на удивление хорошим парнем, но когда мистер Николс отдал ему запасной телефон, у Никки перехватило горло, и он сумел лишь сдавленно поблагодарить. И на этом все кончилось. Они с Джесс шли по парку студенческого городка с Норманом и притворялись, будто не слышат, как уезжает мистер Николс.

Они заглянули в коридор, и Джесс оставила сумки в гардеробе. Затем она повернулась к Никки, смахнула несуществующую пушинку с его плеча и заговорила так отрывисто, что он не сразу заметил, как она выпятила подбородок.

— Ну что, — сказала она, — может, выгуляем чертову собаку?

Никки действительно был не особенно разговорчив. Не то чтобы ему было нечего сказать. Скорее, некому. С тех пор как он переехал к папе и Джесс в восемь лет, люди пытались беседовать с ним о «чувствах», как будто они были большим рюкзаком, который он мог таскать повсюду с собой и открывать перед каждым, пожелавшим изучить его содержимое. Но Никки часто даже не знал, что именно думает. У него не было мнения о политике, или об экономике, или о том, что с ним случилось. У него даже не было мнения о родной матери. Она была наркоманкой. Она любила наркотики больше собственного сына. О чем тут еще говорить?

Некоторое время Никки послушно ходил на консультации. Женщина, похоже, хотела, чтобы он переживал из-за того, что с ним случилось. Никки объяснил ей, что не злится, потому что понимает: мама не могла о нем позаботиться. Ничего личного. Каким бы замечательным он ни был, она бы все равно его бросила. Просто она была... грустной. Он так редко видел ее, когда был маленьким, что даже по-настоящему не чувствовал родственной связи.

Но консультант продолжала твердить: «Ты не должен держать это в себе, Николас. Нельзя принимать то, что с тобой случилось». Она дала ему две маленькие мягкие игрушки и велела разыграть сценку «Что ты чувствуешь из-за того, что мать тебя бросила».

Никки не хотелось говорить ей, что на самом деле его бесит необходимость сидеть в ее кабинете, играть с куклами и терпеть обращение «Николас». Просто он был довольно добродушным. Он не злился ни на свою мать, ни даже на Джейсона Фишера, хотя не надеялся, что его кто-то поймет. Фишер — обычный идиот, которому хватает мозгов, только чтобы задирать других. В глубине души он знает, что у него ничего нет. Что он никогда никем не станет. Он знает, что он фальшивка и никто его по-настоящему не любит. И потому обращает негативные переживания наружу — на тех, кто подвернется под руку. (Вот видите? Терапия пошла Никки впрок.)

Так что когда Джесс предложила прогуляться, Никки немного насторожился. Ему не хотелось ввязываться в крупный разговор о его чувствах. Не хотелось ничего обсуждать. Он собирался уклониться, но Джесс почесала в затылке и сказала:

— Только мне немного не по себе без мистера Николса?

О чем они говорили?

О неожиданной красоте некоторых абердинских домов.

О собаке.

О том, захватил ли кто-нибудь пакеты, чтобы убирать за собакой.

О том, кто должен затолкать это дело под припаркованную машину, чтобы никто не наступил.

Как удобнее вытирать носки ботинок о траву.

Возможно ли вообще вытереть носки ботинок о траву.

Лицо Никки, а именно не болит ли оно. (Ответ: нет, больше не болит.)

Прочие части его тела, а именно не болят ли они. (Нет, нет, немного болит, но уже полегчало.)

Его джинсы, а именно почему бы их не подтянуть, чтобы трусы не торчали.

Почему его трусы — его личное дело.

Нужно ли рассказывать папе о «роллс-ройсе». Никки считал, что лучше всего притвориться, будто машину угнали. Откуда отцу узнать правду? Да и поделом ему. Но Джесс сказала, что не может врать Марти, потому что это нечестно. И на некоторое время замолчала.

Хорошо ли он себя чувствует? Стало ли ему легче вдали от дома? Не переживает ли он из-за возвращения домой? Никки перестал отвечать и начал пожимать плечами. О чем тут говорить?

О чем они не говорили?

О Танзи. Она висела в воздухе между ними всю прогулку по университетскому городку. Никки представлял, как сестренка сидит, высунув кончик языка и опустив голову, и что-то царапает в своем собственном мирке чисел. Он знал, что Джесс тоже представляет ее.

Как это будет, если они действительно увезут домой пять тысяч фунтов.

Если Танзи поступит в свою школу, а Никки не пойдет в шестой класс[1], придется ли ему забирать сестру из Сент-Эннз каждый день.

Еда навынос, которой они вечером отметят победу. Желательно, не кебаб.

То, что Джесс явно мерзнет, хотя уверяет, будто ей тепло. Волоски на ее руках встали дыбом.

Мистер Николс. А главное, где Джесс спала прошлой ночью. И почему они с мистером Николсом украдкой переглядывались все утро, словно пара подростков, даже когда дулись друг на друга. Никки иногда казалось, что Джесс считает их с Танзи дураками.

В принципе, разговаривать оказалось не так уж противно. Пожалуй, можно заниматься этим почаще.

Джесс и Никки ждали у дверей. В два часа они наконец отворились. Танзи вышла одной из первых, держа перед собой меховой пенал, и Джесс распахнула дочери объятия, готовясь праздновать.

— Ну? Как дела?

Танзи пристально смотрела на них.

— Ты раздавила их, малявка? — спросил Никки, ухмыляясь.

1 *Шестой класс* — последние два года обучения в средней школе, в течение которых ученики готовятся к сдаче экзаменов повышенной сложности.

И внезапно лицо Танзи сморщилось, как в детстве, когда она падала и повисала трехсекундная пауза между Чем-То Ужасным, что только что случилось, и оглушительным ревом из-за Чего-То Ужасного.

Джесс схватила ее и притянула к себе, то ли чтобы утешить, то ли чтобы скрыть собственное потрясение. Никки обнял Танзи с другой стороны, а Норман сел ей на ноги, и пока остальные дети шли мимо, некоторые — переговариваясь, некоторые — молча поглядывая на Танзи, она рассказала им, что случилось, приглушенно всхлипывая.

— Я потратила впустую первые полчаса. И не всегда понимала их акцент. И ничего толком не видела. И очень нервничала, и все смотрела на листок, а когда мне передали очки, очень долго искала подходящую пару, а потом даже не смогла понять первый вопрос.

Джесс поискала взглядом организаторов:

— Я с ними поговорю. Я объясню, что случилось. В смысле, ты ничего не видела. Они обязаны принять это во внимание. Возможно, мы уговорим их изменить твой балл.

— Нет. Я не хочу, чтобы ты с ними говорила. Я не поняла первый вопрос, даже когда нашла нужные очки. У меня не получилось решить задачу так, как надо.

— Но, может быть...

— Я все испортила, — завыла Танзи. — Я не хочу об этом говорить. Я просто хочу уйти.

— Ничего ты не испортила, милая. Правда. Ты старалась, как могла. Это самое главное. — Джесс гладила ее по спине, как будто это могло все исправить.

— Нет, испортила. Я не смогу учиться в Сент-Эннз без денег.

— Ну, должен быть какой-нибудь... Не переживай, Танзи. Я что-нибудь придумаю.

Улыбка Джесс была на редкость неубедительной. И Танзи не была дурочкой. Она плакала, как будто ее сердце было разбито. Никки никогда еще не видел сестру такой. Ему тоже захотелось заплакать.

— Поехали домой, — сказал он, когда это стало невыносимо.

Но Танзи только заплакала еще сильнее.

Джесс подняла на него побелевшее растерянное лицо, словно спрашивала: «Никки, что мне делать?» Впервые Джесс не знала, что делать, и Никки показалось, будто мир перевернулся вверх ногами. И тогда он подумал: «Какая жалость, что Джесс конфисковала мою нычку». Ему хотелось покурить, как никогда прежде.

Они ждали в коридоре, пока остальные участники разбивались на кучки, делились бутербродами или рассаживались по машинам с родителями, и впервые в жизни Никки понял, что злится. Он злился на глупых мальчишек, которые выбили его сестру из колеи. Злился на дурацкое соревнование по математике и его правила, которые не могли хоть немного измениться ради маленькой девочки, которая ничего не видит. Злился, что они проехали через всю страну, чтобы опять потерпеть поражение. Как будто его семья в принципе не могла сделать ничего правильно. Совсем ничего.

Когда коридор окончательно опустел, Джесс вытащила из заднего кармана маленькую прямоугольную карточку. Она сунула ее Никки.

— Позвони мистеру Николсу.

— Но он, наверное, уже на полпути домой. И что он может поделать?

Джесс закусила губу. Она наполовину отвернулась, затем снова повернулась к Никки:

— Он может отвезти нас к Марти. — (Никки уставился на нее.) — Пожалуйста! Я знаю, это неудобно, но мне больше ничего не приходит на ум. Танзи надо как-то подбодрить, Никки. Ей нужно повидаться с отцом.

Мистер Николс вернулся через полчаса. Сказал, что отъехал совсем недалеко и остановился перекусить. Позже до Никки дошло, что если бы он подумал как следует, то задался бы вопросом, почему Эд уехал так недалеко и так долго обедал. Но Никки был слишком занят — спорил с Джесс.

— Я знаю, ты не хочешь видеть отца, но...

— Я никуда не поеду.

— Это нужно Танзи. — Решительное выражение лица Джесс означало, что она готова притвориться, будто принимает во внимание чувства Никки, но на самом деле просто собирается заставить его сделать то, что хочется ей.

— Это ничего не исправит.

— Для тебя — возможно. Послушай, Никки, я знаю, что сейчас ты испытываешь смешанные чувства к отцу, и я тебя не виню. Это было очень непростое время...

— Я испытываю к нему вполне определенные чувства.

— Танзи совсем пала духом. Ее надо как-то ободрить. И Марти живет недалеко. — Она коснулась его плеча. — Послушай, если ты и правда не хочешь его видеть, можешь просто остаться в машине, когда мы приедем. — Он ничего не ответил, и Джесс добавила: — Прости. Если честно, мне тоже не слишком хочется его видеть. Но мы должны это сделать.

Что он мог ей сказать? Что он мог ей сказать, чтобы она поверила? И он подозревал, что в глубине души еще надеялся, что ошибается именно он.

Джесс повернулась к мистеру Николсу, который молча наблюдал, прислонившись к машине.

— Пожалуйста! Вы не могли бы подбросить нас к Марти? В смысле, к его маме. Ради бога, простите. Я знаю, что мы вам ужасно надоели и причинили уйму неприятностей, но... но мне больше некого попросить. Танзи... Ей нужен отец. Что бы я... что бы мы... о нем ни думали, ей нужно повидаться с отцом. Это всего в паре часов. — (Мистер Николс посмотрел на нее.) — Ладно, может, чуть больше, если придется ехать медленно. Но я вас очень прошу... Мне надо все исправить. Мне правда надо все исправить.

Мистер Николс шагнул в сторону и открыл пассажирскую дверцу. Он слегка наклонился и улыбнулся Танзи:

— Поехали.

Похоже, все испытывали облегчение. Но это была плохая идея. Очень плохая идея. Если бы Никки спросили про обои, он бы объяснил почему.

22

Джесс

В последний раз Джесс видела Марию Костанзу, когда доставила к ней Марти в фургоне брата Лайама. Последние сто миль до Глазго Марти проспал под одеялом, и когда Джесс стояла в чистенькой гостиной Марии и пыталась объяснить, что у ее сына упадок сил, та смотрела на нее с таким видом, будто Джесс пыталась удавить его собственными руками.

Мария Костанза всегда ее недолюбливала. Она полагала, что ее сын заслуживает большего, нежели шестнадцатилетняя школьница с самостоятельно выкрашенными волосами и блестками на ногтях. И что бы Джесс ни делала с тех пор, мнение свекрови о ней осталось невысоким. Она считала попытки Джесс украсить дом эксцентричными. Она полагала на редкость эксцентричным тот факт, что Джесс сама шила детям одежду. Ей ни разу не пришло в голову спросить, почему она шьет детям одежду или почему они не могут себе позволить пригласить дизайнера. Или почему, когда слив засорился, именно Джесс сражалась с двойным коленом под раковиной.

Джесс старалась. Очень старалась. Была вежливой, не сквернословила, не грызла ногти на людях. Хранила верность Марти. Родила самую чудесную малышку на свете, которая всегда была чистой, сытой и веселой. У Джесс ушло почти пять лет, чтобы понять, что дело не в ней. Просто Мария Костанза во всем предпочитает видеть плохое. Она даже ни разу не расплылась в улыбке за время их знакомства. Разве что сообщая плохие новости о друзьях или соседях, например, что кому-то порезали шины или кто-то неизлечимо заболел.

Джесс дважды попыталась позвонить Марии с телефона мистера Николса, но безуспешно.

— Наверное, бабушка еще на работе, — сказала она Танзи, нажав отбой. — Или, может, они отправились проведать новорожденного.

— Вы не передумали ехать? — Мистер Николс взглянул на нее.

— Нет, пожалуйста, отвезите нас. Уверена, они уже вернутся домой, когда мы приедем. По вечерам Мария всегда дома.

Никки поймал в зеркале ее взгляд и отвел глаза. Джесс понимала, почему он так решительно настроен против. И если на появление Танзи Мария Костанза отреагировала довольно равнодушно, то открытие, что у нее есть внук, о котором она даже не знала, было встречено с таким возмущением, словно ей сообщили о семейной вспышке чесотки. Джесс не знала, то ли ее оскорбило, что Никки так долго существовал без ее ведома, то ли невозможность объяснить его появление без упоминания о том, что он незаконнорожденный, и о романе ее сына с наркоманкой, а потому проще всего притвориться, будто внука вовсе не существует. В том числе и поэтому, когда Марти через полгода после ухода объявил, что ему немного лучше, и предложил приехать погостить, Джесс предпочла отказаться, якобы из-за нехватки денег.

— Тебе не терпится увидеть папу, Танзи? — Джесс повернулась на сиденье.

Танзи сидела, прислонившись к Норману, лицо ее было мрачным и усталым. Она встретилась взглядом с Джесс и едва заметно кивнула.

— Так здорово будет с ним повидаться! И с бабушкой, — жизнерадостно заявила Джесс. — Не понимаю, почему это не пришло нам в голову раньше.

Лишь начав звонить бывшему мужу, она сообразила, что у него с незапамятных пор включен автоответчик. Они разговаривали только по «Скайпу» или по мобильному телефону Марти, который почти постоянно был выключен. Это предстоит изменить, подумала Джесс. Очень многое предстоит изменить.

Они ехали в тишине. Танзи задремала, прижавшись к собаке. Никки молча смотрел на темнеющее небо. Включать музыку Джесс не хотелось. Дети не должны заметить, как она переживает из-за того, что случилось в Абердине. Она не вправе даже думать об этом. «Сначала одно, потом другое, — сказала она себе. — Сейчас главное подбодрить Танзи. А потом я придумаю, что делать дальше».

— С вами все в порядке?

— Все хорошо. — Она видела, что мистер Николс ей не верит. — Танзи станет легче, когда она повидается с отцом. Я это знаю.

— Она может участвовать в олимпиаде еще раз, на следующий год. Теперь она знает, чего ожидать.

Джесс попыталась улыбнуться:

— Мистер Николс! Это подозрительно похоже на оптимизм.

Он повернулся к ней, и его глаза были полны сочувствия.

Джесс испытала облегчение, вернувшись в его машину. Странно, но здесь она начинала чувствовать себя в безопасности, словно, пока они внутри, ничего по-настоящему плохого не могло случиться. Джесс попыталась представить, какой прием окажет мать Марти, особенно когда обнаружит, что они собираются переночевать у нее всей толпой. Джесс вообразила, как стоит в гостиной домика Костанзы и пытается изложить цепочку событий, которые привели их сюда. Она представила лицо Марти, когда она расскажет ему о «роллс-ройсе». Мысленно увидела, как они все вместе стоят завтра на автобусной остановке — первом этапе долгого пути домой. На мгновение она задумалась, не попросить ли мистера Николса позаботиться о Нормане, пока они не вернутся. При этой мысли она вспомнила, как дорого обошлась вся эта эскапада, но задвинула тревогу на задворки сознания. Сначала одно, потом другое.

Вероятно, она задремала, потому что кто-то держал ее за руку.

— Джесс?

— Ммм?

— Джесс? По-моему, мы приехали. Навигатор говорит, что это ее дом. Как по-вашему, похож?

Она рывком села и вытянула затекшую шею. Окна аккуратного белого дома рядовой застройки не мигая смотрели на нее. У Джесс рефлекторно засосало под ложечкой.

— Сколько времени?

— Почти семь. — Мистер Николс подождал, пока она протрет глаза. — По крайней мере, свет горит. Наверное, они дома.

Он повернулся на сиденье, пока Джесс пыталась сесть прямо.

— Эй, дети, мы приехали. Пора повидать вашего папу.

Рука Танзи слегка сжимала руку Джесс, когда они шли по дорожке. Никки отказался выходить из машины и заявил, что подождет с мистером Николсом. Джесс решила, что сначала отведет Танзи, а после вернется и попытается уговорить Никки.

— Ты рада?

Танзи кивнула, ее личико внезапно озарилось надеждой, и на мгновение Джесс показалось, что она поступила правильно. Поездка не пройдет впустую, даже если ей придется нелегко. Свои проблемы они с Марти решат позже. Джесс с Танзи остановились полюбоваться кустом чайных роз, выступавшим на середину дорожки. Джесс всегда подозревала, что его специально так посадили, чтобы колоть неосторожных. У переднего крыльца стояли две новые кадки с незнакомыми фиолетовыми цветами. Джесс поправила куртку, убрала волосы с лица Танзи, наклонилась вытереть уголок ее рта и наконец позвонила в дверь.

Сначала Мария Костанза увидела Танзи. Она уставилась сперва на нее, затем на Джесс, и на ее лице быстро сменилось несколько не вполне понятных выражений. Джесс в ответ улыбнулась как можно жизнерадостнее:

— Здравствуйте, Мария. Мы... э-э-э... были неподалеку, и я подумала, что грех не заглянуть проведать Марти. И вас. — (Мария Костанза молча смотрела на нее.) — Мы пытались позвонить, — нараспев продолжила Джесс, не узнавая собственного голоса. — Несколько раз. Я хотела оставить сообщение, но...

— Привет, бабуля. — Танзи бросилась вперед и обхватила бабушку за талию.

Мария Костанза вяло опустила руку на спину Танзи. Джесс отстраненно заметила, что свекровь выкрасила волосы в слишком темный цвет. Мгновение Мария стояла неподвижно, затем взглянула на машину, через заднее окно которой равнодушно смотрел Никки.

«Господи, неужели так сложно хоть раз в жизни проявить радость?» — подумала Джесс.

— Никки сейчас выйдет. — Джесс продолжала старательно улыбаться. — Он только что проснулся. Ему... нужно собраться с мыслями.

Они стояли лицом к лицу и ждали.

— Итак... — Не дождавшись ответа, Джесс заглянула в дом.

— Его... его здесь нет, — сказала Мария Костанза.

— Он на работе? — Джесс проявила неподдельный энтузиазм. — В смысле, просто замечательно, если ему... настолько лучше, что он может работать.

— Джессика, его здесь нет.

— Он болен?

О господи, подумала она. Что-то случилось. И тут она увидела. Впервые в жизни увидела смущение на лице Марии Костанзы.

Джесс наблюдала, как свекровь пытается его скрыть — отворачивается, скрещивает руки на груди.

— И где он?

— Вы... Полагаю, вам нужно с ним поговорить. — Мария Костанза поднесла ладонь ко рту, как будто опасалась проговориться, и осторожно отлепила от себя внучку. — Подождите. Я дам вам его адрес.

— Его адрес?

Она оставила Танзи и Джесс на крыльце и исчезла в маленьком коридоре, наполовину закрыв за собой дверь. Танзи вопросительно посмотрела на мать. Джесс ободряюще улыбнулась. Это оказалось не так просто, как раньше.

Дверь снова отворилась. Свекровь протянула листок бумаги:

— Это в часе езды, быть может, в полутора, зависит от пробок.

Джесс обратила внимание, как застыло ее лицо, и посмотрела мимо нее на маленькую прихожую, где ничего не изменилось за пятнадцать лет их знакомства. Совсем ничего. В голове Джесс зазвенел тревожный колокольчик.

— Хорошо, — сказала она, больше не улыбаясь.

Мария не могла смотреть ей в глаза. Она сгорбилась и положила ладонь на щеку Танзи.

— Ты ведь скоро вернешься и погостишь у бабушки? — Она посмотрела на Джесс. — Вы ее привезете? Прошло столько времени.

Ее безмолвная мольба, признание собственной двуличности действовали на нервы сильнее, чем все, что Мария сделала за годы их отношений.

Джесс повела Танзи к машине.

Мистер Николс поднял взгляд и ничего не сказал.

— Вот, — протянула ему листок Джесс. — Нам сюда.

Он молча начал вводить адрес в навигатор. Ее сердце бешено колотилось.

Она посмотрела в зеркало заднего вида.

— Ты знал, — сказала она, когда Танзи наконец надела наушники.

Никки потянул себя за челку, глядя на бабушкин дом.

— Понял, когда мы говорили по «Скайпу». Бабушка никогда бы не поклеила такие обои.

Джесс не спросила его, где Марти. Даже тогда она думала, что примерно представляет.

Около часа они ехали в тишине. Джесс хотелось всех успокоить, но она не могла говорить. У нее в голове промелькнул миллион вариантов. Время от времени она смотрела в зеркало, наблюдая за Никки. Его лицо было замкнутым, он старательно глядел на обочину. Постепенно она начала видеть в новом свете его нежелание приезжать сюда и даже разговаривать с отцом в последние несколько месяцев.

Они проехали через тусклую сельскую местность и оказались на окраине нового города. Дома с иголочки были расставлены аккуратными широкими рядами. Новенькие машины сверкали на дорожках, словно заявления о намерениях. Мистер Николс затормозил на Касл-Корт. Четыре вишни охраняли узкую мостовую, по которой никто никогда не ходил. Дом был только что построен; окна в стиле эпохи Регентства сверкали, шиферная крыша блестела под мелким дождем.

Джесс смотрела на дом через окно.

— Все в порядке? — Единственная фраза, которую мистер Николс произнес за поездку.

— Подождите минутку, дети. — Джесс вылезла из машины.

Она подошла к двери, перепроверила адрес на листке бумаги и постучала в латунный дверной молоток. Из дома доносился гул телевизора, неясная тень двигалась в ярком свете.

Она постучала еще раз, почти не замечая дождя.

Шаги в прихожей. Дверь открылась, и перед Джесс предстала светловолосая женщина. На ней было темно-красное шерстяное платье и туфли-лодочки. Судя по стрижке, незнакомка работала в банке или магазине, но в душе оставалась рок-звездой.

— Марти дома? — спросила Джесс.

Женщина собиралась что-то сказать, но осмотрела Джесс с головы до ног, оценила ее шлепанцы, помятые белые брюки, и на ее лице появилось напряженное выражение. Джесс поняла, что она знает. Она знает о ней.

— Подождите здесь, — сказала блондинка.

Дверь наполовину закрылась, и Джесс услышала, как хозяйка крикнула в узкий коридор:

— Март? Март?

Март.

Джесс услышала его приглушенный голос. Он засмеялся и что-то сказал про телевизор, а блондинка заговорила тише. Джесс видела их тени за матовыми стеклянными панелями. А затем дверь отворилась, и на пороге возник Марти.

Он отрастил волосы. У него была длинная, болтающаяся челка, аккуратно зачесанная набок, как у подростка. На нем были незнакомые джинсы темно-синего цвета, и он похудел. Он казался незнакомцем. И еще он побледнел, смертельно побледнел.

— Джесс.

Джесс онемела.

Они смотрели друг на друга. Марти сглотнул:

— Я собирался тебе рассказать.

До сего момента Джесс по-настоящему в это не верила. До сего момента считала, что это какая-то ужасная ошибка, что Марти гостит у друга или снова заболел, а Мария Костанза, с ее неуместной гордостью, не в силах этого признать. Но ошибки быть не могло — Джесс видела его своими глазами.

Дар речи вернулся к ней не сразу.

— Здесь? Это здесь... ты живешь?

Она попятилась, спотыкаясь, и наконец разглядела безупречный палисадник, новенький комплект из дивана и двух кресел, смутно виднеющийся за окном. Она ударилась бедром о машину на дорожке и оперлась о нее рукой, чтобы не упасть, но тут же отдернула руку, словно обжегшись, когда поняла, что это такое.

— Все это время? Мы скребем по сусекам последние два года, чтобы не умереть от голода и холода, а ты живешь здесь, в роскошном доме и с... новенькой «тойотой»?

Марти неловко оглянулся:

— Нам надо поговорить, Джесс.

И тогда она увидела обои в его столовой. В широкую полоску. И все встало на свои места. Его настоятельное требование разговаривать только в отведенное время. Отсутствие номера стационарного телефона. Заверения Марии Костанзы, будто он спит, всякий раз, когда Джесс звонила в неурочное время. Старания свекрови поскорее положить трубку.

— Нам надо поговорить? — Джесс почти рассмеялась. — Да, давай поговорим, Марти. Мне есть что сказать. Два года я ничего у тебя не просила — ни денег, ни времени, ни заботы о детях, ни какой-либо помощи. Потому что думала, что ты болен. Думала, у тебя депрессия. Я думала, ты живешь со своей МАТЕРЬЮ.

— Я действительно жил с мамой.

— Как долго? — (Он поджал губы.) — Как долго, Марти? — пронзительно спросила она.

— Пятнадцать месяцев.

— Ты жил со своей мамой пятнадцать месяцев? — (Он посмотрел себе под ноги.) — Ты живешь здесь уже пятнадцать месяцев? Живешь здесь больше года?

— Я хотел тебе рассказать. Но я знал, что ты...

— Что я распсихуюсь? Из-за того, что ты живешь в роскоши, пока твоя жена и дети барахтаются в дерьме, которое ты оставил дома?

— Джесс...

Она на мгновение замолчала, когда дверь резко открылась. За спиной Марти возникла маленькая девочка с гладкими светлыми волосами; на ней была толстовка «Холлистер» и кеды «Конверс». Она потянула его за рукав.

— Твоя программа, Марти, — начала она, но увидела Джесс и замолчала.

— Иди к своей маме, детка, — тихо произнес он, покосившись в сторону. Он ласково положил руку девочке на плечо. — Я скоро вернусь.

Она настороженно посмотрела на Джесс, вероятно, уловив странное напряжение в воздухе. Они с Танзи были ровесницами.

— Иди. — Марти закрыл дверь.

И в этот миг сердце Джесс окончательно разбилось.

— У нее... у нее есть дети?

Он сглотнул:

— Двое.

Джесс закрыла руками лицо, провела ими по волосам. Развернулась и пошла обратно по дорожке, ничего не видя. Она толком не понимала, куда идет.

— О боже! О боже!

— Джесс... я вовсе не собирался...

Она развернулась и набросилась на него. Ей хотелось его избить. Хотелось попортить его дурацкое лицо и дорогую стрижку. Хотелось, чтобы он на своей шкуре испытал, какую боль причинил своим детям. Хотелось, чтобы он за все заплатил. Марти спрятался за машиной, и Джесс начала пинать ее, не сознавая, что делает, — огромные колеса, блестящие дверцы, дурацкую яркую белую блестящую дурацкую безупречную дурацкую машину.

— Ты врал! Ты нам врал! А я-то пыталась тебя защитить! Поверить не могу... Не могу... — Она пинала машину и чувствовала слабое удовлетворение оттого, что металл поддавался, и неважно, что стопу пронзила боль. Джесс пинала машину снова и снова, молотила кулаками по окну.

— Джесс! Машина! Совсем рехнулась?

Она осыпала чертову машину ударами, потому что не могла осыпать ударами Марти. Била руками и ногами, ни на что не обращая внимания, всхлипывая от ярости; натужное дыхание громко отдавалось в ушах. А когда Марти оттащил ее от машины и крепко схватил за руки, Джесс на мгновение испугалась, что мир сошел с ума, что ее жизнь окончательно вышла из-под контроля, и заглянула в глаза Марти, глаза труса, и в ее голове раздался оглушительный гул. Ей хотелось размазать...

— Джесс! — Мистер Николс обхватил ее за талию и потащил прочь.

— Уберите руки!

— Дети смотрят. Идемте. — Он положил руку ей на плечо.

Она не могла дышать. Из груди рвался стон. Она позволила оттащить себя на несколько шагов. Марти что-то кричал, но она не слышала из-за шума в голове.

— Идемте... Идемте.

Дети. Она посмотрела на машину и увидела лицо Танзи с широко распахнутыми от потрясения глазами и неподвижный черный силуэт Никки за ее спиной. Она посмотрела в другую сторону, на роскошный дом, из окна гостиной которого выглядывали два маленьких бледных личика, за которыми стояла их мать. Увидев, что Джесс смотрит, она опустила штору.

— Ты рехнулась! — вопил Марти, глядя на помятые бока машины. — Совсем рехнулась, твою мать!

Джесс начала дрожать. Мистер Николс обнял ее и повлек к машине.

— Забирайтесь. — Он закрыл дверцу, как только Джесс села на пассажирское место. Марти медленно шел к ним по дорожке, его прежняя развязность внезапно стала заметна, когда Джесс оказалась не права. Она думала, что Марти собирается устроить драку, но в пятнадцати футах он всмотрелся в машину, слегка наклонился, словно чтобы проверить, и Джесс услышала, как за спиной открывается дверца, Танзи выскакивает и бежит к отцу.

— Папа! — завопила она, и он подхватил ее на руки, и Джесс окончательно перестала понимать свои чувства.

Она не знала, как долго сидела и смотрела себе под ноги. Она не могла думать. Не могла чувствовать. Она слышала гул голосов на дорожке, и в какой-то момент Никки коснулся ее плеча.

— Мне очень жаль. — Его голос надломился.

Джесс потянулась назад и крепко сжала его руку.

— Это. Не. Твоя. Вина, — прошептала она.

Дверца наконец открылась, и мистер Николс сунул голову в машину. Его лицо было мокрым, с воротника стекали капли дождя.

— Все в порядке. Танзи останется здесь на пару часов.

Джесс уставилась на него, внезапно встревожившись.

— Ну нет, — начала она. — Он ее не получит. Только не после того, что он...

— Джесс, это не ваше с ним личное дело.

Джесс повернулась к дому. Передняя дверь была приоткрыта. Танзи уже была внутри.

— Но она не может остаться здесь. Только не с ними...

Мистер Николс забрался на водительское сиденье, наклонился и взял Джесс за руку. Его ладонь была ледяной и мокрой.

— Танзи нужно повидаться со своим папой. — Он говорил с ней, как с трудным ребенком. — У нее был тяжелый день, и она попросила разрешения немного побыть с ним. Джесс, если это и правда его новая жизнь, Танзи обязательно должна быть ее частью.

— Но это...

— Нечестно. Я знаю.

Они сидели втроем и смотрели на ярко освещенный домик. Ее дочь сейчас там. С новой семьей Марти. Казалось, сердце Джесс вырвали из груди.

Она не сводила глаз с окна.

— А если она передумает? Она останется совсем одна. И мы их не знаем. Я не знаю эту женщину. Она может оказаться...

— Танзи со своим папой. У нее все будет хорошо.

Джесс смотрела на мистера Николса. Его лицо было сочувственным. Но голос — странно твердым.

— Почему вы на его стороне? — прошептала она.

— Я не на его стороне. — Он сжал ее пальцы. — Давайте поищем, где перекусить. Мы вернемся через пару часов. Далеко уезжать не будем и сможем вернуться в любой момент, если потребуется.

— Нет. Я остаюсь, — раздался голос сзади. — Я остаюсь с ней. Чтобы она не была совсем одна.

Джесс обернулась. Никки смотрел в окно.

— Ты уверен?

— Со мной все будет в порядке. — Его лицо ничего не выражало. — Неважно. Мне даже интересно выслушать его объяснения.

Мистер Николс проводил Никки до передней двери. Джесс смотрела на пасынка, на его длинные тощие ноги в обтягивающих черных джинсах, на то, как недоверчиво и неловко он стоял, когда дверь отворилась, чтобы впустить его. Блондинка попыталась ему улыбнуться и украдкой посмотрела на машину. Боится, наверное, рассеянно предположила Джесс. Дверь за ними захлопнулась. Джесс закрыла глаза, не желая видеть детей в чужом доме. Не желая представлять, что происходит за дверью.

А затем мистер Николс сел в машину в облаке холодного воздуха.

— Поехали, — сказал он. — Все в порядке. Не успеете оглянуться, как мы вернемся.

Они сидели в придорожном кафе. Есть Джесс не могла. Она пила кофе, больше не опасаясь, что не сможет уснуть. Мистер Николс купил бутерброд и просто сидел напротив. Она сомневалась, знает ли он, что сказать. Два часа, твердила она себе. Два часа, и я получу их обратно. Ей просто хотелось вернуться домой. Хотелось сидеть в машине с детьми и ехать прочь. Прочь от Марти и его вранья, от его новой подружки и фальшивой семьи. Все остальное ее не беспокоило. Она следила, как стрелки часов ходят по кругу. Кофе стыл. Каждая минута казалась вечностью.

За десять минут до отъезда зазвонил телефон. Джесс схватила трубку. Незнакомый номер. Голос Марти.

— Ты не могла бы оставить сегодня детей у меня?

У нее перехватило дыхание.

— Ну нет, — отрезала она, когда снова обрела дар речи. — Ты не отберешь их у меня, не так просто.

— Я всего лишь... пытаюсь им все объяснить.

— Что ж, желаю удачи. Потому что я вот никак не пойму. — Она повысила голос. Люди за соседними столиками маленького кафе поворачивали головы.

— Я не мог тебе сказать, Джесс, ясно? Потому что знал, что ты отреагируешь именно так.

— А, так это моя вина. Ну конечно!

— Мы разошлись. Ты знала это не хуже меня.

Джесс стояла. Она не заметила, как вскочила на ноги. Мистер Николс почему-то тоже встал.

— Плевать я хотела на нас с тобой, ясно? Но мы жили впроголодь с тех пор, как ты ушел, и тут вдруг оказывается, что ты живешь с другой женщиной со своим новеньким диваном и блестящей машиной и кормишь ее детей. Хотя говорил, что не можешь и пальцем пошевелить ради своих. Да, Марти, вполне вероятно, что мне это пришлось бы не по душе.

— Я живу не на свои деньги. Это деньги Линзи. Я не могу кормить твоих детей на ее деньги.

— Моих детей? *Моих* детей? — Она вышла из-за стола и направилась к двери, ничего не видя перед собой. Она смутно сознавала, что мистер Николс подзывает официантку.

— Послушай, — сказал Марти, — Танзи очень хочется остаться. Она явно расстроена из-за истории с математикой. Она попросила меня попросить тебя. Пожалуйста.

Джесс не могла говорить. Она стояла на холодной автомобильной парковке, закрыв глаза и сжимая телефон пальцами с побелевшими костяшками.

— К тому же я хочу уладить разногласия с Никки.

— Ты... невозможен.

— Просто... просто дай мне уладить разногласия с детьми, пожалуйста. Мы с тобой можем поговорить позже. Но сегодня, пока они здесь... Я скучал по ним, Джесс. Я знаю, знаю, все это моя вина. Я ужасно себя вел. Но я действительно рад, что правда вышла на свет. Я рад, что ты в курсе, что происходит. И я просто... хочу жить дальше.

Джесс смотрела прямо перед собой на парковку. Вдалеке мигали голубые огни полицейской машины. Заболела нога. Джесс прижала ладонь к лицу и наконец сказала:

— Дай трубку Танзи.

Короткая пауза, стук двери. Джесс глубоко вдохнула.

— Мама?

— Танзи? Милая? У тебя все в порядке?

— Все хорошо, мама. У них есть черепахи. Одна из них хромает. Ее зовут Майк. Можно мы заведем черепаху?

— Мы об этом поговорим. — (В трубке бренчали кастрюли, бежала из крана вода.) — Ты правда хочешь остаться на ночь? Это вовсе не обязательно. Просто... делай, что сама хочешь.

— Я бы с удовольствием осталась. Сюзи милая. Она обещала одолжить мне свою пижаму с героями «Классного мюзикла».

— Сюзи?

— Дочка Линзи. Это будет вроде вечеринки с ночевкой. А еще у нее есть специальные бусины, которые можно составить в узор и закрепить утюгом.

— Хорошо.

Короткая пауза. Приглушенное бормотание в трубке.

— Когда ты заберешь меня завтра?

Джесс сглотнула и постаралась говорить спокойно:

— После завтрака. В девять утра. И если ты передумаешь, просто позвони, хорошо? В любое время. И я сразу тебя заберу. Хоть среди ночи. Неважно.

— Знаю.

— Я приеду в любое время. Я люблю тебя, милая. Звони в любое время.

— Хорошо.

— Ты... ты не могла бы передать трубку Никки?

— Я люблю тебя.

— До свидания.

— Я сказал ему, что останусь, — бесстрастно сообщил Никки. — Но только, чтобы присмотреть за Танзи.

— Хорошо. Мы остановимся где-нибудь поблизости. Она... Эта женщина... Она вменяемая? В смысле, вам обоим ничего не грозит?

— Линзи? Она ничего.

— А ты... У тебя все нормально? Он не...

— Все в порядке. — Долгое молчание. — Джесс?

— Да?

— У тебя все нормально?

Ее лицо сморщилось. Она молча вдохнула, подняла руку и вытерла слезы, которые беззвучно струились по щекам. Она и не знала, что в ней столько слез. Она не отвечала Никки, пока не смогла говорить ровным голосом.

— У меня все хорошо, милый. Развлекайтесь и не волнуйтесь обо мне. Увидимся утром.

Мистер Николс стоял у нее за спиной. Он молча взял у Джесс телефон, не сводя глаз с ее лица:

— Я нашел гостиницу, где пускают собак.

— А бар там есть? — Джесс вытерла глаза тыльной стороной ладони.

— Что?

— Мне нужно напиться, Эд. В хлам. — Он протянул ей руку, и она взяла ее. — К тому же, кажется, я сломала палец на ноге.

23

Эд

Жил-был Эд, и однажды он встретил самую большую оптимистку на свете. Она носила шлепанцы в надежде на приход весны. Казалось, она скачет по жизни, словно Тигра. То, что могло бы подкосить другого, ее вовсе не огорчало. А если она и падала, тут же вскакивала обратно. Снова падала, растягивала губы в улыбке, стряхивала пыль и двигалась дальше. Эд никак не мог понять, героизм это или идиотизм.

А потом он оказался на обочине рядом с пятикомнатным роскошным домом неподалеку от Карлайла и увидел, как все, во что верила эта девушка, разлетается в клочья, и остается лишь призрак на пассажирском сиденье, невидящим взглядом сверлящий ветровое стекло. Эд почти слышал, как утекает ее оптимизм. И его сердце треснуло и раскрылось.

Он забронировал коттедж на берегу озера, в двадцати минутах от дома Марти... или, вернее, его подружки. На сотню миль вокруг не оказалось ни одной гостиницы, в которой согласились бы принять пса, и последний администратор, с которым он разговаривал, бойкая женщина, восемь раз назвавшая его «голубчиком», предложила поискать заведение с самообслуживанием и рассказала о новом месте, которым управляет невестка ее подруги. Эду пришлось оплатить три дня — минимальный срок пребывания, — но ему было все равно. Джесс ни о чем не спрашивала. Возможно, вообще не заметила, куда они приехали.

Забрав ключ на стойке регистрации, Эд поехал по тропинке между деревьями, остановился перед коттеджем, выгрузил Джесс и собаку и завел их в дом. Джесс заметно хромала. Внезапно Эд вспомнил, с какой яростью она пинала машину. В шлепанцах.

— Примите ванну. Посидите в ней подольше. — Он включил все лампы и задернул шторы. Снаружи было темно и ничего не видно. — Постарайтесь расслабиться. А я пока схожу за едой. И может быть, за пакетом со льдом.

Джесс повернулась и кивнула. Попыталась улыбнуться в знак благодарности, но вышло неубедительно.

Ближайший супермаркет был таковым лишь по названию: две корзинки жухлых овощей и ряды консервов незнакомых марок под мерцающими лампами дневного света, — возможно, они стояли так месяцами. Эд взял пару готовых обедов, немного хлеба, кофе, молоко, замороженный горошек и обезболивающее для ноги Джесс. Немного поразмыслив, добавил пару бутылок вина. Ему нужно было выпить. Пожалуй, нужно.

Он стоял у кассы, когда запищал его телефон. Эд вытащил его из кармана, предположив, что это Джесс. И только потом вспомнил, что деньги на ее телефоне закончились два дня назад.

Привет, милый. Очень жаль, что ты не можешь приехать завтра. Мы все надеемся тебя скоро увидеть. С любовью, мама. P. S. Папа передает привет. Ему сегодня нездоровится.

— Двадцать два фунта восемьдесят пенсов.

Кассирша произнесла сумму дважды, прежде чем Эд услышал.

— А! Простите. — Он выудил из бумажника карту и протянул ей.

— Терминал не работает. Это написано на табличке.

Эд проследил за ее взглядом. На табличке было старательно выведено шариковой ручкой: «Только наличные или чеки»

— Это шутка?

— Какие уж тут шутки. — Она меланхолично жевала бог знает что.

— Мне может не хватить наличных, — сказал Эд. Кассирша равнодушно смотрела на него. — Вы не принимаете карты?

— Это написано на табличке.

— Ну... а ручного терминала у вас нет?

— Большинство местных платит наличными. — Выражение ее лица означало, что любому ясно — никакой он не местный.

— Ладно. Где ближайший банкомат?

— В Карлайле.

Эд подумал, что она шутит. Она не шутила.

— Если у вас нет денег, придется положить еду на место.

— У меня есть деньги. Подождите минуту.

Он порылся в карманах — люди в очереди нарочито вздыхали и закатывали глаза — и сумел наскрести во внутреннем кармане куртки и на дне бумажника достаточно наличных, чтобы купить все, кроме луковых колечек. Эд пересчитал деньги, и кассирша демонстративно подняла брови, пробивая покупки и отодвигая колечки в сторону. Несомненно, через некоторое время их уберут обратно в холодильник. Эд засунул покупки в пакет, который порвется еще до того, как он дойдет до машины, и постарался не думать о матери.

Он готовил, когда Джесс, хромая, спустилась. По крайней мере, в микроволновке шумно крутились два пластиковых лотка, а это было практически вершиной его кулинарных талантов. На Джесс был махровый халат, волосы она замотала белым полотенцем наподобие тюрбана. Эд никогда не понимал, как женщины это делают. Его бывшая тоже так делала. Может, женщин учат этому специально, как учат мыть руки и пользоваться прокладками? Без косметики лицо Джесс было удивительно красивым.

— Держите. — Эд протянул ей бокал вина.

Она машинально взяла его. Эд растопил камин, и Джесс рассеянно села перед огнем. Эд протянул ей замороженный горошек для больной стопы и продолжил готовить еду в микроволновке, следуя инструкциям на упаковке.

— Я написал Никки эсэмэску, — сказал он, проткнув пластиковую пленку вилкой. — Сообщил, где мы остановились.

Джесс сделала еще глоток вина:

— У него все в порядке?

— Вполне. Они как раз собирались ужинать. — Джесс едва заметно вздрогнула, и Эд немедленно пожалел, что вызвал в ее воображении сцену милого семейного ужина. — Как ваша нога?

— Болит.

Джесс сделала большой глоток вина, и Эд увидел, что она уже опустошила свой бокал. Она, морщась, встала — горошек упал на пол — и налила себе еще бокал. Затем, словно что-то припомнив, полезла в карман халата и достала маленький прозрачный полиэтиленовый пакетик.

— Нычка Никки, — пояснила она. — Пожалуй, сейчас самое время присвоить его наркотики.

Джесс произнесла это почти с вызовом, ожидая возражений. Эд промолчал. Она достала бумажки Никки, положила на колени туристический путеводитель со стеклянного журнального столика и принялась сворачивать неуклюжий косяк. Прикурила и глубоко затянулась. Попыталась сдержать кашель и затянулась снова. Тюрбан из полотенца начал съезжать, и она с раздражением его сдернула, так что мокрые волосы рассыпались по плечам. Она снова затянулась, закрыла глаза и протянула косяк Эду.

— Вот чем пахло, когда я вошел в дом?

Джесс открыла один глаз:

— По-вашему, мне должно быть стыдно?

— Нет. По-моему, один из нас должен быть в состоянии вести машину, если Танзи захочет вернуться.

Глаза Джесс широко распахнулись.

— Все в порядке, — сказал Эд. — Правда. Не стесняйтесь. Полагаю... вам нужно...

— Начать новую жизнь? Взять себя в руки? Как следует покувыркаться в постели? — Джесс безрадостно засмеялась. — Хотя нет. Совсем забыла. Даже это у меня не выходит.

— Джесс...

Она подняла руку:

— Простите. Ладно. Давайте перекусим.

Они ели за маленьким пластиковым столом рядом с кухней. Карри было вполне сносным, но Джесс едва к нему прикоснулась, предпочитая вино. Она гоняла кусочки курицы по тарелке, пока не стало ясно, что ей больше ничего не лезет в горло, и Эд предложил убрать со стола.

Когда он собрался мыть тарелки, Джесс повернулась к нему:

— Я веду себя как полная идиотка?

Эд прислонился к кухонным шкафчикам с тарелкой в руке:

— С чего вы...

— Я все поняла, пока сидела в ванной. Я столько лет твердила детям, что, если заботиться о людях и поступать правильно, все будет хорошо. Не укради. Не лги. Поступай правильно. И Вселенная непременно позаботится о тебе. Но ведь это полный бред. Никто больше так не думает. — Ее голос слегка заплетался, полный боли.

— Это не...

— Неужели? Два года у меня не было ни гроша. Два года я защищала его, старалась ничем не тревожить, не докучать заботой о его собственных детях. И все это время он жил в роскошном доме, с мелированными волосами, дизайнерскими джинсами и новой подружкой. — Она изумленно покачала головой. — Я ни о чем не подозревала. Даже мысли такой не было. И я поняла, пока сидела в ванной... все это «поступай с другими так, как ты хотел бы, чтобы поступали с тобой»... Это работает, только если все так делают. Но никто больше так не делает. Мир полон людей, которым на это насрать. Они пройдут по головам, чтобы получить желаемое. Они пройдут по головам даже собственных детей.

— Джесс...

Эд обошел кухонную стойку и оказался в нескольких дюймах от нее. Он не знал, что сказать. Ему хотелось обнять Джесс, но что-то в ее поведении удерживало его. Она налила себе еще вина и подняла бокал, словно произносила тост:

— Знаете, мне плевать на эту женщину. Дело не в ней. Мы с Марти разошлись давным-давно. Но все это дерьмо насчет того, что он не может помочь своим собственным детям... Не желает даже попробовать наскрести Танзи денег на оплату учебы. — Она сделала долгий глоток и медленно заморгала. — Вы видели кофточку девочки? Дизайнерскую кофточку? Вы знаете, сколько она стоит? Шестьдесят семь фунтов. Шестьдесят семь фунтов за детскую толстовку. Я видела ценник, когда наркоманка Айлин притащила такую же. — Джесс со злостью вытерла глаза. — Знаете, что он прислал Никки на день рождения в феврале? Сертификат на десять фунтов. Сертификат на десять фунтов магазина компьютерных игр. На десять фунтов даже не купить компьютерную игру. Только подержанную. А подержанные игры не всегда можно сбросить, так что все очки достанутся прежнему хозяину. Но самое смешное, что мы все были счастливы. Мы думали, это означает, что Марти становится лучше. Я сказала детям, что десять фунтов — большие деньги, если ты не работаешь. — Джесс засмеялась. Жутким безрадостным смехом. — И все это время... Все это время он жил в роскошном доме с чистеньким новым диваном, занавесками в тон и дурацкой стрижкой, как у паренька из поп-группы. И ему даже не хватило духу мне сообщить.

— Он трус, — сказал Эд.

— Ага. А я идиотка. Я протащила детей через полстраны в погоне за синей птицей, потому что считала, будто могу повысить их шансы преуспеть. Влезла в долги на тысячи фунтов. Потеряла работу в пабе. Практически разрушила уверенность Танзи в себе, подвергнув ее испытанию, к которому она была не готова. И ради чего? Только потому, что не желала видеть правду.

— Правду?

— Такие, как мы, не могут преуспеть. Мы никогда не продвинемся вверх по социальной лестнице. Так и будем барахтаться у ее подножия, пытаясь взобраться на других бедолаг, словно крысы в подвале, чтобы не замочить хвост.

— Все совсем не так.

— Да что вы знаете? — В ее голосе не было злости, только замешательство. — Разве вы можете понять? Вы совершили одно из самых тяжелых преступлений в Сити. Строго говоря, вы действительно это сделали. Вы сказали своей подружке, какие акции купить, чтобы заработать кучу денег. Но вам это сойдет с рук. — (Эд не донес бокал до рта.) — Не сомневайтесь, сойдет. Придется посидеть пару недель, возможно, даже получить условный срок и крупный штраф. У вас есть дорогие адвокаты, которые вытащат вас из беды. У вас есть люди, которые будут заступаться за вас, сражаться за вас. У вас есть дома, машины, средства. Вам правда не о чем беспокоиться. Разве вы можете понять, каково живется нам?

— Это несправедливо, — мягко сказал Эд.

— Не говорите мне о справедливости, — отрезала она.

Джесс отвернулась и затянулась. Затянулась, словно ей действительно хотелось отключиться. Она снова и снова затягивалась косяком, закрыв глаза и выдыхая вверх. Сладковатый дым плыл к потолку.

Эд сел рядом и забрал косяк:

— Пожалуй, это не слишком хорошая идея.

Джесс выхватила косяк обратно:

— Не говорите мне, что хорошо, а что плохо.

— Я не думаю, что это поможет.

— Мне плевать, что вы...

— Я вам не враг, Джесс.

Она бросила на него взгляд, отвернулась и уставилась в огонь. Эд не мог понять, ждет ли она, что он встанет и уйдет. Или, может, закричит на нее в ответ. «На этот раз я не уйду, — подумал он. — Я буду сидеть до конца».

— Простите, — наконец сказала Джесс жестким, словно картон, голосом.

— Все в порядке.

— Ничего не в порядке, — вздохнула она. — Мне не следовало... не следовало срывать злобу на вас.

— Ничего страшного. У вас был паршивый день. Вот что, я пойду приму ванну, а потом нам обоим стоит поспать.

— Я докурю и буду в порядке. — Она снова затянулась.

Эд мгновение подождал и оставил ее смотреть на огонь. О степени его усталости можно было судить по тому, что его планы не простирались дальше ванны.

Должно быть, он задремал в воде. Он набрал полную ванну, вылил в нее все зелья и снадобья, которые стояли на полках, не глядя на этикетки, и с удовольствием погрузил тело в горячую воду, чтобы снять напряжение дня. Он старался ни о чем не думать. Не думать о Джесс, которая уныло смотрит на огонь внизу, не думать о своей матери в паре часов езды отсюда, которая напрасно ждет сына. Ему нужно было хотя бы пару минут ни о чем не думать. Он погрузился в воду почти с головой, оставив снаружи лишь нос.

Эд задремал, но в его кости словно просочилось странное напряжение: он не мог расслабиться, даже с закрытыми глазами. Раздался шум: далекий рев мотора, дерганый и резкий, похожий на вой бензопилы или попытки неумелого водителя газовать. Эд открыл один глаз, надеясь, что шум прекратится. Неужели и здесь не получится отдохнуть? Всего одна ночь без шума и драм. Разве это так много?

— Джесс? — окликнул он, когда шум стал невыносим.

Может, внизу есть музыкальная система? Пусть Джесс включит музыку, чтобы заглушить шум.

И тогда он понял причину своего смутного беспокойства. Это был рев его собственной машины.

Эд резко сел, но тут же, обернув чресла полотенцем, выскочил из ванны. Сбежал вниз через ступеньку, мимо пустого дивана, мимо Нормана, вопросительно поднявшего голову с коврика перед камином. Он дергал ручку передней двери, пока она не открылась. Навстречу ударил порыв холодного воздуха. Эд успел как раз вовремя, чтобы увидеть, как его машина, подпрыгивая, трогается с места и катит по извилистой гравийной дорожке. Он слетел с крыльца и на бегу разглядел за рулем Джесс. Она наклонилась вперед, вглядываясь в ветровое стекло. Фары не горели.

— Господи Иисусе. ДЖЕСС! — Он помчался через траву, с него еще стекала вода, одной рукой он сжимал полотенце на талии, стараясь пересечь лужайку и загородить путь, прежде чем Джесс выедет на дорогу к шоссе. Она на мгновение обернулась, ее глаза широко распахнулись при виде его. Она боролась с передачами, раздавался громкий треск.

— ДЖЕСС!

Эд подбежал к машине. Бросился на капот, молотя по нему кулаками, затем вбок, дергая за ручку. Дверца распахнулась, прежде чем Джесс нащупала замок, и Эда развернуло в сторону.

— Какого черта ты творишь?

Но Джесс не остановилась. Эд побежал неестественно длинными скачками, держась одной рукой за болтающуюся дверцу, другой за руль; острый гравий колол ноги. Полотенце давно свалилось.

— Отойди!

— Останови машину! ДЖЕСС, ОСТАНОВИ МАШИНУ!

— Эд, отойди! Ты поранишься! — Она ударила его по руке, и машина опасно вильнула влево.

— Что за... — Он нырнул и выхватил ключи из зажигания. Машина задрожала и резко остановилась. Эд налетел на дверцу правым плечом. Джесс с хрустом ударилась носом о руль. Воздушная подушка, поразмыслив, засвистела и надулась. — ТВОЮ МАТЬ! — Эд рухнул набок и ударился головой обо что-то твердое. — ТВОЮ МАТЬ!

Он лежал на земле, задыхаясь, у него кружилась голова. Через секунду его мысли прояснились, и он неуверенно поднялся на ноги, держась за все еще открытую дверцу. Хотя перед глазами все плыло, Эд видел, что машина остановилась в паре футов от озера, чернильная вода плескалась совсем рядом с колесами. Руки Джесс лежали на воздушной подушке, лицо — в промежутке между руками, из швов подушки поднималась тонкая струйка дыма. Эд перегнулся через Джесс и поставил машину на ручной тормоз, пока она снова не тронулась с места.

— Что это было, черт побери?! Что это БЫЛО? — Его переполняли адреналин и боль. Эта женщина — ночной кошмар. Хаос во плоти. О чем она думала, черт побери?! О чем он думал, черт побери, согласившись принять во всем этом участие?! — О господи, моя голова. О нет! Где мое полотенце? Где это чертово полотенце?

В других коттеджах мелькали огни. Эд поднял взгляд и увидел силуэты в окнах, о которых не подозревал. Люди смотрели на него. Он прикрылся рукой и пошел, а потом побежал за полотенцем, которое лежало в грязи на дороге светящимся мятым вымпелом. На бегу Эд поднял свободную руку, как бы говоря: «Не на что тут смотреть» (учитывая холодный ночной воздух, это скоро стало правдой), и на нескольких окнах поспешно задернули шторы.

Джесс сидела там, где он ее оставил.

— Ты знаешь, сколько выпила сегодня?! — орал Эд через открытую дверцу. — Сколько дури выкурила? Ты могла убить себя. Ты могла убить нас обоих. — Ему хотелось встряхнуть ее, чтобы она поняла, как глупо только что поступила. — Тебе правда хочется все больше и больше зарываться в дерьмо? Какого черта с тобой не так?

И тогда он услышал. Джесс обхватила голову руками и тихо и жалобно плакала:

— Прости.

Эд чуть успокоился и закрепил полотенце на талии.

— Что это было, Джесс? Пора бы понимать, что это полный идиотизм.

— Я хотела забрать их. Я не могла оставить их с ним.

Эд глубоко вдохнул, сжал и разжал кулак:

— Но мы же все обсудили. У них все хорошо. Никки обещал позвонить, если что-то пойдет наперекосяк. И мы заберем детей завтра утром. Тебе это прекрасно известно. Тогда какого черта...

— Я боюсь, Эд.

— Боишься? Чего?

У нее шла кровь из носа, темно-красная струйка стекала к губам, на глазах размазалась тушь.

— Я боюсь, что... Боюсь, что им понравится у Марти. — Ее лицо сморщилось. — Боюсь, что они не захотят возвращаться.

И Джесс Томас замерла, осторожно прислонившись к нему, уткнувшись лицом в его голую грудь. В конце концов Эд обнял ее, прижал к себе и дал выплакаться.

Он слышал рассказы религиозных людей о божественных откровениях. Якобы в один прекрасный миг все становится ясно, а все дрянное и преходящее испаряется. Он всегда считал это маловероятным. Но в жизни Эда Николса случился такой миг в бревенчатом домике рядом с полоской воды, не то озером, не то каналом, в темноте не разберешь, неподалеку от Карлайла. Видите ли, он знал одну женщину, которая говорила себе, что может справиться с чем угодно, а потом решила, будто ни на что не способна; женщину, которая оказалась на самом дне и всеми силами пыталась оттолкнуть окружающих. И в тот миг он понял, что должен все исправить. Он переживал причиненную ей несправедливость сильнее, чем любые свои беды. Сжимая ее в объятиях, целуя в макушку и ощущая, как она цепляется за него, Эд понял, что сделает все, лишь бы она и ее дети были счастливы, лишь бы они были в безопасности и получили шанс на успех.

Он не спрашивал себя, как может это знать после четырех дней знакомства. Просто знал — отчетливее, чем все, что понял за целые десятилетия своей жизни.

Так он ей и сказал. Тихим голосом, словно на исповеди, пообещал, что все будет хорошо. Что он обо всем позаботится. Потому что она самая потрясающая женщина на свете, и ему ясно, что он сделает все возможное, чтобы все было хорошо. И когда она подняла на него опухшие глаза, хмурясь и пытаясь понять, о чем он говорит, Эд Николс вытер ее кровоточащий нос, нежно прижался губами к ее губам и сделал то, что ему хотелось сделать последние сорок восемь часов, даже если поначалу он был слишком туп, чтобы понять это. Он поцеловал ее. И когда она поцеловала его в ответ, сначала робко, а затем с отчаянной страстью, обхватив за шею и закрыв глаза, Эд подхватил ее на руки, стараясь не тревожить сломанный палец, отнес в дом и постарался показать ей, что имеет в виду, единственным доступным ему способом, который нельзя было истолковать превратно.

Дело в том, что в этот миг Эд Николс понял, что был больше похож на Марти, чем на Джесс. Он был трусом, который всю жизнь убегал от проблем, вместо того чтобы посмотреть им в лицо. И он понял, что надо что-то менять.

— Джесс? — тихо произнес он через некоторое время, уткнувшись в нее лицом, лежа без сна и восхищаясь крутыми жизненными поворотами. — Можно тебя кое о чем попросить?

— Опять? — сонно откликнулась она. Ее рука невесомо лежала на его груди. — О боже.

— Нет. Завтра. — Он прислонился головой к ее голове.

Она пошевелилась и скользнула ногой по его ноге. Эд ощутил ее губы на коже.

— Конечно. Чего ты хочешь?

Он поднял глаза к потолку:

— Ты не могла бы съездить со мной к моему отцу?

24

Никки

Любимая присказка Джесс сразу после «Все будет хорошо», «Мы что-нибудь придумаем» и «О господи, НОРМАН» — это то, что семьи бывают разного размера и формы. «Сейчас не обязательно иметь 2,4 ребенка», — твердит она, как будто от частого повторения нам всем придется в это поверить.

Что ж, если раньше наша семья была странной формы, теперь она стала и вовсе безумной.

У меня нет настоящей мамы на полную ставку, какая, наверное, есть у вас, но, похоже, у меня появилась еще одна мама на полставки. Линзи. Линзи Фогарти. Я толком не знаю, что она обо мне думает. Я вижу, как она наблюдает за мной краешком глаза, пытаясь понять, не собираюсь ли я сделать нечто мрачное и готическое, или сжевать черепаху, или еще что-нибудь. Папа сказал, что она занимает высокое положение в местном совете. Он явно этим гордится, как будто это его личное достижение. Сомневаюсь, что он когда-нибудь смотрел на Джесс с такой гордостью.

Примерно час после нашего приезда мне было ужасно неловко, словно я оказался в очередном месте, которое мне не подходит. Дом очень чистый, и в нем совсем нет книг, а у нас Джесс насовала книг во все комнаты, кроме ванной, и даже в туалете обычно лежит хоть одна. И я все время смотрел на отца, потому что не мог поверить, что он жил здесь как совершенно обычный человек и при этом постоянно нам врал. От этого я ненавидел Линзи, как ненавижу его.

Но потом Танзи что-то сказала за ужином, и Линзи расхохоталась — да что там, загоготала, загудела, просто СИРЕНА В ТУМАНЕ, — и прижала ладонь ко рту, и они с отцом переглянулись, как будто она изо всех сил старалась не издавать подобных звуков, и, глядя на морщинки в уголках ее глаз, я почему-то подумал, что, может, она вполне ничего.

Я имею в виду, ее семья тоже только что приняла странную форму. У нее было двое детей, Сюзи и Джош, и мой папа. И тут внезапно появляемся мы — Юный Гот, как меня называет отец, как будто это смешно, и Танзи, которая носит вторую пару очков поверх первой, потому что первая не совсем подходит, — и Джесс устраивает истерику у нее на дорожке и пинает ее машину, и мистер Николс, который явно неровно дышит к маме, болтается поблизости и спокойно пытается все уладить, как будто он здесь единственный взрослый. И несомненно, папе пришлось рассказать Линзи о моей биологической матери, которая тоже может однажды с воплями заявиться к ней на дорожку, как в первое Рождество после моего переезда к Джесс, когда моя мамаша кидала бутылки в окна и орала до хрипоты, пока соседи не вызвали полицию. Так что, если хорошенько подумать, у Сирены в Тумане тоже есть все основания чувствовать, что ее семья приняла какую-то неправильную форму.

Я толком не знаю, почему рассказываю вам об этом. Просто сейчас три часа ночи и все в доме спят. Нас с Танзи положили в комнате Джоша, а у него есть собственный компьютер (у обоих детей есть компьютеры, да не какие-нибудь, а «Маки»), но я не помню его коды и не могу поиграть.

Я все думал о словах мистера Николса — мол, если вести блог, рано или поздно появятся твои люди.

Наверное, вы не мои люди. Наверное, вы просто сделали опечатку, когда искали шины со скидкой, порнографию или что-нибудь еще. Но я все равно это выложу. Просто на случай, если между нами есть что-то общее.

Потому что за последние двадцать четыре часа я кое-что понял. Возможно, я подхожу своей семье не так идеально, как вы — круглые колышки в идеально круглых лунках. В нашей семье колышки и лунки приходится обстругивать, потому что раньше они стояли в других местах и к тому же их заклинило и они слегка покосились. Но дело вот в чем. Я кое-что понял, когда папа сел и сказал, что рад меня видеть, и у него увлажнились глаза: да, мой отец козел, но он мой козел, и другого козла у меня нет. И, ощущая тяжесть ладони Джесс, когда она сидела у моей больничной койки, слушая, как она пытается не расплакаться в трубку при мысли о том, чтобы оставить меня здесь, и глядя, как моя младшая сестра, которая изо всех сил храбрится насчет этой истории со школой, хотя даже мне понятно, что ее мир рухнул, я понял, что в мире есть место, где я свой.

Думаю, я свой среди них.

25

Джесс

Эд лежал, опершись о подушки, и смотрел, как Джесс красится, замазывая синяки на лице консилером из маленького тюбика. Ей почти удалось замаскировать синяк на виске, в том месте, где ее голова отскочила от воздушной подушки. Но нос был фиолетовым, кожа туго натянулась на шишке, а верхняя губа выглядела опухшей и раздутой, как у женщины, опрометчиво воспользовавшейся нелегальными филлерами.

— Похоже, тебе кто-то врезал по носу.

Джесс нежно провела пальцем по его губам:

— Тебе тоже.

— Так и есть. Моя собственная машина, по твоей милости.

Джесс наклонила голову, глядя на отражение Эда у себя за спиной. На его губах играла ленивая кривая ухмылка, подбородок оброс колючей щетиной. Джесс невольно улыбнулась в ответ.

— Я не уверен, что есть смысл замазывать синяки. Ты будешь выглядеть избитой, как ни старайся.

— Я собиралась печально сообщить твоим родителям, что налетела на дверь. И возможно, украдкой покоситься на тебя.

Эд вздохнул и потянулся, закрыв глаза:

— Если это окажется самым ужасным, что они подумают обо мне к концу дня, я скажу, что все прошло неплохо.

Джесс оставила попытки накраситься и закрыла косметичку. Эд прав: единственное, что могло бы помочь, — весь день прижимать к лицу пакет со льдом. Джесс задумчиво провела языком по опухшей верхней губе:

— Поверить не могу, что не чувствовала этого, когда мы... Ну, прошлой ночью.

Прошлой ночью.

Джесс повернулась, забралась в кровать и вытянулась вдоль Эда во всю длину. Она знала этого мужчину. Знала каждый его дюйм. Невозможно поверить, что они толком познакомились всего неделю назад. Эд сонно открыл глаза, протянул руку и лениво поиграл с прядью ее волос:

— Это все благодаря моему мощному животному магнетизму.

— Или двум косякам и полутора бутылкам мерло.

Он обхватил ее за шею и притянул к себе. Она на мгновение закрыла глаза, вдыхая запах его кожи. От него приятно пахло сексом.

— Будь со мной поласковее, — тихо проворчал Эд. — Я чувствую себя немного разбитым.

— Я наберу тебе ванну. — Она провела пальцем по отметине на его голове, в том месте, где он ударился о дверцу машины.

Они поцеловались, долго, медленно и сладко, и Эд немного воспрял.

— Ты хорошо себя чувствуешь?

— В жизни не чувствовал себя лучше. — Он открыл один глаз.

— Я не об этом. Я насчет обеда.

Он на секунду помрачнел и уронил голову обратно на подушку. Джесс пожалела, что упомянула об этом.

— Нет. Но, наверное, мне станет легче, когда с этим будет покончено.

Джесс спряталась в туалете, чтобы немного пострадать в одиночестве. Без четверти девять позвонила Марти и сказала, что ей нужно кое-что уладить и она заберет детей между тремя и четырьмя часами. Это не было просьбой. Она решила, что впредь просто будет извещать Марти о своих намерениях. Он передал трубку Танзи. Дочь не стала ничего рассказывать, зато потребовала отчета, как Норман справляется без нее. Пес валялся перед камином, словно объемный коврик. Похоже, ни разу не пошевелился за двенадцать часов, не считая перерыва на завтрак.

— Он выжил. С трудом.

— Папа обещал сделать бутерброды с беконом. А потом мы погуляем в парке. Только он, я и Никки. Линзи ведет Сюзи на балет. У нее уроки балета два раза в неделю.

— Звучит замечательно, — сказала Джесс.

Возможно, способность восторгаться вещами, от которых хочется что-нибудь пнуть, — ее суперсила?

— Я вернусь после трех, — сообщила она Марти, когда он снова подошел к телефону. — Проследи, чтобы Танзи надела куртку.

— Джесс, — произнес он, когда она уже собиралась положить трубку.

— Что?

— Они чудесные. Оба. Я просто...

Джесс сглотнула:

— После трех. Я позвоню, если буду опаздывать.

Она выгуляла пса и позволила ему растянуться на полу гостиной. К этому времени Эд уже встал и позавтракал. Первый час пути до дома его родителей прошел в тишине. Эд побрился и дважды переодел футболку, хотя они были совершенно одинаковыми. Джесс сидела рядом с ним, молчала и чувствовала, как утро и мили постепенно крадут у них близость прошлого вечера. Несколько раз она открывала рот, чтобы заговорить, но обнаруживала, что ей нечего сказать. Казалось, кто-то содрал с нее кожу, обнажив все нервные окончания. Джесс слишком громко смеялась и двигалась неестественно и неловко. Казалось, она проспала миллион лет, и ее рывком подняли с постели.

Ей чертовски хотелось прикоснуться к Эду, переплести свои пальцы с его, положить руку ему на бедро, но за пределами спальни, в беспощадном свете дня она начала сомневаться, уместно ли это.

Она не знала, как он расценивает то, что случилось. И боялась спросить.

Джесс подняла покрытую синяками ногу и положила на нее пакет замороженного горошка. Сняла и положила обратно.

— Все в порядке?

— Вполне. — Ей просто надо было чем-то заняться. Джесс улыбнулась Эду, и он улыбнулся в ответ.

Она хотела наклониться и поцеловать его. Хотела легонько провести пальцем по его загривку, чтобы Эд посмотрел на нее, как смотрел прошлой ночью, отстегнуть ремень безопасности, придвинуться к нему вплотную и заставить съехать на обочину, чтобы отвлечь от тягостных раздумий хотя бы на двадцать минут. А потом Джесс вспомнила Натали, которая три года назад надумала стать роковой женщиной и устроила Дину минет-сюрприз, когда он вел грузовик. Дин завопил: «Какого черта ты творишь?!» — и въехал прямо в минимаркет, и не успел он застегнуться, как из супермаркета выбежала тетя Натали Дорин, чтобы посмотреть, что случилось. С тех пор Натали несколько упала в ее глазах.

Так что, наверное, лучше не стоит. Джесс украдкой посматривала на Эда. Она обнаружила, что не может видеть его руки и не представлять их на своей коже, не воображать, как он медленно проводит губами по ее голому животу, щекоча его мягкими волосами. Она подумала о его запахе, крепких мышцах и гладкой коже. О боже! Джесс положила ногу на ногу и уставилась в окно.

Но Эд размышлял о чем-то другом. Он притих, выпятил подбородок, слишком крепко сжимал руль.

Джесс села прямо, поправила горошек и подумала о поездах. И фонарных столбах. И математических олимпиадах.

Я женщина, которой не нужны отношения, сказала она себе. Просто я немного запуталась, оттого что взболтала гормоны, словно суп для бездомных.

Я женщина, которая ничего не принимает близко к сердцу. И, честно говоря, все и так достаточно непросто, усложнять ни к чему. Это всего лишь несколько дней, вычеркнутых из моей жизни. Джесс смотрела в окно и молча повторяла эти слова, пока они не утратили всякий смысл.

Родители Эда жили в викторианском доме из серого камня в конце ряда. На таких улицах соседи стараются превзойти друг друга аккуратностью ящиков с цветами на окнах, а мусорные баки выставляются только на время их опорожнения. Эд остановился, дал мотору остыть и посмотрел в окно на дом своего детства, свежевыкрашенную калитку и лужайку, которая словно была подстрижена маникюрными ножницами. Он не шевелился.

Почти машинально Джесс коснулась его руки, и Эд повернулся к ней, как будто забыл о ее существовании.

— Ты действительно не прочь составить мне компанию?

— Ну конечно, — запинаясь, ответила она.

— Я правда очень благодарен. Я знаю, ты хотела забрать детей.

Джесс на мгновение задержала ладонь на его руке:

— Все в порядке. Давай это сделаем.

Они прошли по дорожке, Эд остановился, словно проверяя, что на нем надето, и резко постучал в переднюю дверь. Они переглянулись, неловко улыбнулись друг другу и немного подождали. И еще немного.

Примерно через тридцать секунд Эд постучал еще раз, погромче. Затем присел и посмотрел в щель для писем.

Он встал и достал телефон.

— Странно. Джемма точно говорила, что обед сегодня. Сейчас проверю. — Он пролистал сообщения, кивнул в подтверждение своих слов и снова постучал.

— Если бы там кто-то был, то наверняка услышал бы, — заметила Джесс.

У нее мелькнула мысль, что было бы здорово для разнообразия подойти к дому и узнать, что происходит по ту сторону двери.

Они вздрогнули, когда где-то наверху рывками подняли окно. Эд отступил и посмотрел на соседний дом.

— Это ты, Эд?

— Добрый день, миссис Харрис. Я ищу своих родителей. Вы не знаете, где они?

Женщина поморщилась:

— Эд, милый, они уехали в больницу. Боюсь, твоему отцу опять стало плохо сегодня утром.

Эд поднес ладонь к глазам:

— В какую больницу?

Соседка помедлила, словно не могла поверить, что он не в курсе.

— «Ройял», милый. Это примерно в четырех милях в сторону шоссе. До конца дороги и налево...

Он уже пятился к машине:

— Все понятно, миссис Харрис. Я знаю, где это. Спасибо.

— Передайте ему наши наилучшие пожелания! — крикнула соседка, и Джесс услышала, как она опустила окно. Эд уже открывал дверцу машины.

Они добрались до больницы за несколько минут. Джесс молчала. Она не знала, о чем говорить. В какой-то момент она отважилась заметить: «Что ж, по крайней мере, родители будут рады тебя видеть», но это было весьма глупо, и Эд так глубоко погрузился в раздумья, что, похоже, не услышал. Он назвал имя отца на стойке информации. Оказалось, он лежит в отделении «Виктория».

— Вы же в курсе, где онкология? — уточнила администратор, оторвав взгляд от экрана. При слове «онкология» Эд заметно вздрогнул.

Они вошли в стальной лифт и поднялись на два этажа. Дверцы открылись, и они увидели табличку с названием отделения. Эд сообщил свое имя по интеркому, протер руки антибактериальным лосьоном, стоявшим рядом с дверью, и когда им наконец отворили, Джесс последовала за ним.

Навстречу по коридору шла женщина. На ней была войлочная юбка и цветные колготки. Ее волосы были подстрижены перышками, как стригутся женщины, которые уверяют, что у них слишком много дел, чтобы заботиться о прическе.

— Привет, Джемм. — Эд замедлил шаг.

Женщина неверяще посмотрела на него. У нее отвисла челюсть, и на мгновение Джесс показалось, что она собирается что-то сказать.

— Рад тебя ви... — начал он. Женщина внезапно врезала ему по лицу. Звук удара эхом раскатился по коридору.

Эд попятился, шатаясь и держась за щеку.

— Что за...

— Хренов козел, — сказала она. — Чертов, хренов козел!

Они уставились друг на друга. Эд опустил руку, словно чтобы проверить, нет ли крови. Женщина стискивала зубы, как будто ожидала, что он что-нибудь скажет или сделает, но он ничего не сделал.

Тогда она встряхнула руку, с удивлением на нее посмотрела и через мгновение осторожно протянула руку Джесс.

— Привет. Я Джемма, — сказала она.

Джесс помедлила и аккуратно пожала ей руку:

— Гм... Джесс.

Джемма нахмурилась:

— Женщина с ребенком, которой нужно срочно помочь?

Когда Джесс кивнула, Джемма медленно оглядела ее сверху вниз. Ее улыбка была скорее усталой, чем недружелюбной.

— Да, примерно так я вас и представляла. Ладно. Мама в конце коридора, Эд. Изволь сходить и поздороваться с ней.

— Он здесь? Это Эд? — Синевато-серые волосы женщины были скручены в аккуратный пучок. — Ах, Эд! Это ты, милый! Как здорово, что ты приехал! Но что с тобой случилось?

Эд обнял мать, уклонился от попытки потрогать его за нос и мельком покосился на Джесс.

— Я... я налетел на дверь.

Мать снова притянула его к себе, похлопывая по спине:

— Я так рада тебя видеть!

Через несколько минут он осторожно высвободился из ее объятий:

— Мама, это Джесс.

— Я... подруга Эда.

— Приятно познакомиться. Я Анна.

Ее взгляд на мгновение задержался на лице Джесс, оценивая разбитый нос и слегка распухшую верхнюю губу. Мать Эда чуть помедлила и, видимо, решила не спрашивать.

— Боюсь, Эд ничего мне о вас не рассказывал, но он никогда мне ни о чем не рассказывает, так что я с удовольствием послушаю вас. — Она положила ладонь на руку Эда, и ее улыбка чуть дрогнула. — Мы планировали такой чудесный обед, но...

Джемма шагнула к матери и начала рыться в своей сумочке.

— Но папа снова заболел.

— Он с таким нетерпением ждал этого обеда! Нам пришлось отменить приглашение Саймона и Дейрдры. Они как раз выезжали из Скалистого края.

— Мне очень жаль, — сказала Джесс.

— Да. Что ж. Ничего не поделаешь. — Похоже, она собралась с духом. — Знаете, это самая отвратительная болезнь на свете. Мне приходится очень стараться, чтобы не считать ее своим личным врагом. — Она наклонилась к Джесс и грустно улыбнулась. — Иногда я ухожу в нашу спальню и обзываю ее распоследними словами. Боб пришел бы в ужас.

— Я тоже могу обзывать ее, если хотите, — улыбнулась Джесс.

— О да, пожалуйста! Это было бы замечательно. Самыми грязными словами. И громко. Обязательно громко.

— Громко — это Джесс умеет. — Эд потрогал губу.

Последовало короткое молчание.

— Я купила целого лосося, — сообщила Анна в пространство.

Джесс чувствовала, что Джемма изучает ее. Она непроизвольно одернула футболку, чтобы татуировка не торчала из-под джинсов. Сами слова «социальный работник» заставляли ее чувствовать себя словно под лупой, как будто эта женщина уже выяснила ее происхождение и сейчас оценивала ее саму.

А затем Анна бросилась к сыну с протянутыми руками. Она с таким пылом заключила Эда в объятия, что Джесс слегка вздрогнула.

— Ах, милый! Мой милый мальчик! Знаю, я ужасная приставучая мамаша, но не сердись на меня. Я правда очень рада тебя видеть.

Эд обнял ее в ответ и виновато посмотрел в глаза Джесс.

— В последний раз мать обнимала меня в тысяча девятьсот девяносто седьмом году, — пробормотала Джемма. Кажется, она не замечала, что говорит вслух.

— Меня мать никогда не обнимала, — откликнулась Джесс.

Джемма посмотрела на нее так, точно совсем забыла о ее присутствии.

— Гм... Насчет того, что я врезала брату... Наверное, он рассказывал вам, чем я зарабатываю на жизнь. Я просто хочу подчеркнуть, что обычно не бью людей.

— Думаю, братья не в счет.

Глаза Джеммы сразу потеплели.

— Весьма разумное правило.

— Все в порядке, — сказала Джесс. — Знаете, мне и самой не раз хотелось ему врезать за последние несколько дней.

Боб Николс лежал на больничной койке, натянув одеяло до подбородка и осторожно положив сверху руки. По его бледной коже и выступающим черепным костям было ясно, что он не самый здоровый человек. Дышал он с трудом и медленно повернул голову к двери, когда они вошли. На прикроватном столике лежала кислородная маска, и две небольшие вмятины на лице Боба свидетельствовали о ее недавнем применении. На него было больно смотреть.

— Привет, папа.

Джесс наблюдала, как Эд пытается скрыть потрясение. Он наклонился над отцом и помедлил, прежде чем легонько коснуться его плеча.

— Эдвард, — прохрипел Боб, и все же в его голосе чувствовалась властность.

— Дорогой, правда, он чудесно выглядит? — произнесла мать Эда.

Отец изучал его полуприкрытыми запавшими глазами. Когда он заговорил, то ронял слова медленно и обдуманно, как будто их запас был ограничен.

— Нет. Он выглядит так, будто из него выбили всю дурь.

Джесс видела новый синяк на скуле Эда, в том месте, куда его ударила сестра. Она машинально коснулась распухшей губы.

— Где он был?

— Папа, это Джесс.

Отец Эда перевел взгляд на нее и поднял бровь на четверть дюйма.

— А у вас что с лицом? — прошептал он.

— Не поладила с машиной. Сама виновата.

— Эд тоже?

Она и глазом не моргнула:

— Да.

Он изучал ее еще мгновение.

— Похоже, от вас жди неприятностей, — сказал он. — Я прав?

Джемма наклонилась к нему.

— Папа! Джесс — подруга Эда.

Он отмахнулся от нее:

— На смертном одре есть единственное маленькое преимущество: можно говорить что вздумается. Непохоже, чтобы она обиделась. Вы обиделись? Простите, я забыл ваше имя. Растерял последние мозги.

— Джесс. Нет, я не обиделась. — (Он продолжал смотреть на нее.) — И да, наверное, от меня жди неприятностей, — добавила она, глядя ему в глаза.

Улыбка заиграла на его губах не сразу, но когда заиграла, Джесс на мгновение увидела, каким он был, пока не заболел.

— Рад это слышать. Мне всегда нравились девушки, от которых жди неприятностей. А этот парень слишком долго просидел, уткнувшись в компьютер.

— Как ты себя чувствуешь, папа?

Его отец заморгал:

— Я умираю.

— Мы все умираем, папа, — сказала Джемма.

— Не пичкай меня своей софистикой социального работника. Я умираю до неприятного быстро. У меня осталось весьма немного умений и совсем мало достоинства. Вряд ли я доживу до конца крикетного сезона. Я ответил на твой вопрос?

— Мне очень жаль, — прошептал Эд. — Жаль, что меня не было рядом.

— Ты был занят.

— Насчет этого... — начал Эд, глубоко засунув руки в карманы. — Папа. Мне нужно кое-что тебе рассказать. Мне нужно всем вам кое-что рассказать.

Джесс поспешно вскочила:

— Давайте я схожу за сэндвичами, а вы пока поговорите? — Джесс чувствовала, как Джемма оценивает, много ли ей известно. — И за напитками. Чай? Кофе?

Боб Николс повернул к ней голову:

— Вы только что пришли. Останьтесь.

Она встретилась глазами с Эдом. Он едва заметно пожал плечами, как будто ему было все равно, останется она или нет.

— Что случилось, милый? — Мать протянула к нему руку. — С тобой все в порядке?

— Все в порядке. То есть не совсем. В смысле, я здоров. Но... — Он сглотнул. — Нет, со мной не все в порядке. Я кое-что должен вам рассказать.

— Что? — спросила Джемма.

— Ладно. — Он глубоко вдохнул. — Дело вот в чем...

— В чем? — спросила Джемма. — О господи, Эд. Что случилось?

— Я нахожусь под следствием в связи с инсайдерской торговлей. Меня отстранили от управления компанией. На следующей неделе я должен явиться в полицейский участок, где мне, вероятно, предъявят обвинение. И возможно, посадят в тюрьму.

Сказать, что в палате воцарилась тишина, значит ничего не сказать. Казалось, кто-то высосал весь воздух. Джесс испугалась потерять сознание от нехватки кислорода.

— Это шутка? — спросила мать Эда.

— Нет.

— Я все-таки схожу за чаем, — произнесла Джесс.

Никто не обратил на нее внимания. Мать Эда медленно опустилась на пластиковый стул.

— Инсайдерская торговля? — Джемма первой обрела дар речи. — Это... это серьезно, Эд.

— Да. Я в курсе, Джемм.

— Настоящая инсайдерская торговля, как в новостях?

— Она самая.

— У него хорошие адвокаты, — сказала Джесс, но никто, похоже, не услышал. — Дорогие.

Рука его матери замерла на полпути ко рту. Она медленно опустила ее.

— Я не понимаю. Когда это случилось?

— Около месяца назад. По крайней мере, сама инсайдерская торговля.

— Месяц назад? Но почему ты ничего не сказал? Мы могли бы помочь.

— Нет, мама. Никто не может помочь.

— Но сесть в тюрьму? Как преступник? — Анна Николс заметно побледнела.

— Я и есть преступник, мама.

— Ничего, они во всем разберутся. Они поймут, что это какая-то ошибка, и во всем разберутся.

— Нет, мама. Боюсь, это невозможно.

Снова долгое молчание.

— Но ты справишься?

— Я справлюсь, мама. Джесс права, у меня хорошие адвокаты. У меня есть средства. Следствие уже установило, что я не извлек никакой финансовой прибыли.

— Ты даже ничего не заработал на этом?

— Это была ошибка.

— Ошибка? — спросила Джемма. — Я не понимаю. Как можно заниматься инсайдерской торговлей по ошибке?

Эд расправил плечи и пристально посмотрел на сестру. Он перевел дыхание и покосился на Джесс. Затем поднял глаза к потолку:

— Ну, я переспал с одной женщиной. Я думал, она мне нравится. А потом понял, что она не та, за кого я ее принимал, и мне захотелось разойтись с ней без шума и пыли. А она мечтала путешествовать. И я, не подумав, рассказал ей, как подзаработать, чтобы развязаться с долгами и отправиться путешествовать.

— Ты сообщил ей инсайдерскую информацию.

— Да. О SFAX. Нашем грандиозном запуске.

— Господи Иисусе! — Джемма покачала головой. — Ушам своим не верю.

— Мое имя пока не появилось в газетах. Но обязательно появится. — Эд засунул руки в карманы и пристально посмотрел на свою семью. Джесс гадала, заметил ли кто-нибудь, кроме нее, что у него дрожат руки. — Так что... Гм... Вот почему меня не было дома. Я надеялся, что смогу скрыть от вас правду, возможно, даже уладить дело, чтобы не пришлось вам рассказывать. Но похоже, не выйдет. И я хочу сказать, что очень сожалею. Я должен был рассказать вам и должен был проводить здесь больше времени. Но я... Мне не хотелось, чтобы вы знали правду. Мне... не хотелось, чтобы вы знали, как я все испортил.

Все молчали. Джесс начала непроизвольно болтать правой ногой. Она внимательно разглядывала ноготь и старалась не дергать ногой. Когда она наконец подняла глаза, Эд смотрел на отца:

— Ну?

— Что — ну?

— Ты ничего мне не скажешь?

Боб Николс медленно поднял голову с подушки:

— А что я должен сказать? — Эд и его отец смотрели друг на друга. — Сказать, что ты был идиотом? Ты был идиотом. Сказать, что ты профукал блестящую карьеру? Скажу, не сомневайся.

— Боб...

— Так что ты... — Он резко закашлялся, глухо и скрипуче.

Анна с Джеммой бросились на помощь, протягивая ему салфетки, стаканы воды, суетясь и кудахча, словно курицы. Похоже, все были рады чем-то заняться.

Эд стоял у изножья кровати.

— Тюрьма? — повторила его мать. — Самая настоящая тюрьма?

— Он так и сказал, мама.

— Но это ужасно.

— Сядь, мама. Дыши глубже. — Джемма усадила мать в кресло.

На Эда никто не обращал внимания. Почему его никто не обнимает? Почему никто не замечает, каким одиноким он себя чувствует?

— Мне очень жаль, — тихо сказал он.

Казалось, никто не услышал.

— Можно, я кое-что скажу? — не вытерпела Джесс. Она слышала свой голос, звонкий и неоправданно громкий. — Я только хочу сказать, что Эд помог двум моим детям в безвыходном положении. Он провез нас через всю страну, потому что мы были в отчаянии. Насколько я могу судить, ваш сын... замечательный. — Все подняли глаза. Джесс повернулась к его отцу: — Он добрый, умный и находчивый, даже если мне нравится не все, что он делает. Он добр с людьми, которых едва знает. Если мой сын вырастет хотя бы наполовину таким прекрасным, как ваш, я буду очень счастлива, и плевать на инсайдерскую торговлю. Что там счастлива! Буду в экстазе. — Все уставились на нее, и она добавила: — Кстати, я считала его замечательным еще до того, как мы занялись с ним любовью.

Все молчали. Эд пристально смотрел себе под ноги.

— Что ж, — слабо кивнула Анна, — это... э-э-э... это...

— Поучительно, — закончила Джемма.

— Ах, Эдвард, — умирающим голосом произнесла Анна.

Боб вздохнул и закрыл глаза.

— Только не надо спектаклей. — Он вновь открыл глаза и дал знак приподнять изголовье кровати. — Подойди сюда, Эд. Чтобы я мог тебя видеть. Зрение стало ни к черту.

Он знаком попросил воды, и жена поднесла стакан к его губам.

С трудом проглотив содержимое стакана, он постучал по краю кровати, чтобы Эд сел. Протянул руку и легонько сжал ладонь сына. Боб был невыносимо хрупким.

— Ты мой сын, Эд. Ты можешь быть сколь угодно бестолковым и безответственным, но это совершенно не меняет моего отношения к тебе. — Он нахмурился. — Меня бесит, что ты думал иначе.

— Прости меня, папа.

Его отец медленно покачал головой:

— Боюсь, я мало чем смогу помочь. Глупый и задыхающийся... — Он скривился и мучительно сглотнул. Затем крепче сжал руку Эда. — Мы все совершаем ошибки. Иди и прими свое наказание, а после вернись и начни все сначала.

Эд поднял на него взгляд. И Джесс увидела, каким он был в детстве: ранимым, отчаянно нуждающимся в одобрении отца. И полным решимости этого не выказывать.

— В следующий раз постарайся получше. Я знаю, ты можешь.

Анна заплакала, судорожно, беспомощно, закрыв лицо рукавом. Боб медленно повернул к ней голову.

— Ну что ты, милая, — мягко произнес он.

Джесс поняла, что стала лишней. Она бесшумно открыла дверь и выскользнула в коридор.

Джесс положила немного денег на телефон в магазине при больнице, написала Эду, куда подевалась, и сходила в отделение экстренной помощи, чтобы показать ногу врачу. Сильное кровоизлияние, поставил диагноз молодой поляк, не моргнув и глазом, когда Джесс рассказала, как именно повредила ногу. Он перевязал ей стопу, выписал рецепт на сильное обезболивающее, вернул шлепанцы и посоветовал отдохнуть.

— Постарайтесь больше не пинать машины, — сказал он, глядя в свой планшет для бумаг.

Джесс, прихрамывая, поднялась обратно в отделение «Виктория», села на пластиковый стул в коридоре и принялась ждать. Люди вокруг разговаривали шепотом. Наверное, она ненадолго задремала. Она внезапно проснулась, когда Эд вышел из палаты. Джесс протянула ему куртку, и он молча взял ее. Через мгновение в коридоре появилась Джемма. Они с Эдом молча смотрели друг на друга. Сестра ласково погладила его по щеке:

— Ты чертов идиот. — (Он стоял, опустив голову и засунув руки глубоко в карманы, как Никки.) — Ты глупый чертов глупый идиот. Позвони мне.

Эд отступил. Его глаза были красными.

— Я серьезно. Я пойду с тобой в суд. Возможно, у меня найдутся знакомые в службе пробации[1], которые помогут устроить тебя в тюрьму открытого типа[2]. В смысле, тебя же не посадят в тюрьму строгого режима, если ты больше ничего не натворил. — Она глянула на Джесс и снова посмотрела на брата. — Ты же больше ничего не натворил?

Эд наклонился и обнял сестру. Возможно, только Джесс заметила, как крепко он зажмурился, когда отстранился.

Они вышли из больницы в светящуюся белизну весеннего дня. Реальная жизнь, похоже, необъяснимо продолжалась, несмотря ни на что. Машины задним ходом заезжали на слишком узкие парковочные места, из автобусов выгружали коляски, вопил радиоприемник рабочего, красившего ограду. Джесс обнаружила, что дышит полной грудью, радуясь избавлению от затхлого больничного воздуха, почти материального призрака смерти,

1 *Пробация* — вид условного осуждения, при котором осужденный остается на свободе, но находится под надзором сотрудника службы пробации.

2 Тюрьмы открытого типа не имеют вооруженной охраны, решеток на окнах, предусматривают работу за пределами учреждения.

парящего над отцом Эда. Эд шел и смотрел прямо перед собой. На мгновение он напомнил ей Никки до того, как они приехали сюда, когда все его силы словно были направлены на то, чтобы ничего не выказывать и ничего не чувствовать. Они пересекли парковку, подошли к машине Эда, и он остановился. Щелкнули замки дверей. Эд застыл. Он словно не мог пошевелиться. Стоял с протянутой рукой и тупо смотрел на машину.

Джесс минуту подождала и медленно обошла машину. Забрала брелок с ключами из руки Эда. И наконец, когда Эд посмотрел на нее, крепко обняла его за талию. Он медленно положил ей на плечо неожиданно тяжелую голову.

26

Танзи

Вы не поверите, но Никки первым завел разговор за завтраком. Все сидели вокруг стола и завтракали, как в телевизоре: Танзи ела мультизерновые колечки, а Сюзи и Джош — шоколадные круассаны, как и каждый день, по словам Сюзи, потому что это их любимый завтрак. Сидеть за одним столом с папой и его второй семьей было немного странно, но не так плохо, как она опасалась. Папа ел хлопья из отрубей, приговаривая, что ему надо поддерживать форму, и похлопывал себя по животу, хотя Танзи не понимала почему, ведь настоящей работы у него нет.

— Дела налаживаются, — говорил он всякий раз, когда она спрашивала, чем он занимается, и Танзи заподозрила, что у Линзи тоже полный гараж неисправных кондиционеров.

Линзи, кажется, ничего не ела. Никки поковырял тост — он не привык завтракать, до поездки он постоянно просыпал завтрак, — посмотрел на папу и сказал:

— Джесс все время работает. Все время. И по-моему, это нечестно.

Папа замер, не донеся ложку до рта, и Танзи испугалась, что он разозлится, как злился на Никки, когда тот говорил что-нибудь непочтительное. Все с минуту молчали. Затем Линзи положила ладонь на папину руку и улыбнулась:

— Он прав, дорогой.

Папа порозовел и сказал, что да, теперь все изменится и все мы совершаем ошибки, а Танзи немного расхрабрилась и сказала, что нет, строго говоря, не все мы совершаем ошибки. Она совершила ошибку с алгоритмами, а Норман совершил ошибку, потому что зарычал на коров и сломал ее очки, а мама совершила ошибку с «роллс-ройсом» и арестом, но Никки — единственный член их семьи, который не совершил никаких ошибок. Однако на середине ее речи Никки сильно пнул ее под столом и выразительно на нее посмотрел.

«Что?» — взглядом спросила она.

«Заткнись», — взглядом ответил он.

«ГРРР, не смей затыкать мне рот», — взглядом возмутилась она.

И больше Никки на нее не смотрел.

— Хочешь шоколадный круассан, милая? — спросила Линзи и положила круассан ей на тарелку, прежде чем Танзи успела ответить.

За ночь Линзи постирала и высушила одежду Танзи, и теперь от нее пахло фабричным кондиционером с ароматом орхидей и ванили. В этом доме все чем-нибудь пахло. Как будто ничему не позволялось пахнуть самим собой. Вдоль плинтусов были подключены маленькие штучки, которые распространяли «роскошный аромат редких цветов и тропических лесов», повсюду стояли миски с сухими лепестками, на которые Линзи брызгала духами из бутылочек, и в ванной у нее было не меньше миллиона свечей («Я обожаю ароматические свечи»). У Танзи чесался нос все время, пока она была в доме.

Когда они оделись, Линзи повела Сюзи на балет. Папа и Танзи пошли гулять в парк, хотя она уже года два не гуляла в парке, потому что выросла из этого. Но ей не хотелось расстраивать папу, и она села на качели и позволила себя покачать, а Никки стоял и смотрел, засунув руки в карманы. Он забыл «Нинтендо» в машине мистера Николса, и Танзи знала, что ему ужасно хочется курить, но вряд ли ему хватит наглости курить при папе.

На обед была картошка фри («Только не говорите Линзи», — сказал папа и похлопал себя по животу), и папа расспрашивал о мистере Николсе, пытаясь не выдавать своего интереса.

— Кстати, а кто этот парень? Приятель вашей мамы?

— Нет, — ответил Никки таким тоном, что папа больше ни о чем не спросил.

Танзи показалось, что папа немного шокирован тем, как Никки с ним разговаривает. Не то чтобы грубо, просто ему, похоже, было все равно, что подумает папа. К тому же Никки был уже выше Марти, но папе это вовсе не казалось забавным.

А потом Танзи замерзла, потому что не взяла куртку, и они вернулись. Сюзи уже пришла с занятий танцами, так что Никки отправился наверх за компьютер, и они поиграли в разные игры, потом поиграли с черепахой, а потом пошли в комнату Сюзи, и она предложила посмотреть DVD, потому что у нее есть DVD-плеер и она смотрит по целому диску каждый вечер перед сном.

— Разве твоя мама тебе не читает? — спросила Танзи.

— У нее нет времени. Потому она и купила мне DVD-плеер, — ответила Сюзи.

У нее была целая полка любимых фильмов, которые она могла смотреть в своей комнате, пока остальные смотрели внизу что-нибудь другое.

— Марти нравятся фильмы про гангстеров. — Сюзи наморщила нос.

Танзи не сразу поняла, что она говорит о ее папе. И не знала, что ответить.

— Мне нравится твоя куртка. — Сюзи заглянула в сумку Танзи.

— Мама сшила на Рождество.

— Твоя мама сама ее сшила? — Сюзи подняла куртку, так что блестки на рукавах засверкали на свету. — О боже, она что, модный дизайнер?

— Нет, — ответила Танзи. — Она уборщица.

Сюзи засмеялась, как будто Танзи пошутила.

— А это что? — Она нашла в сумке задания по математике. На этот раз Танзи держала рот на замке. — Это математика? О боже, это похоже на... каракули. Похоже на... иностранный язык. — Сюзи хихикала, листая бумаги, а затем взяла их двумя пальцами, как ужасную гадость. — Это бумаги твоего брата? Он что, фанат математики?

— Не знаю. — Танзи покраснела, потому что была никудышной лгуньей.

— Фу. Экий умник. Чудак. Ботан. — Сюзи швырнула задания в сторону, вытаскивая остальную одежду Танзи.

Танзи промолчала и не стала поднимать задания с пола, потому что ей не хотелось ничего объяснять. И не хотелось думать о математической олимпиаде. Быть может, лучше подражать Сюзи, ведь Сюзи, похоже, по-настоящему счастлива, и папа, похоже, по-настоящему счастлив здесь? Танзи предложила посмотреть телевизор внизу, потому что ей не хотелось ни о чем думать.

Они посмотрели три четверти «Фантазии», когда Танзи услышала, как папа кричит: «Танзи, твоя мама приехала!» Мама стояла на пороге, вздернув подбородок, словно готовилась к ссоре, и когда Танзи остановилась и уставилась на ее лицо, мама поднесла ладонь ко рту, как будто только что вспомнила, что у нее разбита губа, и пояснила: «Я упала», и тогда Танзи посмотрела ей за спину на мистера Николса, сидевшего в машине, и мама добавила очень быстро: «Он тоже упал». Хотя Танзи толком не видела его лица и просто хотела узнать, поедут они на машине или придется тащиться на автобусе.

— Смотрю, ты все разрушаешь на своем пути, — произнес папа.

Мама посмотрела на него, и папа что-то пробормотал насчет ремонта и сказал, что сходит за сумкой. Танзи шумно выдохнула и бросилась в мамины объятия, потому что, хотя она и приятно провела время в доме Линзи, соскучилась по Норману и хотела быть с мамой. Внезапно Танзи поняла, что очень, очень устала.

Домик, который арендовал мистер Николс, был совсем как в рекламе идеального жилья для пенсионеров или, возможно, таблеток от недержания мочи. Он стоял на озере, и вокруг было еще несколько домов, но они прятались за деревьями или стояли под углом, так что ни одни окна не выходили прямо на другой дом. На озере было пятьдесят шесть уток и двадцать гусей, и все птицы, кроме трех, продолжали качаться на волнах, когда пришло время чая. Танзи думала, что Норман станет гоняться за ними, но он просто плюхнулся на траву и наблюдал.

— Потрясающе, — сказал Никки, хотя вовсе не любил природу. Он дышал полной грудью. Танзи сообразила, что он четыре дня не курил.

— Правда, здорово? — спросила мама.

Некоторое время она смотрела на озеро и молчала. Она попыталась предложить отдать их долю, но мистер Николс поднял руки и забормотал «нет-нет-нет», как будто не хотел даже слышать об этом, и мама немного покраснела и прикусила язык.

Они поужинали на улице, хотя погода была не слишком подходящей для барбекю, но мама сказала, что это будет чудесным окончанием поездки. Да и когда еще у нее найдется время на барбекю? Она изо всех сил старалась, чтобы все были счастливы, и болтала вдвое больше остальных. Она сказала, что решила на время забыть об экономии, потому что иногда надо поблагодарить судьбу за все хорошее и пожить полной жизнью. Кажется, таким образом она пыталась сказать «спасибо». Итак, они ели сосиски и куриные ножки в остром соусе, свежие булочки и салат. Мама даже купила два контейнера хорошего мороженого, а не дешевого месива в белых пластиковых коробках. Она не спрашивала о новом папином доме, но часто обнимала Танзи и говорила, что соскучилась по ней. Ну разве не глупо, ведь ее не было всего одну ночь!

Все шутили, и хотя Танзи припомнила только шутку про коричневую и сморщенную, которая есть у каждой женщины, все смеялись, а потом они играли в игру, когда надо прижаться лбом к ручке метлы и бегать вокруг, пока не упадешь, отчего всем ужасно смешно. Мама тоже попробовала, хотя едва ходила с перевязанной ногой и приговаривала «ой-ой-ой», бегая вокруг метлы. И это рассмешило Танзи, потому что так здорово хоть изредка видеть, как мама дурачится. А мистер Николс все время говорил «нет», «нет», «он не станет», «спасибо, лучше он просто посмотрит». Но мама подошла к нему, хромая, и очень тихо сказала что-то на ухо, а он поднял брови и спросил: «Серьезно?» И она кивнула. И он сказал: «Ну, тогда ладно». И когда он упал, земля взаправду чуточку задрожала. И даже Никки, который вечно отнекивался, побегал вокруг метлы. Его ноги торчали, как у косиножки, и когда он смеялся, его смех звучал очень странно, вроде «ху-ху-ху», и Танзи показалось, что она сто лет не слышала, как Никки смеется. А может, и никогда.

Сама она обежала метлу шесть раз, пока мир под ногами не взбрыкнул и не покатился. Танзи плюхнулась спиной на траву. Она смотрела, как небо медленно кружится вокруг, и думала, что это немного похоже на жизнь ее семьи. Вечно все немного неправильно.

Они поели, а мама и мистер Николс выпили вина, и Танзи ободрала с костей остатки мяса и отдала Норману, потому что собака может умереть, если дать ей куриные кости. Потом они надели куртки, расставили перед озером чудесные плетеные стулья и смотрели на птиц, пока не стемнело.

— Мне здесь нравится, — произнесла мама в тишине.

Мистер Николс сжал мамину руку, — кажется, это не предназначалось для чужих глаз.

Большую часть вечера мистер Николс выглядел немного грустным. Танзи не знала почему. Может, потому, что их маленькая поездка подошла к концу? Танзи слушала, как гуси и утки крякают и плещутся на дальней стороне озера, как волна набегает на берег, и это были такие умиротворяющие звуки, что Танзи, наверное, заснула, поскольку смутно помнила, как мистер Николс несет ее наверх, а мама подтыкает одеяло и говорит, что любит ее, но яснее всего она помнила, что за весь вечер никто не говорил об олимпиаде, и слава богу.

Видите ли, в чем дело. Пока мама готовила барбекю, Танзи одолжила у мистера Николса компьютер и поискала статистику по детям из семей с низким доходом в частных школах. И через несколько минут обнаружила, что вероятность ее поступления в Сент-Эннз составляет считаные проценты. И она поняла, что неважно, насколько хорошо она справилась со вступительным тестом; ей следовало проверить статистику, прежде чем выезжать из дома, потому что ошибаешься только тогда, когда не обращаешь внимания на цифры. Никки поднялся по лестнице, увидел, чем она занимается, помолчал, похлопал ее по плечу и сказал, что попросит присмотреть за ней пару знакомых ребят, которые учатся в Макартурз на год младше его.

Когда они были у Линзи, папа сказал ей, что частная школа не гарантия успеха. Он повторил это три раза. «Успех зависит от того, что внутри тебя, — сказал он. — От решимости». А потом посоветовал Танзи попросить Сюзи показать, как она укладывает волосы, — возможно, тогда ее волосы будут выглядеть не хуже.

Мама сказала, что ляжет на диване, чтобы Танзи и Никки забрали вторую спальню, но Танзи сомневалась, что мама и правда легла на диване, потому что среди ночи проснулась от ужасной жажды из-за маминой стряпни, спустилась и никого не нашла. А утром на маме была серая футболка мистера Николса, которую он надевал каждый день, и Танзи двадцать минут наблюдала за его дверью, потому что хотела узнать, в чем он спустится к завтраку.

Утром над озером висела легкая дымка. Она поднялась словно по мановению волшебной палочки, пока все носили вещи в машину. Норман обнюхивал траву, медленно виляя хвостом. «Кролики», — сказал мистер Николс (на нем была другая серая футболка). Утро было зябким и пасмурным, вяхири тихо ворковали на деревьях, и Танзи испытывала грусть, оттого что побывала в замечательном месте, но скоро все закончится.

— Я не хочу домой, — тихо сказала она, когда мама закрыла багажник.

Мама вздрогнула:

— Что ты сказала, милая?

— Я не хочу возвращаться домой, — повторила Танзи.

Мама взглянула на мистера Николса, попыталась улыбнуться, медленно подошла к Танзи и сказала:

— Танзи, ты имеешь в виду, что хочешь остаться с папой? И если ты действительно этого хочешь, я...

— Нет. Мне просто нравится этот дом, и здесь очень мило.

Ей хотелось добавить: «А дома ничего хорошего не ждет, потому что мы все испортили, и к тому же здесь нет Фишеров», но было ясно, что мама думает о том же, так как она взглянула на Никки, а он пожал плечами.

— Знаешь, нет ничего плохого в том, чтобы попытаться. — Мама смотрела на них обоих. — Мы все старались, как могли. Не получилось, и все же мы съездили не зря. Мы увидели такие уголки нашей страны, какие никогда бы не увидели. Мы кое-чему научились. Мы разобрались с твоим папой. Мы завели друзей.

Возможно, она имела в виду Линзи и ее детей, но смотрела на мистера Николса.

— Так что в целом я считаю, хорошо, что мы попытались, даже если вышло не так, как планировали. И знаешь, может, дома будет не так уж и плохо.

Лицо Никки ничего не выражало. Танзи знала, что он думает о деньгах.

А потом мистер Николс, который помалкивал все утро, обошел машину, открыл маме дверцу и сказал:

— Да. Что ж. Я думал об этом. И мы сделаем небольшой крюк.

27

Джесс

По дороге домой они тихо сидели в машине. Никто не просил включить музыку, и разговоров почти не было. Даже пес больше не скулил, как будто смирился с тем фактом, что эта машина теперь его дом. Все время, пока она планировала поездку, все странные, бурные дни дороги до Абердина Джесс думала лишь о том, как доставить дочь на олимпиаду. Танзи попадет на олимпиаду, напишет тест, и все будет хорошо. Джесс и в голову не приходило, что поездка может оказаться на три дня дольше, чем она планировала, или что в процессе она спустит все деньги. Она ни разу не задумалась, что надо будет где-то ночевать по дороге домой. Или что у нее останется ровно тринадцать фунтов восемьдесят один пенс наличными и банковская карта, которую она слишком боялась вставлять в банкомат — вдруг застрянет?

Ни о чем этом Джесс Эду не говорила. Он сидел, глядя на дорогу впереди, и, вероятно, размышлял о своем отце. Никки за его спиной стучал по клавишам ноутбука, засунув в уши наушники и сосредоточенно хмуря лоб. Джесс подозревала, что он получил доступ в Интернет с помощью какого-то хитроумного гаджета Эда. Она была так счастлива, что Никки говорит, ест и спит, что вопросов не задавала. Танзи помалкивала, положив руку на огромную голову Нормана и не сводя глаз с пейзажа, проносящегося за окном. Каждый раз, когда Джесс спрашивала, хорошо ли она себя чувствует, Танзи просто кивала.

Все это было не так уж и важно. Потому что Джесс кардинально изменилась.

Эд. Джесс мысленно повторяла его имя, пока оно не потеряло всякий смысл. Она сидела в нескольких дюймах от самого замечательного человека на свете, как она теперь понимала. Ее удивляло только то, что никто больше, похоже, этого не замечает. Когда он улыбался, Джесс невольно улыбалась в ответ. Когда его лицо застывало от грусти, внутри ее что-то сжималось. Она наблюдала, как он общается с детьми, как непринужденно показывает Никки какой-то прием на компьютере, с каким серьезным видом обдумывает мимолетное замечание Танзи (Марти непременно закатил бы глаза к потолку), и жалела лишь о том, что Эд не появился в их жизни намного раньше. Когда они были наедине и он прижимал ее к себе, по-хозяйски положив ладонь на бедро и тихо дыша в ухо, Джесс испытывала спокойную уверенность, что все будет хорошо. Не потому, что Эд все уладит, — у него достаточно и своих проблем, — а потому, что вместе они способны на многое. Они все уладят. Джесс впервые встретила человека, с которым поняла смысл выражения «Они созданы друг для друга».

Джесс боялась спрашивать, что он обо всем этом думает. Боялась, что так долго уверяла, будто ей никто не нужен, что она вполне самодостаточна, спасибо, и работа, двое детей и собака не оставляют в ее жизни места ни для кого другого, что Эд мог принять ее слова всерьез.

И она хотела Эда Николса. Хотела просыпаться с ним, пить с ним, кормить его тостами. Хотела обвивать его ногами в темноте и чувствовать его внутри, выгибаться навстречу в его объятиях. Хотела ощущать его пот, его напряжение, его твердость, прикасаться губами к губам, смотреть глаза в глаза. Перед ее мысленным взором мелькали жаркие неясные отрывки двух прошлых ночей, его руки, его губы, как ему пришлось закрыть ей рот, чтобы не разбудить детей, когда она кончила. И Джесс всеми силами сдерживалась, чтобы не уткнуться лицом ему в шею, скользнуть руками под рубашку просто ради удовольствия прикоснуться к его коже.

Она так долго думала только о детях, работе, счетах и деньгах. Теперь все ее мысли были о нем. Когда он поворачивался к ней, она краснела. Когда произносил ее имя, ей казалось, что он шепчет его в темноте. Когда он протянул ей кофе, от мимолетного прикосновения его пальцев по ней словно пробежал электрический ток. Ей нравилось чувствовать на себе его взгляд, немного рассеянный, и гадать, о чем он думает.

Джесс не представляла, как донести до него, что она чувствует. Она была совсем девочкой, когда встретила Марти, и, не считая одного вечера в «Перьях», когда Лайам Стаббс забрался ей под блузку, никогда даже не пыталась завязать отношения с кем-то другим.

Джесс Томас не была на настоящем свидании со школы. Поэтому она никак не могла подобрать нужные слова. И хотела просто показать.

Хотела до боли.

— Держим курс на Ноттингем, если вы, ребята, не против. — Эд повернулся и посмотрел на нее. На его носу еще виднелся небольшой синяк. — Будем ехать допоздна, чтобы в четверг добраться до дома в один заход.

«А что потом?» — хотелось спросить Джесс. Но она закинула ноги на приборную панель и сказала:

— Звучит неплохо.

Они остановились пообедать на станции техобслуживания. Дети перестали спрашивать, светит ли им что-нибудь, кроме сэндвичей, и смотрели на заведения фастфуда и дорогие кофейни почти с безразличием. Они выбрались из машины и потянулись.

— Как насчет сосисок в тесте? — Эд указал на угол, отведенный под фастфуд. — Кофе и горячие сосиски в тесте. Или пирожки с мясом и овощами. Я угощаю. Не стесняйтесь. — (Джесс посмотрела на него.) — Мне нужно съесть что-нибудь вредное. Что-нибудь калорийное и жирное. Дети, хотите жира и углеводов? — Он махнул рукой Джесс. — Не переживай, привереда. Закусим фруктами.

— Ты не боишься? После кебаба?

Он приставил руку ко лбу, заслонив глаза от солнца, чтобы лучше ее видеть.

— Кто не рискует, тот не пьет шампанского.

Он пришел к ней прошлой ночью, когда Никки наконец оставил ноутбук в покое и отправился спать. Джесс, чувствуя себя подростком, сидела на диване и притворялась, будто смотрит телевизор. Скорей бы все легли спать и она смогла бы прикоснуться к нему! Но Никки убрался восвояси, а Эд не заключил Джесс в объятия, нет, он открыл ноутбук.

— Чем Никки занимается? — спросила она у Эда, уставившегося на экран.

— Литературным творчеством, — ответил он.

— Никаких игр? Никакой пальбы? Никаких взрывов?

— Ничего такого.

— Он спит, — прошептала она. — Он спокойно спал всю поездку. Без травки.

— Хорошо ему. У меня такое чувство, будто я несколько лет не спал.

За короткое время поездки он словно постарел лет на десять. Может, извиниться? Слишком тесное общение с ее вздорной семейкой способно состарить любого. Джесс вспомнила, что Челси сказала насчет ее шансов устроить личную жизнь. Она села, внезапно не представляя, что делать дальше, и Эд привлек ее к себе.

— Джессика Рей Томас, — тихо произнес он, — ты дашь мне поспать сегодня?

Она разглядывала его нижнюю губу, наслаждаясь прикосновением его руки к бедру. Внезапно ее переполнило счастье.

— Нет, — ответила она.

— Договорились.

Наверное, они занимались любовью часа три. Сложно сказать.

Они направились прочь от мини-маркета, пробираясь между кучками раздраженных путешественников, ищущих банкоматы и переполненные туалеты. Джесс старалась не показывать, как она рада, что не придется делать очередные сэндвичи. Она за несколько ярдов чуяла маслянистый запах горячих пирожков.

Дети растворились в длинной очереди в магазине, вооружившись пачкой банкнот и инструкциями Эда. Он подошел к ней, так что между ними и детьми оказалась толпа.

— Что ты делаешь?

— Просто смотрю. — Каждый раз, когда он стоял рядом с Джесс, ей казалось, что у нее поднимается температура на несколько градусов.

— Смотришь?

— Быть рядом с тобой невыносимо.

Его губы были в нескольких дюймах от ее уха, хриплый голос ласкал кожу. Джесс покрылась мурашками.

— Что?

— Я все представляю, как делаю с тобой неприличные вещи. Почти все время. Совершенно неуместные вещи. Постыдные.

Он взялся за передний край ее джинсов и притянул к себе. Ее тело пронзила такая горячая вспышка, что она поразилась, как этого никто не заметил. Джесс чуть отстранилась, вытянув шею, чтобы убедиться, что их никто не видит.

— Об этом ты думаешь? Когда ведешь машину? Все время, пока молчишь?

— Ага. — Он посмотрел ей за спину на магазин. — И еще о еде.

— Ух ты, две мои любимые вещи.

Он провел пальцами по голой коже под топом. Ее живот приятно напрягся. В ногах появилась странная слабость. Она никогда не хотела Марти так сильно, как Эда.

— За исключением сэндвичей.

— Давай не будем говорить о сэндвичах. Никогда больше.

Он положил ладонь ей на поясницу, прижав к себе, насколько позволяли приличия.

— Я знаю, что это ненормально, — пробормотал он, — но я проснулся ужасно счастливым. — Он изучал ее лицо. — Я имею в виду глупо счастливым. Как будто, несмотря на то что моя жизнь превратилась в кошмар, мне... мне хорошо. Я смотрю на тебя, и мне хорошо. У меня такое чувство, что у нас все получится.

В ее горле встал комок.

— У меня тоже, — прошептала она.

Эд сощурился на солнце, пытаясь прочитать выражение ее лица.

— Выходит, я не... просто конь?

— Никакой ты не конь. Ну... Я хочу сказать, что в хорошем смысле ты...

Он наклонился и поцеловал ее. Он целовал ее с властной уверенностью. Даже если бы в этот миг небо рухнуло им на голову, они бы ничего не заметили. Джесс высвободилась только потому, что не хотела, чтобы дети заметили, что она едва держится на ногах. Она провела пальцем по губам Эда просто ради собственного удовольствия, и он усмехнулся.

— Уже жду, — сказал он.

Джесс недоуменно посмотрела на него.

— Неприятностей. — (Дети шли к ним, держа над головами бумажные пакеты.) — Так сказал мой отец.

— А то ты сам не понял. — У нее покалывало губы.

Мысли были сладкими и тягучими, как мед. Джесс казалось, что Эд оставил следы на всем ее теле. Она держалась позади, ожидая, пока румянец сойдет со щек, и наблюдая, как Эд болтает с Никки, как они открывают бумажные пакеты и Никки показывает покупки. Она чувствовала солнце на коже, слышала пение птиц сквозь гул голосов и рев машин, вдыхала запахи бензина и дешевой еды, и непрошеные слова эхом отдавались у нее в голове: «Так вот что такое счастье». Они медленно пошли обратно к машине, уже зарывшись в бумажные пакеты. Джесс смотрела, как ее дочь идет на несколько шагов впереди, перебирает своими худыми ногами чуть медленнее, чем мужчины, и только тогда заметила, что коечего не хватает.

— Танзи? Где твои учебники по математике?

Она не обернулась.

— Я оставила их у папы.

— Позвонить ему? — Джесс порылась в сумке в поисках телефона. — Пусть немедленно сходит на почту. Учебники доберутся домой раньше нас.

— Нет, — ответила Танзи, не глядя Джесс в глаза. — Спасибо, не надо.

Никки остановился у машины. Он взглянул на Джесс, затем на сестру. И у Джесс в животе образовался тяжелый комок.

Когда они добрались до места последней ночевки, было уже почти девять вечера, и все выбились из сил. Дети, которые весь последний отрезок пути продержались на печенье и конфетах, устали и капризничали, а потому направились прямо наверх, чтобы осмотреть спальные места. Эд нес сумки, Танзи тащила за собой собаку.

Гостиница была просторной, белой и дорогой на вид — фотографии подобных мест миссис Риттер показывала на своем телефоне, и Джесс с Натали завистливо вздыхали. Эд забронировал гостиницу по телефону, и когда Джесс возмутилась из-за дороговизны, в его голосе прорезалось раздражение:

— Мы все устали, Джесс. А мне, возможно, в следующий раз придется ночевать на казенной койке. Давай сегодня переночуем в приличном месте, хорошо?

Три смежные комнаты в коридоре, который, похоже, был пристройкой к основной гостинице.

— Собственная комната, — с облегчением выдохнул Никки, отпирая номер двадцать три. Он понизил голос, когда Джесс распахнула дверь. — Разумеется, я люблю сестру и все такое, но ты даже не представляешь, как малявка храпит.

— Норману здесь понравится, — сказала Танзи, когда Джесс открыла дверь в номер двадцать четыре. Пес, словно в знак согласия, немедленно плюхнулся на пол рядом с кроватью. — Я не против делить комнату с Никки, мама, но он ужасно храпит.

Никто из них, похоже, не задавался вопросом, где будет спать Джесс. Знают, но им все равно или просто считают, что она или Эд до сих пор спят в машине?

Никки одолжил у Эда ноутбук. Танзи разобралась, как работает пульт дистанционного управления телевизором, и сказала, что посмотрит одну программу и ляжет спать. О пропавших учебниках по математике Танзи не упоминала. Она даже впервые в жизни заявила матери: «Я не хочу об этом говорить».

— Если один раз не вышло, милая, всегда можно попробовать снова, — сказала Джесс, выкладывая пижаму Танзи на кровать.

На лице Танзи лежала печать нового знания. Ее слова ранили Джесс в самое сердце.

— Думаю, мне лучше довольствоваться малым, мама.

— Что мне делать?

— Ничего. Просто с нее пока хватит. Ты не можешь ее винить. — Эд бросил сумки в углу комнаты.

Джесс сидела на краю огромной кровати, стараясь не обращать внимания на пульсирующую боль в стопе.

— Но это на нее не похоже. Она любит математику. Всегда любила. А теперь ведет себя так, словно не хочет иметь с ней ничего общего.

— Прошло всего два дня, Джесс. Она испытала настоящую бурю чувств. Просто... не приставай к ней. Она справится.

— Ты так уверен.

— У тебя умные дети. — Он подошел к выключателю и приглушил верхний свет. — Все в мать. Но если ты отскакиваешь от невзгод, как резиновый мячик, это еще не значит, что и они всегда будут отскакивать. — (Джесс молча глядела на него.) — Я не критикую. Я только хочу сказать, что это была очень напряженная неделя. Думаю, если ты дашь Танзи время отойти, с ней все будет хорошо. Она останется самой собой. С чего ей меняться?

Он стащил футболку через голову и бросил на стул. У Джесс немедленно спутались мысли. Она не могла смотреть на его обнаженный торс и не желать прикоснуться к нему. Эд был почти идеален, разве что немного полноват в талии. Но ей так даже больше нравилось.

— Откуда в тебе столько мудрости? — поинтересовалась она.

— Не знаю. Наверное, от тебя нахватался. — Он сделал два шага к ней, опустился на колени и снял с нее шлепанцы, особенно осторожно — с травмированной ноги. — Как стопа?

— Ноет. Но жить можно.

Он потянулся к ее кофте. Не спрашивая, медленно расстегнул ее, не сводя глаз с обнаженной кожи. Он казался почти отстраненным, словно его мысли были о ней и все же витали где-то далеко. Молнию заело. Джесс помогла ему расстегнуть молнию и снять кофту. Эд мгновение смотрел на нее, а затем тихо сказал:

— Хватит пока об этом думать. Сейчас вообще лучше не думать. — Он поцеловал ее в шею. — Это последняя ночь в пути, и мы ничего не можем исправить.

По крайней мере сегодня. — Эд спокойными уверенными движениями расстегнул ее ремень и джинсы. Джесс следила за его пальцами, и ее сердце колотилось в ушах. — Пора позаботиться о тебе, Джессика Рей Томас.

Джесс лежала, опершись на него спиной, в огромной ванне, а Эдвард Николс мыл ей голову. Эд бережно сполоснул ее волосы, разглаживая пряди и вытирая глаза Джесс мягкой мочалкой, чтобы в них не попал шампунь. Джесс пыталась вымыть голову сама, но Эд ей не позволил. Ей никто еще не мыл голову, не считая парикмахера. Она почувствовала себя уязвимой и странно взволнованной. Закончив, Эд лежал в ароматной, исходящей паром воде, обхватив Джесс руками, и целовал кончики ее ушей. А затем, словно некие их части сообща решили, что романтики хватит, Джесс ощутила, как у Эда напрягается член, развернулась и опустилась на него, и они трахались, пока вода не выплеснулась из ванны, и Джесс не могла решить, что сильнее — боль в ноге или потребность ощущать Эда внутри.

Через некоторое время они лежали, наполовину погрузившись в воду, с переплетенными ногами. И хохотали. Потому что трахаться в душе — это клише, но заниматься любовью в ванне попросту нелепо, и еще более нелепо чувствовать себя такими счастливыми, несмотря на кучу проблем. Джесс повернулась, чтобы вытянуться вдоль Эда, закинула руки ему на шею, прижалась мокрой грудью к его груди и с нерушимой уверенностью ощутила, что никогда больше не будет так близка с другим человеком. «О боже, я люблю тебя», — подумала она. А затем задушила Эда поцелуями, чтобы признание не слетело с губ. Джесс держала лицо Эда в ладонях и целовала его подбородок, его бедный ушибленный висок, его губы; чувствовала, как он сжимает ее в объятиях, и говорила себе, что, как бы все ни повернулось, она навсегда запомнит это ощущение.

Эд провел рукой по лицу, стирая влагу. Внезапно он посерьезнел:

— Как по-твоему, это мыльный пузырь?

— Гм, здесь полно пузырей. Это же...

— Нет. Я о нас. Мыльный пузырь. Мы отправились в странное путешествие, где обычные правила не действуют. Реальная жизнь не имеет значения. Все это путешествие было... словно вырвано из реальной жизни. — (Джесс заметила лужу на полу ванной.) — Не смотри туда. Поговори со мной.

Она прижалась губами к его ключице, размышляя.

— Ну, — начала она, снова поднимая голову, — чуть больше чем за пять дней мы пережили болезнь, расстроенных детей, больных родственников, неожиданные акты насилия, едва не сломанную ногу, арест и автомобильные аварии. Я бы сказала, что реальной жизни было более чем достаточно.

— Мне нравится ход твоих мыслей.

— Мне все в тебе нравится.

— Похоже, мы много времени проводим, болтая всякую чепуху.

— Это мне тоже нравится.

Вода начала остывать. Джесс вывернулась из объятий, встала и потянулась к полотенцесушителю. Протянула Эду теплое полотенце, а в другое завернулась сама. Как приятно прикосновение пушистых гостиничных полотенец! Эд встал, энергично ероша волосы рукой.

Джесс показалось, что Эд настолько привык к пушистым гостиничным полотенцам, что не обратил на них внимания. Она наблюдала за ним и внезапно ощутила, что смертельно устала. Она почистила зубы, выключила свет в ванной и вернулась в комнату. Эд уже лежал в огромной гостиничной кровати, придерживая покрывало. Он выключил прикроватную лампу, и Джесс лежала рядом с ним в темноте, ощущая прикосновение его влажной кожи, представляя, каково было бы проводить с ним каждую ночь. Обзавестись собственным мужчиной, пока смерть не разлучит их.

— Я не знаю, что меня ждет, Джесс, — сказал он в темноту, словно подслушал ее мысли. В его голосе чувствовалось предупреждение.

— Все будет хорошо.

— Я серьезно. В моем случае твои оптимистические фокусы не действуют. Что бы ни случилось, я наверняка потеряю все.

— И что? Мне не привыкать к нищете.

— Но мне, возможно, придется тебя оставить.

— Не придется.

— Возможно, придется, Джесс. — Его голос был неприятно уверенным.

— Значит, я подожду, — слетело с ее языка. Она ощутила, как Эд вопросительно наклонился к ней. — Я буду тебя ждать. Если хочешь.

На последнем отрезке пути Эд три раза разговаривал по громкой связи. Его адвокат — с таким величественным акцентом следует объявлять о прибытии королевского семейства на торжественный обед — велел явиться в полицейский участок в следующий четверг. Нет, ничего не изменилось. Да, сказал Эд, я понимаю, что происходит. И да, я поговорил со своей семьей. Он произнес это таким тоном, что у Джесс что-то сжалось в животе. Она не удержалась и взяла его за руку. Он не глядя сжал ее руку.

Позвонила сестра Эда и сказала, что отец сегодня спал лучше. Они долго беседовали о каких-то инвестиционных долговых обязательствах, которые беспокоят отца, о пропавших ключах от шкафа для документов и о том, что Джемма ела на завтрак. О смерти никто не упоминал. Джемма передала привет, и Джесс крикнула «Привет!», одновременно смутившись и немного обрадовавшись.

После обеда позвонил некто Льюис, и они обсудили рыночную стоимость, проценты и состояние ипотечного рынка. Джесс не сразу поняла, что речь о «Бичфранте».

— Время продавать, — сказал Эд, положив трубку. — Пока что. Ты права, у меня, по крайней мере, есть активы, от которых можно избавиться.

— Во сколько это обойдется? В смысле, судебное преследование.

— О! Никто толком не говорит. Но если читать между строк, думаю, «почти во все».

Джесс не могла понять, расстроен ли он больше, чем показывает.

Он попытался позвонить кому-то еще, но включился автоответчик:

— Это Ронан. Оставьте сообщение.

Эд повесил трубку, ничего не сказав.

С каждой милей на них размеренно надвигалась реальная жизнь, словно холодный неумолимый прилив. Джесс подумала о том, что знает о жизни Эда не так уж и много, и постаралась отогнать мысли о мыльных пузырях.

Они прибыли на место вскоре после четырех. Когда «ауди» подъехала к дому, дождь превратился в мелкую морось, мокрая дорога казалась маслянистой, и беспорядочно застроенный район Дейнхолл тщился продемонстрировать приближение весны. Дом был маленьким, меньше и грязнее, чем помнилось Джесс, и странным образом казалось, что он не имеет к ней никакого отношения. Эд остановился у дома, и Джесс из окна машины посмотрела на облупившуюся краску окон верхнего этажа, которые Марти так и не покрасил, потому что, по его словам, уж если делать, то делать как следует: ошкурить, снять старую краску, заделать трещины, но он всегда был слишком занят или устал, чтобы хотя бы начать. Джесс испытала мимолетный приступ уныния при мысли обо всех проблемах, которые терпеливо ожидали их возвращения. И о еще больших проблемах, которые она устроила себе за время отсутствия. А потом посмотрела на Эда, помогавшего Танзи тащить сумку и смеявшегося над шутками Никки, и ее отпустило.

Примерно за час до въезда в город Эд завернул в строительный гипермаркет — обещанный крюк — и вышел с огромной коробкой невесть чего, которую с трудом запихал в багажник. Возможно, хотел навести порядок у себя в доме, прежде чем продавать его. Хотя дом и так был само совершенство.

Эд бросил последнюю сумку у передней двери и стоял, держа в руках картонную коробку. Дети немедленно разбежались по своим комнатам, словно в эксперименте на животных по изучению инстинкта возвращения домой. Джесс немного смущалась своего захламленного домика, дешевых обоев, длинного ряда потрепанных книг в бумажных обложках, змеившегося по коридору.

— Завтра я собираюсь к отцу.

Рефлекторный приступ боли при мысли о разлуке.

— Хорошо. Это правильно.

— Всего на несколько дней. До визита в полицию. Но сначала поставлю это. — (Джесс опустила взгляд на коробки.) — Камера наблюдения и система освещения с датчиком движения. Дел на пару часов.

— Ты купил это для нас?

— Никки избили. Танзи явно не чувствует себя в безопасности. Я подумал, так вам будет легче. То есть... если меня не окажется рядом.

Джесс смотрела на коробку, понимая, что это значит. Внезапно она расчувствовалась при мысли, что Эд подумал об их безопасности и захотел их защитить. Она заговорила, прежде чем поняла, что именно хочет сказать.

— Тебе... тебе не обязательно ее ставить, — запинаясь, пробормотала она. — У меня золотые руки. Я поставлю сама.

— Стоя на лестнице. С больной ногой. — Он поднял бровь. — Знаешь, Джессика Рей Томас, рано или поздно тебе придется научиться принимать помощь.

— Рано или поздно тебе придется перестать называть меня Джессикой Рей Томас.

— Ничего не могу поделать. Мне это нравится.

Ей тоже это нравилось.

— Тогда что мне делать?

— Сесть. Не двигаться. Поднять повыше больную ногу. Мы с Никки сходим в город и потратим кучу денег на отвратительно нездоровую еду навынос, потому что, возможно, мне нескоро доведется ее попробовать. Поев, мы ляжем и будем в благоговейном ужасе смотреть на набитые животы друг друга.

— О боже, мне так нравятся твои грязные разговоры.

И она сидела. Сложа руки. На собственном диване. Пришла Танзи и посидела с ней, а Эд вышел на улицу с лестницей, махал дрелью в окно и притворялся, будто вот-вот упадет, пока Джесс не испугалась.

— Я побывала в двух больницах за восемь дней! — сердито крикнула она через окно. — И в третьей побывать не хочу.

Джесс разобрала грязное белье и поставила стирку, поскольку не умела бездельничать, но затем снова села и позволила остальным бегать вокруг. Лежать на подушках оказалось намного приятнее, чем хлопотать с больной ногой.

К тому же так здорово ничего не делать, пока все порхают вокруг, слушать жужжание сверла и ловить взгляд Эда через окно, пока он устанавливает камеру и зовет ее выйти посмотреть. Она не помнила, когда кто-то, кроме нее, в последний раз делал что-то полезное по дому.

— Годится?

Хромая, Джесс вышла на улицу. Эд стоял на садовой дорожке и смотрел на фасад дома.

— Я решил, если повесить ее здесь, можно поймать не только тех, кто залез в палисадник, но и тех, кто ошивается вокруг дома. У камеры выпуклая линза, видишь?

Джесс пыталась изобразить интерес и прикидывала, сможет ли уговорить Эда остаться на ночь, когда дети уснут.

— Часто достаточно просто повесить камеру, чтобы отпугнуть хулиганье.

Что тут плохого? Он вполне может улизнуть, прежде чем дети проснутся. Но кого они пытаются обмануть? Никки и Танзи наверняка догадались, что между ними что-то происходит.

— Джесс? — Эд стоял перед ней.

— Ммм?

— Надо только просверлить здесь дыру и пропустить провода через стену. Сделаю внутри небольшой узел, и все будет довольно просто подключить.

У него был самодовольный вид, какой напускают на себя мужчины, работая с электроинструментами. Эд похлопал себя по карману, проверяя, не потерял ли винты, и внимательно посмотрел на Джесс:

— Ты вообще слышала, что я говорил? — (Джесс виновато ухмыльнулась.) — Ты неисправима, — произнес он, помедлив. — Честное слово. — Оглядевшись, чтобы убедиться, что никто не подсматривает, он ласково обхватил рукой ее за шею, притянул к себе и поцеловал. Его подбородок зарос щетиной. — А теперь иди и не мешай мне работать. Полистай меню еды навынос.

Ухмыляясь, Джесс похромала на кухню и принялась рыться в ящиках. Она и не помнила, когда в последний раз заказывала еду навынос. Все меню наверняка устарели. Эд отправился наверх подключать провода. Он крикнул, что нужно передвинуть кое-какую мебель, чтобы добраться до плинтуса.

— Я не против! — крикнула Джесс в ответ.

Она услышала грохот, скрежет громоздких предметов, которые передвигали по полу у нее над головой в поисках розетки, и снова восхитилась, что этим занимается кто-то другой.

Затем Джесс легла на диван, положила на ногу свежий пакет со льдом и начала просматривать пачку старых меню, которые нашла в ящике с полотенцами. Разлепляла забрызганные соусом или пожелтевшие от времени страницы, отсеивала рестораны, до которых много миль или которые давно закрылись. Китайского ресторана точно больше нет. Что-то связанное с загрязнением окружающей среды. На пиццерию нельзя положиться. Меню индийского ресторана выглядело вполне стандартным, но Джесс не могла забыть о курчавом волоске в джалфрези Натали. С другой стороны, балти с курицей. Пилав. Лепешки из чечевичной муки. Джесс вспомнила слова Эда о том, как они будут сидеть рядом и в благоговейном страхе смотреть на животы друг друга. Она напрочь забыла о карри и задумалась об обнаженном животе Эда.

Она настолько увлеклась, что не услышала его шаги, когда он медленно спустился по лестнице.

— Джесс?

— Думаю, это подойдет. — Она подняла меню. — Я решила, что волосок сомнительного происхождения — невысокая цена за приличное джал...

И тогда она увидела выражение его лица. И то, что он неверяще держал в руке.

— Джесс? — Его голос словно принадлежал кому-то другому. — Как мой пропуск оказался в твоем ящике для носков?

28

Никки

Джесс не вставала с постели почти два дня.

Когда Никки спустился вниз, она просто сидела на диване и смотрела прямо перед собой, как будто в трансе. Дрель «Блэк энд Деккер» лежала на подоконнике, лестница была прислонена к фасаду дома.

— Мистер Николс уехал за едой? — Никки немного расстроился, что не успел заказать луковые колечки.

Она как будто не услышала.

— Джесс?

Ее лицо было застывшим. Она слегка покачала головой и тихо ответила:

— Нет.

— Но он же вернется? — спросил Никки через минуту.

Он открыл дверь холодильника. Он не знал, что рассчитывал там найти. На полках лежала упаковка сморщенных лимонов и полупустая банка овощного чатни «Брэнстон».

Последовала долгая пауза.

— Не знаю, — ответила она. А затем повторила, как будто забыла, что уже сказала это: — Не знаю.

— То есть... еды навынос не будет?

— Нет.

Никки разочарованно замычал:

— Ладно, рано или поздно ему придется вернуться. Его ноутбук у меня наверху.

Они явно поссорились, но Джесс вела себя не так, как когда ссорилась с папой. Прежде она хлопала дверью и бормотала: «Козел» — или поджимала губы с видом «Ну почему я должна жить с этим идиотом?», но ничего не говорила, когда Марти на нее орал, — из-за детей. А теперь казалось, что ей только что сообщили о смертельной болезни.

— С тобой все в порядке?

Она заморгала и прижала руку ко лбу, как будто проверяя температуру.

— Гмм. Никки. Мне нужно... Мне нужно прилечь. Ты не мог бы... Ты не мог бы сам о себе позаботиться? Там что-то оставалось. Еда. В холодильнике.

За все годы их совместной жизни Джесс ни разу не просила Никки самого о себе позаботиться. Даже когда слегла с гриппом на две недели. Прежде чем он успел что-либо ответить, она повернулась и, хромая, побрела наверх, очень медленно, оставив его разбираться со всем самостоятельно.

Поначалу, когда она не спустилась, Никки решил, что дело лишь в том, что они с мистером Николсом поссорились и Джесс из-за этого переживает. Они с Танзи ошивались около ее комнаты, шепотом обсуждая сложившееся положение. Затем отнесли Джесс чай и тост, но она только смотрела на стену, хотя окно было до сих пор открыто, а на улице холодало. Джесс словно не замечала. Никки закрыл окно и убрал лестницу и дрель в гараж, который казался непривычно огромным без «роллса». А когда вернулся через пару часов забрать посуду, чай и тост оказались нетронуты — так и стыли на прикроватном столике.

— Наверное, она выбилась из сил за время поездки, — предположила Танзи, словно пожилая особа.

Но и на следующий день мать осталась в постели. Когда Никки вошел, покрывало почти не было смято, и на Джесс была та же одежда, в которой она легла.

— Ты заболела? — спросил он, раздергивая занавески. — Вызвать врача?

— Никки, мне просто нужно полежать денек в постели, — прошептала она.

— Натали заходила. Я сказал ей, что ты позвонишь. Что-то насчет уборки.

— Скажи ей, что я заболела.

— Но ты не заболела. И еще звонили полицейские, спрашивали, когда ты заберешь машину. И мистер Цвангараи звонил, но я не знал, что ему сказать, так что просто переключил на автоответчик.

— Никки. Пожалуйста.

Ее лицо было таким печальным, что он пожалел, что вообще что-то сказал. Джесс мгновение подождала, натянула одеяло до подбородка и отвернулась.

Никки приготовил Танзи завтрак. По утрам он чувствовал себя непривычно полезным. Даже не скучал по своей нычке. Он выгулял Нормана в саду и прибрался за ним. Мистер Николс оставил систему освещения у окна. Она так и лежала в коробке, отсыревшей после дождя, но ее никто не стащил. Никки поднял ее, отнес в дом, сел и уставился на коробку.

Он подумывал позвонить мистеру Николсу, но не знал, что сказать. И ему было довольно неловко снова просить мистера Николса вернуться. В конце концов, если кто-то хочет с тобой быть, его ничто не остановит.

Что бы ни произошло между мистером Николсом и мамой, по-видимому, это достаточно серьезно, и стоит ли вмешиваться? Это настолько серьезно, что мистер Николс даже не вернулся за своим ноутбуком.

Никки убрался у себя в комнате. Ненадолго вышел в Сеть, но игры ему надоели. Он смотрел в окно на крыши главной улицы и далекий оранжевый кирпич досугового центра и знал, что больше не хочет быть роботом в доспехах и расстреливать инопланетян, спускающихся с неба. Не хочет торчать в комнате. Никки вспомнил, как впереди стелилась дорога и машина мистера Николса мчалась вдаль, как долго тянулось время, когда они не знали даже, куда направятся дальше, и понял, что больше всего на свете ему хочется выбраться из этого маленького городка.

Ему хочется найти свое племя.

Никки хорошенько поразмыслил и решил, что к середине второго дня вправе немного рассердиться. После выходных должна начаться учеба, и он не сможет заботиться одновременно о Джесс, малявке, собаке и всем остальном. Никки пропылесосил дом и постирал кучу сырого белья, которое нашел в стиральной машине — оно уже начинало попахивать. Танзи помогла ему развесить постиранное белье. Он сходил с ней в магазин за хлебом, молоком и собачьим кормом. Никки испытал немалое облегчение, оттого что никто не ошивался у магазина и не называл его «гомосеком», «придурком» и так далее, но постарался скрыть это от Танзи. И он подумал: вдруг (всего лишь вдруг) Джесс права и все изменилось? И наконец начался новый этап его жизни?

Немного позже, когда он просматривал почту, в кухню вошла Танзи:

— Давай еще раз сходим в магазин?

Он даже не посмотрел на нее. Он пытался решить, вскрывать официальное письмо, адресованное миссис Д. Томас, или нет.

— Мы только что ходили в магазин.

— Тогда можно я схожу сама?

Он поднял взгляд и несколько удивился. Танзи что-то навертела на голове — приподняла волосы сбоку кучей блестящих заколок. Она была сама на себя не похожа.

— Я хочу купить маме открытку, — пояснила она. — Чтобы немного ее подбодрить.

Никки был совершенно уверен, что открытка не поможет.

— Нарисуй открытку сама, малявка. Сэкономишь.

— Я всегда рисую открытки сама. Иногда приятно получить магазинную.

Никки изучал ее лицо:

— Ты что, накрасилась?

— Всего лишь немного помады.

— Джесс не позволила бы тебе красить губы. Сотри.

— Сюзи красит губы.

— Для Джесс это не аргумент. Вот что, малявка, сотри помаду, а я научу тебя краситься как следует, когда ты вернешься.

Танзи сняла куртку с крючка и ушла. Мама с девяти лет отпускала ее одну в магазин.

— Я сотру по дороге! — крикнула она через плечо.

— Возьми с собой Нормана! — крикнул Никки.

Затем он приготовил чашку кофе и отнес наверх. Пора позаботиться о Джесс. Мысленно повторяя эти слова, Никки чувствовал себя непривычно взрослым. Пора позаботиться о Джесс.

В комнате было темно. И хотя было почти три часа дня, Джесс даже не удосужилась раздвинуть занавески.

— Поставь рядом, — пробормотала она.

В комнате пахло немытым телом и затхлостью.

— Дождь прекратился.

— Хорошо.

— Джесс, хватит лежать. — (Она ничего не сказала.) — Правда. Тебе надо встать. Здесь начинает вонять.

— Я устала, Никки. Мне просто нужно... отдохнуть.

— Тебе не нужно отдыхать. Ты... ты наш домашний заяц-энерджайзер.

— Пожалуйста, милый.

— Я не понимаю, Джесс. Что происходит?

Она медленно повернулась и оперлась на локоть. Пес внизу начал лаять, настойчиво, взахлеб. Джесс потерла глаза:

— Где Танзи?

— В магазине.

— Она поела?

— Да. Но в основном хлопья. Я не умею готовить ничего сложнее рыбных палочек, а ее от них тошнит.

Джесс посмотрела на Никки, затем на окно, как бы что-то взвешивая. И сказала:

— Он не вернется.

Ее лицо сморщилось.

Пес оглушительно лаял — вот кретин! Никки пытался сосредоточиться на словах Джесс.

— Правда? Никогда?

По ее щеке скатилась большая слеза. Она смахнула ее ладонью и покачала головой:

— Знаешь, что самое смешное, Никки? Я правда забыла. Совсем забыла, что натворила. Я была так счастлива во время поездки, как будто все, что было прежде, случилось с кем-то другим. Чертов пес!

Она несла какую-то пургу. Может, она и правда больна?

— Позвони ему.

— Я пыталась. Он не берет трубку.

— Сходить за ним?

Он сразу пожалел о своем предложении. Конечно, мистер Николс ему нравился, но кому, как не Никки, знать, что нельзя заставить человека остаться с тобой. Нет смысла цепляться за того, кто тебя не хочет.

Возможно, Джесс призналась ему, потому что больше некому было признаться.

— Я люблю его, Никки. Я знаю, это звучит глупо после такого короткого знакомства, но я люблю его.

Ее слова стали для Никки настоящим потрясением. Столько чувств в одной вспышке! Но впервые в жизни ему не захотелось сбежать. Никки сел на кровать, наклонился и обнял Джесс, хотя все еще испытывал неловкость при физическом контакте. И она показалась ему совсем маленькой, хотя он привык считать ее больше себя. Джесс положила голову ему на плечо, и Никки стало очень, очень грустно, потому что впервые в жизни ему хотелось что-то сказать, но он не знал что.

И в этот миг лай Нормана стал истеричным. Как в тот раз, когда он увидел коров в Шотландии. Никки растерянно отстранился.

— Похоже, он сходит с ума.

— Чертов пес. Это наверняка чихуахуа из пятьдесят шестого. — Джесс хлюпнула носом и вытерла глаза. — Уверена, она специально его дразнит.

Никки встал с кровати и подошел к окну. Норман истерично лаял в саду, просунув голову в щель в заборе, где дерево прогнило и две доски наполовину оторвались. Через пару секунд Никки понял, что Норман сам не свой. Пес, ощетинившись, приплясывал на задних лапах. Никки раздвинул занавески пошире и увидел на другой стороне дороги Танзи. Два Фишера и незнакомый парень прижимали ее к стене. Пока Никки наблюдал, один из них схватил ее за куртку, и она попыталась стряхнуть его руку.

— Эй! Эй! — крикнул Никки, но они не услышали. С бешено колотящимся сердцем Никки сражался с подъемным окном, но оно даже не шелохнулось. Он заколотил по стеклу, пытаясь заставить их прекратить. — Эй! Вот дерьмо! ЭЙ!

— Что? — Джесс повернулась в постели.

— Фишеры.

Они услышали пронзительный визг Танзи. Когда Джесс вскочила с кровати, Норман замер на долю секунды и бросился всем телом на самый слабый участок забора. Он проломил его, словно живой таран, взметнув в воздух деревянные щепки. И помчался на голос Танзи. Никки увидел, как Фишеры повернулись и у них отвисли челюсти при виде несущейся на них огромной черной ракеты. Раздался скрежет тормозов, неожиданно громкий глухой стук, причитания Джесс: «О боже, о боже», и наступила тишина, которая, казалось, никогда не закончится.

29

Танзи

Танзи просидела в своей комнате почти час, пытаясь нарисовать маме открытку. Она не знала, что нарисовать. Похоже, мама больна, но Никки сказал, что на самом деле она не больна, не так, как был болен мистер Николс, так что пожелание скорейшего выздоровления не годится. Написать «Не переживай»? Но это похоже на приказ. Или даже упрек. Танзи собралась написать просто «Я люблю тебя», но это нужно писать красными буквами, а у нее кончились все красные фломастеры. И тогда она решила купить открытку, потому что мама всегда говорила, что папа не купил ей ни единой открытки, не считая совершенно убогой плюшевой валентинки, когда за ней ухаживал. Слово «ухаживал» вызывало у мамы приступ смеха.

Танзи просто хотелось ее подбодрить. Мама должна быть на коне, обо всем заботиться и хлопотать по дому, а не лежать в темноте, как будто на самом деле находится в миллионе миль отсюда. Это пугало Танзи. После ухода мистера Николса в доме стало странно тихо, и в ее животе свернулся тяжелый комок, словно вот-вот случится что-то плохое. Утром Танзи прокралась в мамину комнату и забралась в кровать. Мама обняла ее и поцеловала в макушку. Мамины волосы были немного сальными, на ее лице не было косметики, но Танзи все равно уткнулась в маму.

— Мама, ты заболела? — спросила она.

— Я просто устала. — У мамы был самый печальный и усталый голос на свете. — Скоро встану. Обещаю.

— Это... из-за меня?

— Что?

— Из-за того, что я больше не хочу заниматься математикой? Ты из-за этого грустишь?

Мамины глаза наполнились слезами, и Танзи показалось, что она только сделала хуже.

— Нет, Танзи. — Она притянула ее к себе. — Нет, милая. Ты и математика здесь совершенно ни при чем. Можешь не беспокоиться на этот счет.

Но мама не встала.

Так что Танзи шла по дороге с двумя фунтами пятнадцатью пенсами в кармане, которые ей выдал Никки, хотя явно считал открытку дурацкой идеей, и размышляла, что лучше: купить открытку подешевле и еще шоколадку или дешевая открытка испортит весь смысл открытки, — когда рядом остановилась машина. Танзи думала, что у нее спросят дорогу до «Бичфранта» (у нее вечно спрашивали дорогу до «Бичфранта»), но это оказался Джейсон Фишер.

— Эй ты, чокнутая! — окликнул он.

Танзи не остановилась. Его волосы торчали иглами, а глаза были похожи на узенькие щелочки, как будто он всю жизнь неодобрительно щурился.

— Я сказал «чокнутая».

Танзи старалась не смотреть на него. Ее сердце забилось сильнее. Она ускорила шаг.

Фишер проехал вперед, и Танзи подумала, может, он собирается уехать. Но он остановил машину, вразвалочку подошел и загородил дорогу. Наклонился к уху Танзи, как будто объяснял что-то полному идиоту:

— Невежливо не отвечать, когда с тобой разговаривают. Разве мама тебя не научила?

Танзи так испугалась, что лишилась дара речи, и только покачала головой.

— Где твой брат?

— Не знаю, — прошептала она.

— Еще как знаешь, чокнутая дура в очках. Твой брат считает себя самым умным, попортив мой «Фейсбук».

— Неправда, — возразила она.

Но Танзи совсем не умела лгать и в тот же миг поняла, что Фишер знает, что она лжет.

Он сделал два шага к ней:

— Скажи ему, что я его достану, наглую тварь. Он считает себя самым умным. Скажи ему, что я ему в реале профиль начищу.

Второй Фишер, двоюродный брат Джейсона, имени которого Танзи никак не могла запомнить, что-то пробормотал ему на ухо. Все вышли из машины и медленно направились к Танзи.

— Вот что, — сказал Джейсон Фишер. — Твоему брату надо кое-что уяснить. Он испортил кое-что мое — мы испортим кое-что его.

Он вздернул подбородок и шумно сплюнул на мостовую. Плевок лежал перед Танзи большим зеленым слизняком. Девочка помедлила, не желая на него наступать.

Им заметно, с каким трудом она дышит?

— Садись в машину.

— Что?

— Садись в машину, сучка.

— Нет! — попятилась Танзи. Она оглянулась в надежде, что кто-нибудь идет по дороге. Ее сердце колотилось о ребра, словно птица в клетке.

— Садись в чертову машину, Костанза. — Он произнес ее имя с отвращением.

Ей хотелось убежать, но она очень плохо бегала — неуклюже выбрасывала ноги в стороны — и знала, что ее поймают. Ей хотелось перебежать через дорогу и вернуться домой, но она знала, что, как только побежит, ее сцапают. И тогда ей на плечо опустилась рука.

— Гляньте на ее волосы!

— Хочешь нравиться мальчикам, Четырехглазая?

— Каким мальчикам, парни? Вы только посмотрите на нее.

— Да она намазала губы, маленькая шлюшка! Правда, лучше не стало.

— На лицо можно и не смотреть.

Парни загоготали. Собственный голос показался Танзи чужим.

— Просто оставьте меня в покое. Никки ничего не делал. Мы просто хотим, чтобы нас оставили в покое.

— «Мы просто хотим, чтобы нас оставили в покое», — передразнили они.

Фишер шагнул ближе и понизил голос:

— А ну садись в чертову машину, Костанза!

— Оставьте меня в покое!

Он начал хватать ее за одежду. Паника накатила ледяной волной, сжала горло, вдавила сердце в ребра. Танзи пыталась оттолкнуть его. Наверное, она кричала, но никто не пришел на помощь. Двое парней схватили ее за руки и потащили к машине. Танзи слышала натужное дыхание, чувствовала запах дезодорантов, скребла ногами по мостовой в поисках опоры. Ей было совершенно ясно, что в машину садиться нельзя. Потому что, когда дверца распахнулась, словно челюсти гигантского животного, Танзи вспомнила американскую статистику по девушкам, которые сели в машину к незнакомым мужчинам. Шансы на выживание падают на семьдесят два процента, стоит только поставить ногу в машину. Статистика сгустилась в воздухе перед Танзи. Она вцепилась в нее, пиналась и кусалась. Кто-то выругался, когда она попала ногой в мягкую плоть. Ее ударили по голове, Танзи покачнулась, закружилась и с хрустом упала на землю. Мир повернулся набок. Раздался шум, далекий крик. Танзи подняла голову и, хотя у нее перед глазами все плыло, кажется, увидела Нормана, который мчался к ней через дорогу на невероятной скорости, оскалив зубы, с потемневшими глазами. Он был совершенно не похож на Нормана, скорее на чудовищного демона. Мелькнула алая вспышка, раздался скрежет тормозов, и Танзи увидела только, как что-то черное взлетает в воздух, словно ком белья, и услышала только визг, визг который никак не мог прекратиться, визг конца света, самый ужасный звук в жизни, и поняла, что это ее визг. Это звук ее голоса.

30

Джесс

Пес лежал на земле. Джесс выскочила на улицу, задыхаясь, босиком, и увидела мужчину — он держался за голову обеими руками, раскачивался на каблуках и повторял:

— Я его не видел. Я его не видел. Он выбежал на дорогу.

Белый как полотно Никки сидел на земле рядом с Норманом, бережно держа его голову, и бормотал: «Держись, приятель. Держись». Глаза Танзи были широко распахнуты от потрясения, руки безжизненно висели.

Джесс опустилась на колени. Глаза Нормана были похожи на стеклянные шарики. Кровь сочилась из пасти и уха.

— Только не это, старый ты дурачок. О господи, Норман. Только не это.

Она прижалась ухом к его груди. Тишина. Из ее горла вырвался громкий всхлип.

Джесс почувствовала руку Танзи на плече. Дочь схватила ее за футболку и дергала снова и снова:

— Мама, ты должна все исправить. Мама, ты должна его спасти. — Танзи упала на колени и уткнулась лицом в мех. — Норман. Норман. — А затем она завыла.

Никки путано, бессвязно заговорил, пытаясь перекрыть визг сестры:

— Они пытались затащить Танзи в машину. Я пытался позвать тебя, но не мог открыть окно. Я не мог открыть окно и кричал, а Норман проломил забор. Прежде чем я успел на помощь. Он знал. Взял и проломил забор. Он пытался ей помочь.

Прибежала Натали в криво застегнутой блузке, с наполовину накрученными на бигуди волосами. Обняла Танзи и прижала к себе, укачивая, пытаясь хоть немного успокоить.

Взгляд Нормана застыл. Возможно, перед ним забрезжил лакомый кусочек. Джесс склонилась к собаке, и ее сердце разбилось.

Кто-то произнес:

— Я вызвал ветеринарную «скорую».

Джесс погладила большое мягкое ухо.

— Спасибо, — прошептала она.

— Джесс, сделай что-нибудь, — потребовал Никки. — Скорее!

Она положила дрожащую руку на плечо Никки:

— Кажется, его больше нет, милый.

— Нет! Не говори так! Ты же говорила, что нельзя так говорить. Нельзя сдаваться. Ты же говорила, что все будет хорошо. Не говори так.

И когда Танзи снова завыла, лицо Никки сморщилось. И он зарыдал, закрыв лицо локтем, громко, судорожно зарыдал, как будто плотина наконец прорвалась.

Джесс сидела посреди дороги, машины медленно ползли мимо, любопытные соседи торчали перед домами. Держа огромную окровавленную голову своего старого пса на коленях, она подняла лицо к небу и безмолвно спросила: «Что теперь? ЧТО ТЕПЕРЬ?»

Джесс не видела, как Джейсон Фишер сел в машину и уехал.

Зато система видеонаблюдения видела.

31

Танзи

Мать отвела ее в дом. Танзи не хотела бросать Нормана. Не хотела, чтобы он умирал на горячем гудроне, один, под взглядами перешептывающихся зевак, но мама отказалась ее слушать. Из соседнего дома выбежал Найджел и сказал, что обо всем позаботится, и мама немедленно потащила Танзи в дом, крепко обняв ее. Танзи пиналась и звала Нормана, а мама, обхватив дочь за талию, твердила ей на ухо: «Все хорошо, милая, все хорошо, идем в дом, не смотри, все будет хорошо». Но даже когда мама закрыла переднюю дверь, прижалась головой к Танзи и обняла ее, а Танзи ослепла от слез, она слышала, как Никки рыдает в прихожей у них за спиной, нелепо, судорожно рыдает, как будто не умеет плакать. Мама впервые солгала ей, потому что хорошо уже не будет никогда, ведь это конец всего.

32

Эд

— Иногда, — Джемма оглянулась на багрового вопящего ребенка, который выгибал спину за соседним столиком, — мне кажется, что худшие примеры заботы о детях наблюдают не социальные работники, а бариста.

Она энергично помешивала кофе, будто пыталась сдержать слова, которые рвались с языка.

Мамаша, по спине которой элегантно струились спиральные светлые кудри, продолжала ворковать, уговаривая ребенка прекратить и выпить свой «карапузо». Ребенок не обращал на нее внимания — возможно, не слышал из-за собственных криков.

— Надо было пойти в паб.

— В четверть двенадцатого утра? О господи, ну почему она не скажет ему прекратить? Или не выведет на улицу? В наше время никто не умеет справляться с детьми.

Ребенок завопил громче. У Эда заболела голова.

— Надо было пойти.

— Куда?

— В паб. Там было бы тише.

Джемма уставилась на него и задумчиво провела пальцем по его подбородку:

— Эд, сколько ты выпил прошлой ночью?

Он покинул полицейский участок выжатым как лимон. После они встретились с его барристером[1] — Эд уже забыл его имя — вместе с Полом Уилксом и двумя другими солиситорами[2], один из которых специализировался на инсайдерской торговле. Адвокаты сидели вокруг стола из красного дерева и говорили, словно по нотам. Они изложили версию обвинения без обиняков, чтобы у Эда не осталось сомнений касательно его будущего. Против него: электронная переписка, показания Дины Льюис, телефонные звонки ее брата, новообретенная решимость Управления по финансовым услугам прижать к ногтю всех, замешанных в инсайдерской торговле. Его собственный чек с подписью.

Дина поклялась, что не знала, будто поступает нехорошо. Она заявила, что Эд практически всучил ей деньги. Она сказала, если бы знала, что его предложение незаконно, то никогда бы так не поступила. И ничего не сказала бы брату.

Свидетельства в его пользу: он не заработал на сделке ни цента. Команда юристов решила — на взгляд Эда, слишком охотно — сделать упор на его невежество, глупость, недавно обретенное богатство, непонимание последствий и ответственности, налагаемых руководящим постом. Они заявят, Дина Льюис прекрасно знала, что делает, что они с братом заманили Эда в ловушку. Комиссия по расследованию внимательно изучила счета Эда и не нашла ничего подозрительного. Он регулярно

1 *Барристер* — адвокат, имеющий право выступать в высших судах.

2 *Солиситор* — адвокат, подготавливающий дела для барристера и выступающий только в судах низшей инстанции.

платил налоги. Не делал капиталовложений. Он вообще не любил усложнять.

И чек не был выписан Дине. Она вписала имя своим почерком. Юристы предложили заявить, будто Дина украла у него пустой чек.

— Но она не крала, — возразил Эд.

Похоже, никто не услышал.

Юристы сказали, что тюремное заключение пока под вопросом, но в любом случае придется выплатить огромный штраф. И разумеется, попрощаться с «Мэйфлай». Эду запретят занимать руководящие посты, возможно, надолго. Он должен быть к этому готов. Адвокаты начали совещаться между собой.

И тогда Эд сказал:

— Я хочу признать свою вину.

— Что?

Все замолчали.

— Я действительно посоветовал ей это сделать. Я не думал, что это противозаконно. Просто хотел, чтобы она убралась, и потому сказал ей, как немного подзаработать.

Все переглянулись.

— Эд... — начала Джемма.

— Я хочу рассказать правду.

Один из солиситоров наклонился к нему:

— Вообще-то, у защиты довольно сильные позиции, мистер Николс. Учитывая отсутствие вашего почерка на чеке — единственном вещественном доказательстве обвинения, — можно с уверенностью утверждать: мисс Льюис использовала ваш счет в личных целях.

— Но я и правда выписал ей чек.

Пол Уилкс тоже наклонился к нему:

— Эд, ты понимаешь, что делаешь? Если ты признаешь вину, твои шансы на тюремное заключение существенно возрастут.

— Мне все равно.

— Тебе будет не все равно, когда придется по двадцать три часа проводить в одиночке в Винчестере ради собственной безопасности.

Эд отмахнулся от Джеммы:

— Я просто хочу рассказать правду. Как все было.

— Эд, — схватила его за руку сестра, — правде не место в зале суда. Ты только сделаешь хуже.

Но он покачал головой и откинулся на спинку кресла. И больше ничего не говорил.

Он знал, что его считают странным. Ну и пусть. Он был не в силах притворяться, будто ему не все равно. Оцепенело сидел и молчал. Большинство вопросов задавала его сестра. Эд слышал: «Закон о финансовых услугах и рынках двухтысячного года, ля-ля-ля... тюрьма открытого типа, штрафные взыскания, Закон об уголовном правосудии тысяча девятьсот девяносто третьего года, ля-ля-ля», — и ему было абсолютно наплевать. Ну, сядет он на время в тюрьму, и что? Он все равно уже все потерял — в два приема.

— Эд? Ты слышал, что я сказала?

— Прости.

«Прости». Кажется, в последнее время он только и говорит: «Прости». Прости, я тебя не расслышал. Прости, я не слушал. Прости, я все испортил. Прости, мне хватило глупости влюбиться в женщину, которая считала меня полным идиотом.

Ну вот: привычный спазм при мысли о ней. Как она могла ему лгать? Как могла почти неделю сидеть рядом с ним в машине и не проболтаться?

Как она могла говорить с ним о своих финансовых проблемах? Как могла говорить с ним о доверии, падать в его объятия и все время помнить, что вытащила у него деньги из кармана?

Ей даже не пришлось ничего отвечать. Ее молчание сказало ему все. Доля секунды между тем, как она заметила пропуск, который Эд неверяще держал в руке, и, запинаясь, попыталась все объяснить.

Я собиралась тебе рассказать.

Это не то, что ты думаешь. Рука взметнулась ко рту.

Я не думала.

О боже. Это не...

Она оказалась хуже Лары. По крайней мере, Лара не скрывала, что ее привлекает. Ей нравились деньги. Нравилось, как Эд выглядит, — после того как она вылепила из него свой идеал. Пожалуй, в глубине души они оба понимали, что их брак — своего рода сделка. Эд говорил себе, что все браки — сделки, так или иначе.

Но Джесс? Джесс вела себя так, словно никогда никого по-настоящему не хотела, кроме него. Джесс позволила ему думать, будто он ей нравится, даже когда его рвало, когда он был покрыт синяками, когда боялся встречи с собственными родителями. Она мило улыбалась и позволяла ему считать себя особенным.

— Эд?

— Прости? — Он поднял голову.

— Я знаю, это нелегко. Но ты справишься. — Сестра потянулась через стол и сжала его руку. За ее спиной вопил ребенок. У Эда раскалывалась голова.

— Конечно, — сказал он.

Как только Джемма ушла, он отправился в паб.

Ввиду пересмотренного заявления Эда слушание его дела ускорили, и последние несколько дней до суда он провел с отцом. С одной стороны, он сам этого хотел, с другой — у него больше не было обставленной квартиры в Лондоне. Все вещи были убраны на хранение в ожидании завершения сделки. Покупатель согласился уплатить запрошенную сумму, даже не посмотрев квартиру. Агент по продаже недвижимости, похоже, не удивился. «У нас список ожидания на этот дом, — сказал он, когда Эд отдал ему запасные ключи. — Инвесторы ищут надежное место для вложения денег. Честно говоря, скорее всего, квартира простоит пустой несколько лет, пока ее не надумают выставить на продажу». До Эда дошло, что почти все квартиры вокруг постепенно опустели. Теперь понятно, почему вечерами в доме светилось так мало окон. На мгновение Эду захотелось выхватить у агента ключи. Разве это правильно? А как же люди, которым негде жить? Но он проглотил возражения. Когда он продаст оба дома, придется подыскать жилье поменьше и подешевле, но сперва надо узнать, сколько денег у него останется. Узнать, сможет ли он найти другую работу. Так странно находиться в таком подвешенном состояни.

Три ночи Эд провел в доме родителей, спал в своей старой комнате, просыпался на рассвете и водил пальцами по текстурным обоям над изголовьем кровати, вспоминая, как его сестра-подросток с топотом поднималась по лестнице и хлопала дверью своей комнаты, переваривая очередное оскорбление, которыми ее щедро осыпал отец. Завтракал Эд с матерью на кухне, в тишине. Он постепенно начинал понимать, что отец никогда не вернется домой. Никогда больше не сядет за стол, не расправит раздраженно газету, не возьмет кружку крепкого черного кофе без сахара. Время от времени мать разражалась слезами, извинялась и махала на Эда рукой, прижимая салфетку к глазам. «Ничего не случилось. Правда, милый. Просто не обращай внимания». В жарко натопленной палате номер три отделения «Виктория» Боб Николс все меньше говорил, меньше ел, меньше делал. Эду не нужно было разговаривать с врачами, чтобы видеть, что происходит. Плоть словно покидала его отца, таяла, оставляя на костях натянутую полупрозрачную кожу; глаза в запавших глазницах казались огромными: смерть утверждала на него права.

Они играли в шахматы. Разговоры утомляли отца, но, как ни странно, играть в шахматы он мог. Он часто засыпал посередине игры, погружался в забытье во время хода, и Эд терпеливо сидел у кровати и ждал, когда отец проснется. Он открывал глаза, мгновение-другое пытался понять, где находится, закрывал рот и хмурил брови, оценивая положение на доске. Эд двигал фигуру и делал вид, что из игры вырвана минута, а не час. Они беседовали. Не о том, что действительно важно. Наверное, они с отцом слеплены из другого теста. Они болтали о крикете, погоде, возмутительных тарифах на развлекательную систему, установленную в изножье больничной койки. Отец упоминал о медсестре с ямочками на щеках, которая всегда рассказывает что-нибудь забавное. Просил Эда позаботиться о матери. Беспокоился, что она слишком много работает. Боялся, что чистильщик канав будет драть с нее втридорога, если его не будет рядом. Его раздражало, что он потратил осенью кучу денег, чтобы убрать мох с лужайки, и не увидит результата. Эд не пытался спорить. Не хотел показаться снисходительным.

— А где юла? — спросил отец как-то вечером. Он готовился поставить мат через два хода. Эд пытался найти способ ему помешать.

— Какая юла?

— Твоя девушка.

— Лара? Папа, ты же знаешь, что мы...

— Не она. Другая.

Эд перевел дыхание.

— Джесс? Она... э-э-э... наверное, дома.

— Она мне понравилась. Она так на тебя смотрела. — Отец медленно подвинул ладью на черный квадрат. — Я рад, что ты ее нашел. — Он едва заметно кивнул. — Неприятности, — пробормотал он себе под нос и улыбнулся.

Стратегия Эда рассыпалась. Отец победил его в три хода.

33

Джесс

Бородатый мужчина вышел из распашных дверей, вытирая руки о белый халат. Он остановился на пороге, как будто забыл, что ему здесь надо.

— Норман Томас?

Джесс никогда не приходило в голову, что у их собаки есть фамилия.

— Норман Томас? Большой пес неопределенной породы? — Врач опустил подбородок и посмотрел на Джесс.

Она неловко встала с пластикового стула.

— Тяжелые повреждения внутренних органов, — сразу перешел к делу врач. — Сломано бедро, несколько ребер, трещина в передней лапе. Что творится внутри — узнаем, когда спадет опухоль. Левый глаз, боюсь, не спасти.

Джесс заметила яркие мазки крови на его голубых пластиковых тапочках и почувствовала, как рука Танзи напряглась в ее руке.

— Но он еще жив?

— Я не хочу напрасно обнадеживать. — Врач говорил очень осторожно, похоже, не раз наблюдал попытки утопающих цепляться за соломинку. — Следующие сорок восемь часов будут критическими.

Танзи застонала не то от радости, не то от боли.

— Давайте отойдем. — Врач взял Джесс под локоть, повернулся спиной к детям и понизил голос. — Должен сказать, что, учитывая тяжесть повреждений, возможно, наиболее гуманно оставить пса в покое.

— Но если он проживет сорок восемь часов?

— У него появится шанс выжить. Но, как я уже говорил, миссис Томас, я не хочу напрасно обнадеживать. Его дела плохи.

Очередь молча наблюдала за ними. Кошки дремали в переносках на коленях, маленькие собачки пыхтели под стульями. Никки смотрел на ветеринара, выпятив подбородок. Вокруг его глаз размазалась тушь.

— И если мы не сложим руки, это обойдется недешево. Ему может понадобиться больше одной операции. Возможно, несколько. Он застрахован?

Джесс покачала головой.

Ветеринар явно испытывал неловкость.

— Должен предупредить вас, что лечение обойдется в значительную сумму. И гарантии выздоровления нет. Очень важно, чтобы вы это поняли, прежде чем что-либо решать.

Нормана спас ее сосед, Найджел. Он выбежал из дома с двумя одеялами, одним укутал дрожащую Танзи, другим накрыл тело пса. Велел Джесс идти в дом. Увести детей. Он бережно натянул клетчатый плед на голову Нормана, замер и спросил Натали:

— Ты это видишь?

Сначала она его не услышала из-за гула толпы, приглушенного воя Танзи и плача детей, которые не были знакомы с Норманом, но прекрасно понимали, как это печально — собака, неподвижно лежащая на дороге.

— Натали? Его язык. Смотри! По-моему, он дышит. Вот что, поднимите его. Отнесите в машину. Скорее!

Поднять пса получилось только втроем. Соседи осторожно уложили его на заднее сиденье машины и помчались в большую ветеринарную клинику на окраине города. До мистера Миллера на перекрестке было ближе, но в клинике была операционная и прямая связь со всевозможными специалистами. Натали баюкала Нормана, сидя на полу на корточках и поддерживая его голову. Джесс была искренне благодарна, что Найджел даже не заикнулся о крови на обивке сидений. Соседи позвонили из ветеринарной клиники и сказали приезжать как можно скорее. Под курткой на Джесс до сих пор была пижама.

— Так что вы решили?

Лиза Риттер однажды рассказала Джесс, как у ее мужа сорвалась крупная сделка. «Одолжишь пять тысяч, не сможешь вернуть, и это твоя проблема, — процитировала она. — Одолжишь пять миллионов, и это проблема банка».

Джесс взглянула на умоляющее лицо дочери. На открытое лицо Никки, на котором были написаны горе, любовь и страх, которые он наконец научился выражать. Только она может все исправить. Она всегда будет единственной, кто может все исправить.

— Делайте, что нужно, — сказала она. — Я найду деньги. Вперед.

Короткая пауза поведала, что врач считает ее дурой. Но он привык иметь дело с такими, как она.

— В таком случае идем, — сказал он. — Вы должны подписать кое-какие бумаги.

Найджел отвез их домой. Она пыталась дать ему денег, но он отмахнулся: «Для чего еще нужны соседи?» Белинда плакала, когда вышла поздороваться с ними.

— Все нормально, — пробормотала Джесс, обнимая дрожавшую Танзи. — Все нормально. Спасибо.

Ветеринар сказал, что позвонит, если произойдут какие-либо изменения.

Джесс не стала отсылать детей спать. Вряд ли им стоит сидеть в одиночестве в своих комнатах. Она заперла дверь, закрыла ее на две задвижки и включила старый фильм. Обошла дом, проверила все окна, задернула занавески и подперла стулом ручку задней двери — для ровного счета. Приготовила три кружки какао, отнесла вниз свое одеяло и закуталась в него вместе с детьми. Они смотрели в телевизор невидящими глазами, и каждый думал о своем. Истово молясь, чтобы телефон не зазвонил.

34

Никки

Это история семьи, которой нигде не было места. Маленькой девочки, которая была немного странной и тронутой и любила математику больше косметики. И парня, который любил косметику и не мог найти свое племя. Знаете, что случается с семьями, которым нигде нет места? Они гибнут, разоряются и тоскуют. Не ждите счастливого конца, ребята.

Мама больше не лежит в кровати, но я видел, как она украдкой вытирает глаза, когда моет посуду или поглядывает на корзинку Нормана. Она все время чем-то занята: работает, убирается, наводит порядок в доме. Опустив голову и выпятив подбородок. Она собрала целых три коробки книг в бумажных обложках и отнесла обратно в благотворительный магазин — мол, у нее нет времени читать, и к тому же глупо верить во всякие выдумки.

Я скучаю по Норману. Очень странно, что можно скучать по тому, на кого постоянно жаловался. В нашем доме непривычно тихо без него. Но после того, как первые сорок восемь часов прошли, мистер Адамсон сказал, что у Нормана есть шанс, и мы радостно завопили в телефонную трубку, я начал волноваться о другом. Вчера вечером мы сидели на диване. Танзи отправилась спать, телефон так и не зазвонил, и я сказал маме:

— И что нам теперь делать? — (Она оторвала взгляд от телевизора.) — Я имею в виду, если он выживет.

Она протяжно выдохнула, как будто раньше не задумывалась об этом. И сказала:

— Знаешь что, Никки? У нас не было выбора. Он пес Танзи, и он спас ее. Если нет выбора, все довольно просто.

Похоже, она действительно в это верит, и это было довольно просто, но очередной долг лег на ее плечи новым бременем. С каждой новой проблемой она становится чуть более старой, приземистой и усталой.

О мистере Николсе Джесс не говорит.

Я не мог поверить, что после того, что между ними было, все может так закончиться. Только что они казались по-настоящему счастливыми и вдруг разбежались. Я думал, у взрослых таких проблем не бывает. Ну и смысл взрослеть?

Я подошел и обнял ее. Возможно, в вашей семье это мало что значит, но не в моей. Глупо, но это единственное, чем я мог ей помочь.

Собственно, вот чего я не понимаю. Я не понимаю, как наша семья может делать все в принципе правильно и при этом вечно оказываться в дерьме. Моя младшая сестра ужасно умная, добрая и вообще чертов гений, но почти все, что она любит, исчезло только потому, что она немного не такая, как все. Я не понимаю, почему она просыпается в слезах, почему ее мучают кошмары, а я вынужден лежать без сна и слушать, как мама бредет по лестничной площадке в четыре утра, пытаясь ее успокоить, и почему она торчит дома весь день, хотя наконец потеплело, и боится выходить на улицу — вдруг Фишеры вернутся за ней. И почему через шесть месяцев она пойдет в школу, главный принцип которой — будь как все, не то получишь по шее, как твой придурковатый брат. Я представляю Танзи без математики, и мне кажется, что Вселенная сошла с ума. Это как... Дживс без Вустера или джин без тоника. Я просто не могу представить, кем станет Танзи, если больше не будет заниматься математикой.

Я не понимаю, почему я только-только научился спать, а теперь лежу без сна, прислушиваясь к несуществующим звукам внизу, и почему, когда мне нужно сходить в магазин за газетой или конфетами, меня подташнивает и приходится бороться с желанием оглянуться.

Я не понимаю, почему большому, бесполезному, сентиментальному псу, никогда не делавшему ничего плохого, разве что пускавшему на всех слюни, пришлось остаться без глаза и с перекрученными внутренностями только потому, что он пытался защитить любимого человека.

Но главное, я не понимаю, почему хулиганы, воры и люди, которые все портят, — подонки — остаются безнаказанными. Мальчишки, которые пинают тебя по почкам, чтобы отобрать деньги на обед, полицейские, которым кажется забавным обращаться с тобой как с идиотом, дети, которые изводят любого, кто хоть немного от них отличается. Или мажоры на соревновании по математике, или тупые невежественные идиоты, не понимающие разницы между логином и паролем. Или папаши, которые бросают семью и начинают новую жизнь, благоухающую освежителем воздуха, с женщиной, которая водит «тойоту», живет в новеньком четырехкомнатном доме и смеется над их дурацкими шутками, как будто они дар Божий, а не сукины дети, вравшие всем, кто их любит, целых два года. Целых два года.

Мама всегда говорила нам, что хорошие вещи происходят с хорошими людьми. Знаете что? Она больше этого не говорит.

Извините, если этот блог стал совсем унылым, но такая уж у нас теперь жизнь. Моя семья — вечные неудачники. На интересную историю не тянет, верно? Скорее, чертов назидательный рассказ.

35

Джесс

Полиция явилась на четвертый день после несчастья с Норманом. Джесс следила через окно гостиной, как сотрудница полиции идет по садовой дорожке, и страшилась, что она явилась сообщить о смерти Нормана. Молодая женщина; рыжие волосы стянуты в аккуратный хвостик. Джесс ее раньше не видела.

Когда Джесс открыла дверь, гостья сказала, что пришла из-за сообщений о ДТП.

— Этого мне только не хватало. — Джесс пошла обратно по коридору на кухню. — Водитель собирается подать на нас в суд за повреждение машины?

Найджел предупредил ее, что это возможно. В ответ она рассмеялась.

Сотрудница полиции заглянула в свой блокнот:

— Пока вроде бы не собирается. Машина почти не пострадала. К тому же, возможно, он превысил скорость. Я, собственно, хочу уточнить, что именно произошло перед несчастным случаем. У нас есть показания свидетелей...

— А смысл? — Джесс повернулась обратно к посуде. — Полиция никогда ничего не предпринимает.

Она знала, на кого сейчас похожа — на половину обитателей района. Враждебная, колючая, обиженная. Ей было уже все равно. Но сотрудница полиции была слишком юной и полной желания изменить мир, чтобы играть в эти игры.

— И все же не могли бы вы рассказать, что случилось? Это отнимет не больше пяти минут.

И Джесс все ей рассказала ровным тоном человека, который больше не надеется, что ему поверят. Рассказала о Фишерах, об истории их отношений, о том, что теперь ее дочь боится играть в собственном саду, хотя Джесс заделала дыру в заборе. Рассказала о своем глупом псе размером с корову, которому ветеринары выписывают счет за счетом — с тем же успехом можно было заказать ему номер-люкс в шикарном отеле. Рассказала, что ее сын мечтает убраться из города, но из-за Фишеров, превративших выпускной год в кошмар, шансы невелики.

Сотрудница полиции не выглядела скучающей. Она стояла, прислонившись к кухонным шкафчикам, и строчила в блокноте. Затем попросила Джесс показать забор. Джесс поленилась выходить на улицу.

— Вон там, — указала она через окно. — Я забила дыру светлыми досками. А несчастный случай, назовем его так, произошел примерно в пятидесяти ярдах праве.

Джесс посмотрела вслед сотруднице полиции и повернулась к раковине. Айлин Трент жизнерадостно помахала Джесс через забор, волоча за собой тележку, но заметила сотрудницу полиции, пригнула голову и торопливо зашагала в обратную сторону.

Констебль Кенворти провела на улице почти десять минут. Джесс практически забыла о ней. Она разгружала стиральную машину, когда сотрудница полиции вернулась в дом.

— Миссис Томас, можно задать вам вопрос? — Она закрыла за собой заднюю дверь.

— Это ваша работа, — ответила Джесс.

— Наверное, вас спрашивали уже много раз. Но ваша камера видеонаблюдения... Нет ли в ней пленки?

Джесс просмотрела запись три раза, когда констебль Кенворти вызвала ее в участок. Они сидели на пластиковых стульях в комнате для допросов номер три. У Джесс кровь стыла в жилах: крошечная фигурка со сверкающими блестками на рукавах медленно идет по краю экрана, останавливается поправить очки на носу. Машина замедляет ход, открывается дверца. Один, двое, трое парней. Язык тела Танзи. Шажок назад, нервный взгляд за спину, на дорогу. Поднятые руки. Парни бросаются на нее, и Джесс закрывает глаза.

— Я бы сказала, что это весьма убедительное доказательство, миссис Томас. И запись хорошего качества. Служба уголовного преследования будет в восторге, — жизнерадостно сообщила констебль Кенворти, и Джесс сперва не поняла, что она говорит серьезно. Что кто-то принимает их всерьез.

Поначалу Фишер, разумеется, все отрицал. Заявил, что они просто «шутили» с Танзи.

— Но у нас есть ее показания. И два свидетеля, которые готовы выступить на суде. И копии страниц аккаунта Джейсона Фишера в «Фейсбуке», на которых он обсуждает, как это сделает.

— Сделает что?

Улыбка констебля поблекла.

— Нечто плохое с вашей дочерью.

Джесс не стала больше ничего спрашивать.

В полицию поступил анонимный донос, что Фишер использует собственное имя в качестве пароля. Вот кретин, сказала констебль Кенворти. Честное слово, прямо так и сказала!

— Между нами, — сказала она, провожая Джесс к выходу, — взлом аккаунта в суде не одобрят. Но это укрепило наши позиции.

Сперва газеты писали о деле в туманных выражениях. «Несколько местных юношей арестованы за нападение на несовершеннолетнюю и попытку похищения». Но на следующей неделе газеты назвали всех поименно. Очевидно, семейству Фишеров велели съехать из муниципального дома. Они изводили не только Томасов. Жилищно-строительная ассоциация заявила, что «этой семье давно было вынесено последнее предупреждение».

Никки прочел статью из местной газеты вслух за чаем. Все мгновение помолчали, не веря собственным ушам.

— Там правда написано, что Фишерам придется уехать?

— Именно так и написано, — подтвердил Никки.

— Но что с ними будет? — спросила Джесс, не донеся вилку до рта.

— Ну, здесь написано, что они собираются переехать в Суррей, где живет его зять.

— В Суррей? Но...

— Жилищно-строительная ассоциация больше за них не отвечает. Ни за кого из них. Ни за Джейсона Фишера. Ни за его кузена и его семью. Они переедут к какому-то дяде. Но самое замечательное — суд запретил им сюда возвращаться. Смотри, вот два снимка, как мама Джейсона плачет и твердит, что их неправильно поняли, что ее сын и мухи не обидит. — Он подвинул газету через стол.

Джесс прочла статью дважды, просто чтобы убедиться, что Никки все правильно понял. Что она все правильно поняла.

— Их и правда арестуют, если они вернутся?

— Видишь, мама? — Никки жевал кусок хлеба. — Ты была права. Все может измениться.

Джесс замерла. Она посмотрела на газету, затем на него. До нее постепенно дошло, как он ее назвал, и она увидела, как он краснеет, надеясь, что Джесс не поднимет из-за этого шума. Так что она сглотнула, вытерла глаза ладонями и с минуту смотрела в тарелку, прежде чем вернуться к еде.

— Ладно, — сипло сказала она. — Что ж. Это хорошая новость. Очень хорошая новость.

— Ты действительно думаешь, что все может измениться? — Глаза Танзи были большими, темными и настороженными.

Джесс положила вилку и нож:

— Наверное, милая. В смысле, у всех бывают черные полосы. Но да, я так думаю.

Танзи посмотрела на Никки, затем снова на Джесс и вернулась к еде.

Жизнь продолжалась. Джесс сходила в «Перья» в субботу в обед, причем последние двадцать ярдов она шла, старательно скрывая, что прихрамывает. В душе она молилась, чтобы ее приняли обратно. Дес сообщил ей, что взял на работу девушку из «Парижа».

— Не из настоящего Парижа, разумеется. Я не миллионер.

— А она умеет разбирать сломанные насосы? — спросила Джесс. — Сможет починить бак в мужском туалете?

Дес оперся о барную стойку.

— Возможно, и нет, Джесс. — Он провел пухлой рукой по волосам, длинным сзади и коротким по бокам. — Но мне нужен кто-то надежный. Ты не надежна.

— Да ладно, Дес. Одна пропущенная неделя за два года. Пожалуйста! Мне нужна эта работа. Очень нужна.

Дес сказал, что подумает.

Дети снова пошли в школу. Танзи требовала, чтобы Джесс забирала ее каждый день. Никки больше не приходилось будить по шесть раз. Когда Джесс выходила из душа, он уже завтракал. Он не просил ее сходить за новым рецептом на седативные препараты. Стрелки на его глазах были безупречно остры.

— Я тут подумал... Может, все-таки останусь в шестом классе Макартурз. Смогу присматривать за Танзи, когда она пойдет в среднюю школу.

Джесс заморгала:

— Отличная мысль.

Они с Натали убирались, обмениваясь сплетнями о последних днях Фишеров. Якобы те выдрали все розетки из стен и пробили дыры в штукатурке на кухне, прежде чем съехать из дома на Плезант-Вью. Воскресной ночью неизвестные лица — Натали закатила глаза — подожгли матрас рядом с офисом жилищно-строительной ассоциации.

— Но тебе, наверное, полегчало? — спросила она.

— Конечно, — ответила Джесс.

Натали выпрямилась и потерла поясницу.

— Все забываю спросить... Каково это — съездить в такую даль с мистером Николсом? Наверное, странно.

Джесс наклонилась над раковиной и помолчала, глядя в окно на бесконечный полумесяц моря.

— Нормально.

— Наверное, ты не знала, что ему сказать, пока вы сидели в машине? Я бы точно не знала.

Глаза Джесс защипало от слез, и ей пришлось притвориться, будто она скребет невидимое пятнышко на нержавеющей стали.

— Нет, — сказала она. — Как ни странно, я знала.

Дело в том, что отсутствие Эда казалось Джесс толстым одеялом, укутавшим мир. Она тосковала по его улыбке, губам, коже, дорожке мягких темных волос, ведущей к пупку. Тосковала по тому, что рядом с ним ощущала себя более привлекательной, более сексуальной, более живой. Тосковала по ощущению, будто все возможно. Она была не в силах поверить, что утрата человека, которого она знала так мало, может казаться утратой части себя, из-за которой еда теряет вкус, цвета тускнеют. Иногда, когда Никки ложился спать, Джесс не отправлялась в свою слишком большую кровать, а дремала на диване перед телевизором, прижав колени к груди в попытке избавиться от ощущения пустоты внутри.

Теперь Джесс понимала, что, когда Марти ушел, все ее чувства были связаны с практическими проблемами. Она ощущала себя в безопасности. Она волновалась, что́ почувствуют дети из-за его ухода. Беспокоилась о деньгах, о том, кто присмотрит за детьми, если ей придется работать в вечернюю смену в пабе, кто вынесет мусор в четверг. Но главным образом испытывала смутное облегчение оттого, что больше не подвластна его капризам. Не должна выступать в роли посредника между Марти и детьми. Не должна цепляться за опостылевшие отношения.

Больше всего ее мучило то, что человек, который видел в ней самое лучшее, теперь думает о ней самое плохое. Для Эда она теперь ничуть не лучше людей, которые подвели его, испортили ему жизнь. В действительности она, наверное, даже хуже. И это только ее вина. Отрицать невозможно. Это только ее вина.

Она размышляла об этом три ночи и написала Эду письмо.

Один опрометчивый шаг, и я стала тем, кем всегда учила детей не быть. Все мы рано или поздно проходим проверку, и я провалилась.

Прости.

Мне тебя не хватает.

P. S. Я знаю, что ты не поверишь. Но я с самого начала собиралась вернуть долг.

Она вложила в конверт номер своего телефона и двадцать фунтов, надписав: «Первый взнос». Отдала конверт Натали и попросила положить в почту мистера Николса на стойке администратора «Бичфранта». На следующий день подруга сказала, что рядом с номером два появилась табличка «Продается». Натали проследила за реакцией Джесс и перестала задавать вопросы о мистере Николсе.

Когда прошло пять дней и стало ясно, что ответа не будет, Джесс провела ночь без сна и твердо решила: хватит упиваться своим горем. Пора двигаться дальше. Разбитое сердце — слишком дорогое удовольствие для матери-одиночки.

В понедельник она приготовила себе чашку чая, села за кухонный стол и позвонила в компанию по выпуску кредитных карт, где узнала, что ее минимальный ежемесячный платеж будет увеличен. Вскрыла письмо из полиции, в котором говорилось, что она должна уплатить штраф в тысячу фунтов за вождение без акцизного сбора и страховки, и если она хочет оспорить взыскание, ей следует обратиться с просьбой о судебном рассмотрении следующим образом... Вскрыла письмо со штрафной стоянки, в котором говорилось, что она должна сто двадцать фунтов за хранение «роллса» с прошлого четверга. Вскрыла конверт с первым счетом от ветеринара и запихала листок обратно в конверт. Хватит неприятных новостей на сегодня. Пришла эсэмэска от Марти. Он хотел приехать в гости на коротких каникулах.

— Что скажете? — спросила Джесс за завтраком.

Дети пожали плечами.

Во вторник, закончив уборку, она отправилась в город к солиситорам для малообеспеченных и отдала двадцать пять фунтов за черновик письма Марти с требованием развода и уплаты алиментов задним числом.

— За какой срок? — спросила женщина.

— Два года.

Женщина даже не посмотрела на нее. Джесс задумалась, какого рода истории той приходится выслушивать каждый день. Женщина напечатала несколько цифр и повернула экран к Джесс.

— Итого столько. Сумма немалая. Он попросит разрешения платить по частям. Все они так просят.

— Хорошо. — Джесс потянулась за сумкой. — Ему есть на кого опереться.

Она методично прорабатывала список вещей, с которыми необходимо разобраться, и старалась видеть целостную картину, а не только их маленький городок. Не только их маленькую семью с финансовыми проблемами и короткий роман, который лопнул, не успев толком начаться. Иногда, говорила она себе, жизнь — это полоса препятствий, которые необходимо преодолеть, возможно, одним лишь усилием воли. Джесс прошла свой прибрежный городок насквозь и поклялась, что скроет от детей истинный масштаб своих финансовых неприятностей. Очень важно, чтобы они могли надеяться, мечтать, даже если она больше не может. Она способна дать им хотя бы это, раз не способна дать ничего другого. Джесс посмотрела на мутную голубизну бесконечного моря, глотнула воздух, вздернула подбородок и решила, что справится. Она может справиться почти с чем угодно. В конце концов, право на счастье не гарантировано никому.

Джесс шла по пляжу, утопала ногами в гальке, переступала через заборчики и пересчитывала поводы для радости на трех пальцах, как будто играла в кармане на пианино. Танзи ничего не угрожает. Никки ничего не угрожает. Норман постепенно выздоравливает. В конце концов, это самое главное. Остальное всего лишь детали.

Если говорить это достаточно часто, в это можно поверить.

Через два дня вечером они расположились в саду на старых пластиковых стульях. Танзи вымыла волосы и сидела у Джесс на коленях, пока Джесс распутывала мокрые пряди гребешком. Она рассказала детям, почему мистер Николс не вернется.

Никки уставился на нее:

— Из его кармана?

— Нет. Они выпали из его кармана. В такси. Но я знала, чьи это деньги.

Все потрясенно молчали. Джесс не видела лица Танзи. И не слишком хотела видеть лицо Никки. Она продолжала бережно расчесывать волосы дочери, говоря спокойно и размеренно, как будто это могло послужить оправданием.

— На что ты потратила деньги? — Танзи неестественно застыла.

Джесс сглотнула:

— Если честно, не помню.

— Заплатила за мою регистрацию?

Джесс продолжала расчесывать. Разглаживать и расчесывать. Потянуть, потянуть, отпустить.

— Я правда не помню, Танзи. В любом случае неважно, на что я их потратила.

Джесс чувствовала, что Никки не спускает с нее глаз:

— И почему ты нам рассказала?

Потянуть, разгладить, отпустить.

— Потому что... Потому что хотела, чтобы вы знали, что я сделала ужасную ошибку и очень об этом жалею. Даже если я собиралась вернуть деньги, их нельзя было брать. Мне нет оправданий. И Эд... Мистер Николс имел полное право уйти, когда узнал, что я сделала, поскольку самое важное, что есть между людьми, — это доверие. — Она старалась говорить взвешенно и бесстрастно. Это становилось все сложнее. — И я хочу, чтобы вы знали: мне очень жаль, что я вас подвела. Я ведь всегда говорила вам, как правильно поступать, а сама поступила дурно. Я рассказала вам, потому что иначе стала бы лицемеркой. Но еще я хочу, чтобы вы увидели: дурные поступки имеют последствия. Лично я потеряла человека, который был мне дорог. Очень дорог.

Дети молчали.

Через минуту Танзи нашарила пальцы Джесс и на мгновение сжала:

— Все хорошо, мама. Мы все совершаем ошибки.

Джесс закрыла глаза. Когда она снова их открыла, Никки поднял голову. Он выглядел по-настоящему потрясенным.

— Он бы дал тебе денег. — В его голосе прозвучала едва заметная, но несомненная злость. Джесс смотрела на него. — Он бы дал тебе денег. Если бы ты попросила.

— Да, — сказала она, и ее руки замерли на волосах Танзи. — Да, это самое ужасное. Думаю, дал бы.

36

Никки

Прошла неделя. Каждый день они ездили на автобусе проведать Нормана. Ветеринар зашил пустую глазницу; дыры не осталось, но выглядело все равно жутковато. Впервые увидев морду Нормана, Танзи расплакалась. Врачи сказали, что пес может первое время натыкаться на предметы. И много спать. Никки не стал говорить, что разницы никто не заметит. Джесс гладила Нормана по голове и называла славным смелым мальчиком и, когда его хвост слабо застучал по плиточному полу ветеринарного загона, быстро заморгала и отвернулась.

В пятницу Джесс попросила Никки и Танзи подождать в приемной и направилась к столу администратора. Наверное, чтобы обсудить счета. Из принтера выскочил лист бумаги, затем второй, затем, вы не поверите, третий. Джесс водила пальцем по страницам и заметно сглотнула, дочитав до конца. В тот день они отправились домой пешком, хотя Джесс еще хромала.

Море превратилось из грязно-серого в ослепительно-голубое, и город ожил. Поначалу отсутствие Фишеров казалось странным. В него трудно было поверить. Одни говорили, что Фишеры уехали в Суссекс, а не в Суррей. Другие — что отца Фишера арестовали за нападение с применением физического насилия в Нортгемптоне. Ни у кого больше не резали шины. Миссис Уорбойз снова начала играть в бинго по вечерам. Никки привык, что может спокойно ходить в магазин и обратно, и понял, что мурашки совершенно напрасно ползут у него по спине. Он твердил им уняться, но мурашки не слушались. Танзи вообще не выходила из дома без Джесс.

Никки не заглядывал в свой блог почти десять дней. Он написал тот пост, когда Норман попал под машину, и его настолько переполняла злость, что ее надо было куда-то выплеснуть. Он никогда еще не испытывал ярости, ослепительной ярости, когда хочется ломать вещи и бить людей. Ярость бурлила в крови, словно яд, рвалась криком из легких. По крайней мере, эти несколько ужасных дней Никки было легче оттого, что он все выложил в блог. Как будто кому-то рассказал, даже если этот кто-то совсем его не знает и ему все равно. Никки просто нужно было знать, что кто-то услышит его, узнает о случившемся и поймет, насколько это несправедливо.

А потом, когда Никки поостыл и стало известно, что Фишерам придется за все заплатить, он, как ни странно, почувствовал себя идиотом. Так бывает, когда сболтнешь кому-то лишнего и чувствуешь себя выставленным напоказ и неделями молишься, чтобы люди обо всем забыли, боишься, чтобы они обернули это против тебя. Да и какой толк откровенничать в Интернете? Подобный блог заинтересует разве что зевак, которые притормаживают на месте автомобильной аварии.

Никки открыл блог, поскольку собирался удалить запись, но подумал: «Ее уже видели. Я выставлю себя еще большим дураком». И решил написать короткую заметку, что Фишеров выселили и дело с концом. Он не собирался называть их поименно, просто хотел написать о чем-нибудь хорошем, чтобы тот, кто наткнется случайно на блог, не подумал, будто жизнь его семьи беспросветно трагична. Никки просмотрел написанное им на прошлой неделе — сплошные обнаженные эмоции — и от стыда поджал пальцы на ногах. Интересно, сколько обитателей киберпространства прочли его запись? Сколько людей на планете теперь считают его не только чудаком, но и идиотом?

А потом он прокрутил до конца. И увидел комментарии.

Держись, Гот. От таких, как они, меня тошнит.

Подруга прислала ссылку на твой блог, и я плакала. Надеюсь, твоя собака поправилась. Пожалуйста, напиши, когда будет возможность.

Привет, Никки. Я Виктор из Португалии. Мы незнакомы, но мой друг дал ссылку на твой блог в «Фейсбуке», и я только хотел сказать, что чувствовал то же самое год назад, но все наладилось. Не переживай. Счастливо!

Никки прокрутил ниже. Сообщение за сообщением. Доброжелательные, предлагающие помощь, дружеские. Он вставил ссылку на свой блог в поисковую систему: его копировали и на него ссылались сперва сотни, затем тысячи раз. Никки посмотрел статистику, откинулся на спинку стула и недоверчиво уставился на экран: его блог прочли 2876 человек. За одну неделю. Почти три тысячи человек прочли его запись. Больше четырехсот не поленились оставить ему сообщение. И только двое обозвали его нытиком.

Но это еще не все. Люди присылали деньги. Настоящие деньги. Кто-то открыл онлайн-счет для пожертвований, чтобы помочь оплатить услуги ветеринара, потому что беспокоился о Нормане, и оставил Никки указания, как получить доступ к деньгам при помощи аккаунта «PayPal».

Этих денег не хватит, чтобы твоя сестра пошла в школу, но они помогут купить нового щенка, если ваш пес не выживет. Хорошо, что у нее есть ты.

Послушай, Гот (это твое настоящее имя??), а ты не думал взять собаку из приюта? Это может быть началом прекрасной дружбы. Лови деньжат! Приюту они не помешают ;-)

Немного денег на оплату счетов ветеринара. Обними свою сестру за меня. Я жутко зол из-за того, что с вами случилось.

Мою собаку сбила машина, но ее спасла НВА[1]. Наверное, рядом с вами нет отделения. Мне помогли, и мне кажется, будет правильно, если я помогу вам. Пожалуйста, прими 10 фунтов на лечение.

От такой же фанатки математики. Пожалуйста, скажи своей сестренке, чтобы она не сдавалась. Нельзя, чтобы они победили.

Пост разлетелся по всему Интернету. Им поделились 459 раз. Никки насчитал сто тридцать имен на странице пожертвований. Самое маленькое пожертвование составило два фунта, самое большое — двести пятьдесят. Совершенно незнакомый человек прислал двести пятьдесят фунтов! Итого набралось 932,50 фунта, последнее пожертвование поступило час назад. Никки несколько раз обновил страницу, не сводя глаз с общей суммы, — может, запятая стоит не в том месте?

1 Народная ветеринарная амбулатория — благотворительная ветеринарная организация.

Сердце бешено колотилось. Никки прижал ладонь к груди. Неужели сердечный приступ? Он испугался, что может умереть. Но обнаружил, что в действительности ему хочется смеяться. Смеяться от благородства совершенно незнакомых людей. От их щедрости и великодушия, оттого, что в мире есть добрые, хорошие люди, готовые дать денег людям, которых никогда не видели и не увидят. И что самое невероятное, вся эта доброта, все это благородство — результат его слов.

Когда он ворвался в гостиную, Джесс стояла у шкафа со свертком розовой ткани.

— Сядь, — сказал Никки. — Посмотри! — Он потянул ее за руку к дивану.

— Что?

— Положи это.

Никки открыл ноутбук и поставил ей на колени. Она едва не вздрогнула, как будто ей было по-настоящему больно прикасаться к вещи, принадлежавшей мистеру Николсу.

— Посмотри! — Никки открыл страницу пожертвований. — Ты только посмотри! Люди прислали денег! Для Нормана.

— Что ты имеешь в виду?

— Просто посмотри.

Джесс щурилась, двигала страницу вверх и вниз, читала и перечитывала.

— Но... мы не можем это взять.

— Это не для нас. Это для Танзи. И Нормана.

— Я не понимаю. Почему незнакомые люди присылают нам деньги?

— Потому что они расстроены из-за того, что случилось. Потому что они понимают, что это несправедливо. Потому что хотят нам помочь. Я не знаю.

— Но откуда им стало известно?

— Я написал об этом в своем блоге.

— Что-что?

— Мистер Николс посоветовал мне вести блог, чтобы найти своих людей. Я просто... выложил в блог. Рассказ о том, что с нами происходит.

— Покажи.

Никки переключил страницу на блог. Джесс читала медленно, сосредоточенно хмурилась, и ему стало чуточку не по себе, как будто он открыл ей скрытую от всех часть себя. Выплескивать эмоции перед знакомым человеком почему-то оказалось сложнее.

— Так во сколько обошелся ветеринар? — спросил Никки, когда увидел, что она дочитала.

Джесс машинально ответила:

— Восемьсот семьдесят восемь фунтов. И сорок два пенса. На данный момент.

Никки вскинул руки:

— Выходит, нам хватит, да? Посмотри на итог. Нам хватит!

Джесс взглянула на него. Наверное, полчаса назад у него был такой же ошарашенный вид.

— Доброта незнакомцев, — произнес Никки.

Джесс прижала руку ко рту:

— Поверить не могу, что люди станут посылать деньги человеку, которого даже не знают.

— Все как ты говорила. Хорошие вещи случаются. — Никки хотел, чтобы она улыбнулась. Хотел, чтобы она почувствовала то же, что и он, — словно распахнулась дверь в мир, о котором он и не подозревал. Мир, полный добрых людей и надежды на счастье. — Это прекрасная новость, Джесс! Радуйся!

С минуту в ее глазах стояли слезы. Она настолько растерялась, что Никки наклонился и обнял ее. Это было его третье добровольное объятие за три года.

— Тушь! — Джесс отстранилась.

Никки вытер под глазами. Джесс тоже.

— Чисто?

— Порядок. А у меня?

Она провела большим пальцем под внешним уголком его глаза.

Затем выдохнула и внезапно стала немного похожей на прежнюю Джесс. Она встала и отряхнула джинсы.

— Разумеется, мы должны все вернуть.

— Большинство пожертвований — около трех фунтов. Разбираться придется долго.

— Танзи справится. — Джесс взяла сверток розовой ткани и рассеянно запихала обратно в шкаф. Смахнула волосы с лица. — И обязательно покажи, что ей пишут насчет математики. Для нее это важно.

Никки посмотрел в сторону комнаты Танзи:

— Покажу. — Он на время пал духом. — Но вряд ли это что-то изменит.

37

Джесс

Норман вернулся домой. Мистер Адамсон назвал случай «захватывающим» и сделал скидку. Джесс подумала, что он имеет в виду травмы Нормана, но оказалось, что одна из медсестер прочитала блог Никки, когда Танзи о нем упомянула, и ветеринар счел захватывающим то, что Норман, вопреки общим ожиданиям и флегматичному нраву, поднялся на защиту Танзи.

— Наш долг — помочь герою, правда, старина? — Он похлопал Нормана по боку.

Норман немедленно плюхнулся на пол и подставил живот. Похоже, они беседуют не впервые. Когда ветеринар уселся на пол, Джесс на мгновение разглядела за бесстрастным профессиональным обликом живого человека. Широкая улыбка, морщинки в уголках глаз, когда он смотрел на собаку... И в голове Джесс снова прозвучали слова Никки: доброта незнакомцев.

— Я рад, что вы приняли именно такое решение, миссис Томас, — сказал ветеринар, вставая. Они дипломатично сделали вид, что не услышали, как хрустнули его колени. Норман продолжал валяться на спине, вывалив язык и не теряя надежды. А может, слишком растолстел, чтобы встать. — Он заслужил этот шанс. Если бы я знал, как он получил свои травмы, то не стал бы так старательно вас отговаривать.

Джесс заплатила предоплаченной кредитной картой. И положила двадцать фунтов в ящик для сбора пожертвований. Конечно, деньгам можно было найти более полезное применение, но Джесс показалось, что так будет правильно.

По дороге домой Танзи не отходила от огромной черной туши Нормана и цеплялась за поводок, как за соломинку. Впервые за три недели она шла по улице, не держась за руку Джесс.

Джесс надеялась, что возвращение собаки поднимет настроение дочери. Но Танзи оставалась маленькой тенью, молчаливо ходила за Джесс хвостиком по дому, опасливо заглядывала за угол, в конце дня тревожно ждала мать рядом с классным руководителем у школьных ворот. Дома она читала у себя в комнате или молча смотрела мультики на диване, обхватив рукой лежащую рядом собаку. Мистер Цвангараи временно отсутствовал по семейным обстоятельствам, и Джесс невольно загрустила, представив, как он обнаружит, что Танзи решила изгнать математику из своей жизни, что прежней удивительной, необычной девочки больше нет. Иногда ей казалось, будто она обменяла одного несчастного молчаливого ребенка на другого.

Позвонили из Сент-Эннз, чтобы назначить день знакомства со школой, и Джесс пришлось сказать, что Танзи не придет. Слова царапали горло.

— Мы все же советуем сходить, миссис Томас. По нашим данным, дети намного лучше осваиваются в школьной среде, если она им немного знакома. К тому же Танзи встретит своих будущих одноклассников. Вы боитесь, ее не отпустят из нынешней школы?

— Нет. Я имела в виду, что она... она не придет.

— Вообще?

— Вообще.

Короткая пауза.

— Вот как. — Джесс услышала, как секретарь листает бумаги. — Мы говорим о девочке с девяностопроцентной стипендией? Костанзе?

— Да, — ответила Джесс и покраснела.

— Она пойдет в Питерсфилдскую академию? Они тоже предложили стипендию?

— Нет. Дело не в этом, — с закрытыми глазами произнесла Джесс. — Послушайте, вы не могли бы... Нет ли у вас возможности... еще немного увеличить стипендию?

— Еще? — Секретарь явно была захвачена врасплох. — Миссис Томас, это и так самая щедрая стипендия, какую мы когда-либо предлагали. Простите, но это не обсуждается.

Джесс продолжала давить, радуясь, что никто не видит ее позора.

— Если я найду деньги через год, вы придержите место для Танзи?

— Сомневаюсь, что это возможно. Или справедливо по отношению к другим кандидатам. — Секретарь помедлила, возможно внезапно заметив молчание Джесс. — Но, разумеется, мы отнесемся благосклонно, если Танзи когда-нибудь захочет подать новое заявление.

Джесс смотрела на пятно на ковре. Как-то раз Марти затащил в гостиную мотоцикл, и из него протекло масло. В ее горле встал ком.

— Что ж, спасибо, что поставили в известность.

— Послушайте, миссис Томас. — Тон женщины внезапно стал примирительным. — У вас еще неделя до того, как нам придется закрыть место. Мы придержим его до последней минуты.

— Спасибо. Вы очень добры. Но, по правде говоря, это лишнее.

Джесс это знала, и секретарь это знала. Рассчитывать не на что. Иные пропасти не перепрыгнешь.

Секретарь попросила передать Танзи ее наилучшие пожелания относительно новой школы. Прежде чем она положила трубку, Джесс услышала, как она ищет в списках следующего подходящего кандидата.

Танзи она не сказала. Она подозревала, что дочь уже знает. Два вечера назад Джесс обнаружила, что Танзи убрала все учебники по математике из своего шкафа и сложила вместе с оставшимися книгами Джесс на лестничной площадке верхнего этажа, аккуратно засунув между триллерами и историческими любовными романами, чтобы мать не заметила. Джесс осторожно извлекла их и спрятала в шкафу для одежды. Она не знала, чьи чувства щадит — свои или Танзи.

Марти получил письмо от солиситора и позвонил, возмущаясь и бурно объясняя, почему не может заплатить. Джесс сказала, что дело уже вышло из-под ее контроля. Сказала, что надеется цивилизованно все уладить. Сказала, что его детям нужна обувь. О приезде в гости Марти не говорил.

Джесс снова взяли на работу в паб. Девица из «Парижа» перебралась в «Техасские ребрышки», отработав всего три смены. В «Ребрышках» давали больше чаевых и Стюарт Прингл не хватал за задницу.

— Да и черт бы с ней! Она не умела затыкаться во время гитарного соло в песне «Лейла»[1], — заметил

1 «Layla» (1970) — песня группы «Дерек энд зе доминос», примечательна гитарными проигрышами в исполнении Эрика Клэптона и Дуэйна Олмэна.

Дес. — Все нормальные барменши знают, что во время гитарного соло надо помалкивать.

Четыре дня в неделю Джесс убиралась с Натали и избегала дома номер два в «Бичфранте». Она предпочитала драить духовки и тому подобную работу там, где мало шансов случайно выглянуть в окно и заметить дом с бойкой бело-синей табличкой «Продается». Если Натали и считала, что Джесс ведет себя немного странно, то ничего не говорила.

Джесс разместила объявление в местном газетном киоске, предлагая услуги мастерицы на все руки. «Любая работа, даже самая мелкая». Первый заказ поступил меньше чем через двадцать четыре часа: повесить шкафчик в ванной пенсионерке на Аден-Кресент. Пожилой женщине так понравился результат, что она дала Джесс пять фунтов чаевых, сказав, что не любит пускать мужчин в дом и что за сорок два года ни разу не предстала перед мужем без своего доброго шерстяного жилета. Она порекомендовала Джесс подруге из общежития для пожилых людей, которой надо было заменить стиральную машину и натянуть ковровое покрытие. Затем последовали еще два заказа, тоже от пенсионеров. Джесс отправила второй взнос наличными в дом номер два в «Бичфранте». Натали положила его в почту. Табличка «Продается» оставалась на месте.

Никки выглядел единственным по-настоящему жизнерадостным членом семьи. Казалось, блог помог ему обрести смысл жизни. Он писал в нем почти каждый вечер, рассказывал, как здоровье Нормана, болтал со своими новыми друзьями. Он сказал, что встретился с одним из них в реале, и расшифровал для Джесс — «в реальной жизни». Сказал, что «он ничего». Не в этом смысле. Никки собирался на дни открытых дверей в двух разных колледжах. Он спросил у своего бывшего учителя, как подать заявку на стипендию для малообеспеченных. И все выяснил. Теперь Никки улыбался часто, причем без уговоров. Он упал на колени от радости, когда увидел, как Норман виляет хвостом на кухне. Без малейшей неловкости Никки махал рукой Лоле из сорок седьмого дома, которая, как заметила Джесс, выкрасила волосы в тот же цвет, что и Никки, и играл соло на воображаемой гитаре в гостиной. Никки часто выходил в город. Его тощие ноги словно стали шагать размашистее, плечи не то что бы расправились, но и не были уныло опущены, как несколько недель назад. Однажды он надел желтую футболку.

— А куда подевался ноутбук? — спросила Джесс, зайдя в его комнату как-то днем и обнаружив, что Никки работает на старом компьютере.

— Я отнес его обратно, — пожал он плечами. — Натали меня впустила.

— Ты его видел? — не удержалась она.

Никки отвел взгляд:

— Увы. Его вещи в доме, но сложены в коробки. Сомневаюсь, что он еще там живет.

Этого следовало ожидать. И все же, спускаясь по лестнице, Джесс держалась за живот обеими руками, как будто ей врезали под дых.

38

Эд

Через несколько недель сестра отправилась с Эдом в суд. День выдался жарким и душным, и машины двигались с трудом, как будто от жары замедлилось само движение в лондонских венах. Эд попросил мать не приходить. С каждым днем им было все сложнее оставить отца одного хотя бы на время. Пока такси ползло по Лондону, сестра нетерпеливо барабанила пальцами по колену, упрямо выпятив подбородок. Она явно была напряжена больше, чем Эд. Он испытывал странное, неестественное спокойствие. В свете других предстоящих утрат, насущные проблемы казались незначительными.

В зале суда почти никого не было. Благодаря жуткому сочетанию ужасного убийства в Центральном уголовном суде, политического любовного скандала и публичного нервного срыва молодой британской актрисы двухдневный судебный процесс не стал важной новостью и привлек лишь судебного обозревателя из новостного агентства и стажера из «Файнэншл таймс». К тому же Эд уже признал вину, вопреки совету адвокатов.

Дина Льюис продолжала уверять, что ни в чем не виновата, но ее положение несколько пошатнулось благодаря показаниям ее знакомого банкира, недвусмысленно давшего Дине понять, что она собирается заняться инсайдерской торговлей. Банкир также смог предъявить электронное письмо, в котором предупреждал Дину об опасности, и ответное письмо, в котором Дина утверждала, что ее друг чересчур разборчив, назойлив и, по правде говоря, лезет не в свои дела. Или ему завидно, что у нее появился шанс разбогатеть?

Эд смотрел, как судебный обозреватель черкает в блокноте, как солиситоры наклоняются друг к другу, указывая на клочки бумаги, и все это казалось неожиданно скучным.

— Учитывая, что вы признали вину, я склонен считать ваш поступок обособленным преступным поведением без корыстной заинтересованности. Майкл Льюис — иное дело.

Как выяснилось, Управление по финансовым услугам отследило и другие «подозрительные» сделки брата Дины, спред-беттинг[1] и опционы.

— Необходимо, однако, дать понять, что подобное поведение совершенно недопустимо, каковы бы ни были его причины. Оно разрушает уверенность инвесторов в честной конъюнктуре рынков и ослабляет всю структуру нашей финансовой системы. По этой причине я обязан назначить такое наказание, которое отпугнет любого, считающего подобные преступления незначительными.

Эд встал со скамьи подсудимых, пытаясь придать лицу подобающее выражение. Его приговорили к штрафу в семьсот пятьдесят тысяч фунтов, уплате судебных из-

1 *Спред-беттинг* — способ игры на бирже.

держек и полугодовому тюремному заключению с отсрочкой на год.

И на этом все закончилось.

Джемма протяжно, судорожно выдохнула и уронила голову на руки. Эд странно оцепенел.

— Это все? — тихо спросил он, и сестра с недоверием взглянула на него.

Секретарь открыл дверь. Пол Уилкс похлопал Эда по спине, когда они вышли в коридор.

— Спасибо, — произнес Эд. Ему показалось, что это нужно сказать.

Он заметил в коридоре Дину Льюис. Она оживленно беседовала с рыжеволосым мужчиной, который пытался ей что-то втолковать, а она постоянно перебивала и качала головой. Эд мгновение постоял и, почти не раздумывая, направился через толпу прямо к Дине.

— Я хотел извиниться, — начал он. — Если бы я мог предположить...

Дина развернулась, широко распахнула глаза.

— Да пошел ты! — Она побагровела от злости и протиснулась мимо него. — Чертов неудачник!

Люди повернулись на ее голос, заметили Эда и смущенно отвернулись. Раздались смешки. Эд стоял с наполовину поднятой рукой. Кто-то шепнул ему на ухо:

— Знаешь, она вовсе не дура. Она прекрасно знала, что не должна говорить брату.

Он обернулся и увидел Ронана. Как же Эд соскучился по его клетчатой рубашке, толстым стеклам очков в черной оправе, компьютерной сумке на плече!

— Ты... ты провел здесь все утро?

— Заскучал в офисе, если честно. Решил посмотреть на настоящий судебный процесс.

Эд не мог отвести от него глаз.

— Совсем не так интересно, как все думают.

— Мне тоже так показалось.

Джемма пожала руку Полу Уилксу и подошла к Эду, поправляя жакет.

— Ладно. Не пора ли порадовать маму? Она обещала не выключать телефон. Если, конечно, не забыла его зарядить. Привет, Ронан.

Ронан поцеловал ее в щеку:

— Привет, Джемма. Давно не виделись.

— Слишком давно! Поехали ко мне. — Она повернулась к Эду. — Ты сто лет не видел детей. Я припасла спагетти болоньезе на вечер. Да, Ронан! Поехали с нами, если хочешь. Набьем кастрюлю пастой поплотнее.

Ронан отвел глаза, как в те времена, когда им с Эдом было по восемнадцать, и что-то пнул на полу. Эд повернулся к сестре:

— Гм... Джемм... Ты не обидишься, если я откажусь? Только сегодня? — Он постарался не заметить, как она сникла. — Я обязательно приеду в другой раз. Просто мне... Мне нужно кое-что обсудить с Ронаном. Мы очень...

Джемма переводила взгляд с одного на другого.

— Конечно, — жизнерадостно сказала она, отводя челку с глаз. — Ладно. Позвони мне. — Она повесила сумку на плечо и направилась к лестнице.

Эд окликнул ее через толпу, так что несколько человек подняли взгляд от бумаг:

— Эй! Джемм! — (Она обернулась с сумкой под мышкой.) — Спасибо. За все. Правда. Я это ценю.

Она кивнула, на ее губах мелькнула тень улыбки. И растворилась в толчее на лестнице.

— Ладно. Гм. Как насчет выпить? — Эд старался говорить небрежно. — Я угощаю.

Ронан ответил не сразу. Вот гад!

— Ну, если угощаешь...

Однажды мать сказала Эду, что с настоящими друзьями можно продолжить с того места, на котором вы остановились, и неважно, прошла неделя или два года. У него никогда не было достаточно друзей, чтобы проверить ее слова. Они с Ронаном пили пиво за шатким деревянным столом в переполненном баре и поначалу чувствовали себя неловко, но потом все свободнее. Привычные шутки выскакивали, словно кроты в игре «Ударь крота», попадание в цель доставляло сдержанное удовольствие. Эд испытывал почти физическое облегчение оттого, что Ронан был рядом, будто он несколько месяцев бродил, сорвавшись с привязи, и кто-то наконец притащил его в стойло. Он украдкой поглядывал на друга, перебирал знакомые приметы: смех, огромные ступни, сгорбленные даже за столом в пабе плечи, точно он всматривается в экран, — и то, чего раньше не замечал: более непринужденный смех, новые очки в дизайнерской оправе, спокойную уверенность в себе. Когда Ронан полез за наличными, Эд заметил фотографию девушки, которая улыбалась кредитным картам.

— Как поживает... девушка с супом?

— Карен? Отлично, — улыбнулся Ронан, как улыбаются счастливые в любви люди, которым нечего доказывать. — Просто замечательно. По правде говоря, мы съезжаемся.

— Ух ты. Уже?

Ронан посмотрел почти вызывающе:

— Прошло шесть месяцев. А в Лондоне такие цены на аренду, что благотворительные столовые едва сводят концы с концами.

— Здорово, — запинаясь, пробормотал Эд. — Прекрасная новость.

— Ага. Да. Отличная. Карен — чудесная девушка. Я по-настоящему счастлив.

Они мгновение помолчали. Эд заметил, что у Ронана новая стрижка. И новый пиджак.

— Я на самом деле рад за тебя. Всегда думал, что вы будете прекрасной парой.

— Спасибо.

Эд улыбнулся. Ронан усмехнулся в ответ и скорчил рожу, словно стеснялся собственного счастья.

Глядя на свой бокал, Эд старался не чувствовать себя брошенным. Старался не думать о том, что его жизнь окончательно запуталась, а его старый друг уплывает в новое счастливое будущее. Рабочий день закончился, в паб потянулись офисные работники, секретарши на высоченных каблуках и молодые мужчины, пытающиеся доказать, что они уже взрослые. Внезапно Эду показалось, что его время на исходе и очень важно поговорить начистоту.

— Прости меня, — сказал он.

— За что?

— За все. За Дину Льюис. Не знаю, почему я так поступил, — хрипло произнес Эд. — Я все испортил, и мне очень жаль. В смысле, мне жаль, что так вышло с работой, но больше всего я переживаю, что испоганил нашу дружбу. — Эд был не в силах смотреть на друга, но все же испытал облегчение.

Ронан отпил из бокала:

— Не переживай. В последние месяцы я много об этом думал. Неловко признавать, но, если бы Дина Льюис подкатила ко мне, я мог бы поступить так же. — Он грустно улыбнулся. — Это же Дина Льюис.

— Она... оказалась не такой, как мы предполагали.

— Знаешь, я это понял, — усмехнулся Ронан.

— И все же мне жаль, что я все испортил. Нашу компанию. Нашу дружбу. Если бы ты знал, что мне пришлось пережить за последние...

Ронан пожал плечами, словно продолжать не стоило.

Они сидели в тишине. Ронан откинулся на спинку стула. Он сложил подставку для пива пополам, потом еще раз пополам.

— Знаешь... было довольно любопытно оказаться одному, — наконец сказал он. — Это помогло мне кое-что понять. Я не слишком доволен работой в «Мэйфлай». Мне больше нравилось, когда нас было только двое, ты и я. Все эти Костюмы, прибыли и убытки, акционеры не для меня. Это не то, что мне нравилось. Это не то, зачем мы основали компанию.

— Согласен. Я скучаю по тебе, но не скучаю по ним.

— Я имею в виду бесконечные совещания... Приходится проталкивать идеи через отдел маркетинга, даже самый базовый код. Оправдываться за каждый час. Представляешь, они хотят ввести табели! Табели! — (Эд ждал.) — Ты не много теряешь, можешь мне поверить, — покачал головой Ронан, словно ему было что сказать, но он решил промолчать.

Это стало переломным моментом. Немного похоже на свидание, когда ты собираешься признаться в своих чувствах другому человеку, но не уверен в его реакции.

— Ронан?

— Да?

— Я тут размышлял над новой идеей... Последнюю неделю или две. Набросал прогностическую программку... совсем простую... которая поможет планировать финансы. Вроде электронной таблицы для тех, кто не любит электронные таблицы. Для тех, кто не умеет обращаться с деньгами. Всплывающие предупреждения о списании денег со счета. Для желающих — калькулятор процентов за указанный период времени. Ничего слишком сложного. Программы такого типа стоит раздавать в Бюро консультации населения.

— Любопытно.

— Программа должна работать на дешевых компьютерах. Устаревшем программном обеспечении. Дешевых мобильных телефонах. Вряд ли она принесет много денег. Просто это пришло мне в голову. Я кое-что набросал. Но... — Эд так и видел, как в голове Ронана крутятся шестеренки. Он уже просчитывал параметры. — Дело в том, что тут нужен очень хороший программист.

Ронан с непроницаемым видом разглядывал пиво.

— Ты же знаешь, что не можешь вернуться в «Мэйфлай»? — спросил он.

Эд кивнул. Его лучший друг с самого колледжа!

— Да. Знаю.

Ронан посмотрел ему в глаза, и внезапно оба заулыбались.

39

Эд

За столько лет он так и не запомнил номера телефона родной сестры. Столько лет она живет в одном и том же доме, а ему приходится искать ее адрес. Эду стало не по себе. Похоже, список вещей, от которых ему не по себе, будет только расти.

Он стоял на улице у «Головы короля». Ронан отправился на метро к славной девушке, умеющей варить суп, присутствие которой придало его жизни совершенно новое измерение. Эд знал, что не может вернуться в пустую квартиру, заставленную коробками, и вдыхать ледяное дыхание ее следующего владельца.

Джемма взяла трубку через шесть гудков. Прежде чем она ответила, в трубке кто-то приглушенно заорал.

— Джемм?

— Да? — задыхаясь, произнесла она. — ЛЕО, НЕ СМЕЙ КИДАТЬ ЭТО С ЛЕСТНИЦЫ!

— Спагетти болоньезе еще остались?

Эда ждала до неловкого теплая встреча. Дверь маленького домика в Финсбери-Парк отворилась, и он пролез между велосипедами, горами обуви и перегруженной вешалкой для одежды, которая, казалось, тянулась вдоль всего коридора. Ритмичный грохот поп-музыки наверху проникал через стены. С ним соперничали звуковые эффекты какой-то военной игры на игровой приставке.

— Привет! — Сестра притянула Эда к себе и крепко обняла. Она успела уже переодеться в джинсы и свитер. — Даже и не помню, когда в последний раз ты был у нас в гостях. Фил, когда он в последний раз заходил?

— С Ларой, — донесся голос по коридору. — Пару лет назад.

— Милый, где штопор?

Кругом царил шум и хаос. Кухня была наполнена паром и запахом чеснока. В дальнем конце две сушилки прогибались под грудами сырого белья. Все поверхности, в основном из необработанной сосны, были завалены книгами, стопками бумаги и детскими рисунками. Фил встал, пожал Эду руку и извинился:

— Надо ответить на пару электронных писем до ужина. Ты не против?

— Ты, наверное, в шоке. — Джемма поставила перед ним бокал. — Извини за беспорядок. Я работаю в вечернюю смену, у Фила ни минуты свободной, а когда ушла Росарио, мы остались без уборщицы. Остальные дороговаты.

Эд скучал по этому хаосу. Здесь он словно находился в шумном пульсирующем сердце.

— Мне здесь нравится, — сказал он, и Джемма быстро посмотрела ему в глаза, ожидая увидеть насмешку. — Нет, серьезно. Мне нравится. Здесь так...

— Грязно.

— В том числе. Это прекрасно. — Он сел за кухонный стол, откинулся на спинку стула и протяжно выдохнул.

— Привет, дядя Эд.

— Ты кто? — заморгал Эд.

Девушка-подросток с блестящими золотыми волосами и толстым слоем туши на ресницах усмехнулась ему:

— Вот умора!

Эд беспомощно посмотрел на сестру. Она вскинула руки:

— Прошло немало времени, Эд. Дети растут. Лео! Подойди и поздоровайся с дядей Эдом.

— Я думал, дядю Эда упекли за решетку, — донеслось из соседней комнаты.

— Я на минуту. — Джемма бросила сковородку с соусом и скрылась в прихожей. Эд делал вид, будто не слышит приглушенных воплей.

— Мама говорит, ты потерял все деньги. — Джастин села напротив и оторвала корку от французской булки.

Мозг Эда отчаянно пытался сопоставить неуклюжего худенького ребенка, которого он видел в прошлый раз, с золотистым чудом, смотревшим на него с легким интересом, словно на музейный экспонат.

— Почти все.

— И шикарную квартиру тоже?

— С минуты на минуту.

— Вот черт! Я собиралась попросить разрешения отпраздновать там свое шестнадцатилетие.

— Что ж, теперь мне не придется отказывать.

— Папа сказал то же самое. Ну что, ты рад, что тебя не посадили?

— Все равно мной будут пугать детей.

Джастин улыбнулась:

— Прекрати, а то кончишь как непослушный дядя Эдвард.

— Вот как Джемма это преподносит?

— Ты же знаешь маму. В нашем доме из всего извлекают мораль. «Вот видишь, как легко пойти по дурной дорожке? У него было все и даже больше, а теперь...

— ...он выпрашивает еду и ездит на семилетней машине».

— Неплохая попытка. Но наша машина все равно на три года старше. — Джастин взглянула в сторону прихожей, где ее мать приглушенно разговаривала с Лео. — И все же полегче с мамой. Ты знаешь, что она вчера весь день висела на телефоне, пытаясь устроить тебя в тюрьму открытого типа?

— Серьезно?

— Она очень переживает из-за этого. Боится, что ты и пяти минут не протянешь в Пентонвилле.

Эд ощутил укол не вполне понятного чувства, поскольку ничего не знал о стараниях сестры помочь. Он старательно упивался жалостью к себе, а потому не подумал, что испытают другие, если его отправят в тюрьму.

— Наверное, она права.

Джастин закусила прядь волос. Она явно наслаждалась разговором.

— И что ты собираешься делать, став безработным, практически бездомным и позором семьи?

— Понятия не имею. Может, подсесть на наркотики? Просто для ровного счета.

— Фу! Нет. Укурки такие скучные. — Она отлепила свои длинные ноги от стула. — У мамы и без того хватает забот. Хотя, конечно, надо было согласиться. Благодаря тебе мы с Лео наконец вздохнули спокойно. Теперь нам намного проще оправдывать ожидания.

— Всегда рад помочь.

— Я серьезно. И все же я рада тебя видеть. — Она наклонилась вперед и прошептала: — Твой приход — настоящий праздник для мамы. Она ничего не сказала, но ужасно обрадовалась, что ты придешь. Прямо даже неловко. Она вымыла туалет на первом этаже — вдруг ты заглянешь.

— Ух ты! Вот как. Постараюсь заглядывать чаще.

Джастин сощурилась, будто пыталась определить, серьезно ли он, повернулась и исчезла на лестнице.

— Итак, как дела? — Джемма положила себе овощной салат. — Как поживает та девушка из больницы? Джосс? Джесс? Я думала, вы приедете вместе.

Эд сто лет не ел домашней еды и наслаждался каждым кусочком. Все поели и ушли, но он положил себе добавки во второй раз. К нему внезапно вернулся аппетит, пропавший в последние несколько недель. Он сидел с набитым ртом и жевал, прежде чем ответить.

— Я не хочу об этом говорить.

— Вечно ты не хочешь ни о чем говорить. Ну же. Считай это платой за домашнюю еду.

— Мы разошлись.

— Что? Почему? — Три бокала вина сделали ее болтливой и настойчивой. — Ты казался по-настоящему счастливым. По крайней мере, больше, чем с Ларой.

— Так и было.

— И что? Боже, каким ты бываешь идиотом, Эд. В кои-то веки нашлась нормальная женщина, которая, похоже, тебя понимает, а ты взял и сбежал.

— Я действительно не хочу об этом говорить, Джемм.

— Что случилось? Ты испугался обязательств? Еще не оправился после развода? Я надеюсь, ты не скучаешь по Ларе?

Он взял кусочек хлеба и обмакнул в соус на тарелке. Долго жевал — на минуту дольше, чем нужно.

— Она меня обокрала.

— Что?

Эд словно выложил козырь. Наверху ссорились дети. Он вспомнил, как Никки и Танзи делали ставки на заднем сиденье. Если он никому не расскажет правду, то, наверное, взорвется. И он рассказал Джемме.

Сестра Эда отодвинула тарелку. Наклонилась, положила подбородок на ладонь — вся внимание. Между ее бровей прорезалась морщинка. Эд рассказал ей о системе видеонаблюдения, о том, как вытаскивал ящики комода, чтобы переставить его на другое место, и как увидел на аккуратной стопке голубых носков собственное заламинированное лицо.

Я собиралась тебе рассказать.

Это не то, что ты думаешь. Рука взметнулась ко рту.

В смысле, ты правильно думаешь, но, о боже, о боже...

— Я думал, она не такая. Я думал, она замечательная — храбрая, принципиальная, забавная... Но нет, она оказалась абсолютно такой же, как Лара. Такой же, как Дина. Ее интересовало только то, что с меня можно поиметь. Как она могла, Джемм? Почему я не вижу таких женщин насквозь? — Он закончил, откинулся на спинку стула и теперь ждал, что скажет сестра, но Джемма молчала. — Что? Ты ничего не скажешь? О том, как я слеп? О том, что я снова позволил женщине ободрать меня как липку? О том, что я в очередной раз оказался идиотом?

— Ничего подобного я не собиралась говорить.

— Тогда что ты собиралась говорить?

— Не знаю. — Она сидела и смотрела в тарелку. Казалось, она ничуть не удивилась. Возможно, за десять лет социальной работы она привыкла выглядеть невозмутимой, какие бы ужасы ей ни рассказывали? — Думаю, бывает и похуже.

— Чем воровство? — Он уставился на нее.

— Ах, Эд. Ты понятия не имеешь о настоящем отчаянии.

— Это не повод воровать чужие вещи.

— Не повод. Но... Гм... Один из нас только что провел день в суде, признав свою вину в инсайдерской торговле. Я не уверена, что ты имеешь моральное право ее осуждать. Всякое бывает. Все ошибаются. — Джемма встала и принялась убирать тарелки. — Кофе будешь? — (Эд продолжал смотреть на нее.) — Значит, будешь. А пока я убираю тарелки, расскажи мне немного о ней. — Сестра с изящной скупостью движений перемещалась по маленькой кухне, пока Эд говорил, и ни разу не посмотрела ему в глаза. Ее лицо было задумчивым. Немного придя в себя, Эд закрыл рот, встал и помог убрать тарелки в раковину.

Джемма сунула ему посудное полотенце.

— Вот как я это вижу. Она в отчаянии, правильно? Ее детям угрожают. Ее сыну разбивают голову. Она боится, что с девочкой случится то же самое. Она находит в пабе или где-то еще пачку денег. И берет их себе.

— Но она знала, что это мои деньги.

— Но она не знала тебя.

— Разве есть разница?

— Поголовье страховых мошенников считает, что есть, — пожала плечами Джемма и, прежде чем он успел еще раз возразить, сказала: — Честно? Не знаю, о чем она думала. Но знаю, что люди в затрудненных обстоятельствах совершают глупые, импульсивные и непродуманные поступки. Я вижу это каждый божий день. Они совершают идиотские поступки, потому что считают это правильным, и кому-то это сходит с рук, а кому-то нет. — Когда Эд не ответил, она добавила: — Ладно. Ты ни разу не забирал с работы шариковую ручку?

— Пять сотен фунтов!

— Ты ни разу не «забыл» заплатить за парковку и не радовался, что это сошло тебе с рук?

— Это не то же самое.

— Ты ни разу не превысил скорость? Не работал мимо кассы? Не подключался к чужому Wi-Fi? — Она наклонилась к нему. — Не преувеличивал свои расходы в налоговой декларации?

— Это вовсе не то же самое.

— Я только хочу подчеркнуть, что очень часто определение преступления зависит от того, по какую сторону черты стоишь. И ты, мой младший братишка, прекрасный тому пример. Я не пытаюсь ее оправдать. Я только хочу сказать, что единственное мгновение еще ничего не значит. Это не повод рвать отношения. — Она закончила мыть посуду, стянула резиновые перчатки и аккуратно положила на сушилку. Затем налила две кружки кофе и встала, опершись о раковину. — Я не знаю. Возможно, я просто верю во второй шанс. Возможно, если бы тебе целыми днями твердили о своих несчастьях, ты бы тоже поверил. — Она выпрямилась и посмотрела на него. — Возможно, на твоем месте я хотя бы выслушала ее.

Он не знал, что ответить.

— Тебе ее не хватает?

Не хватает? Эду не хватало ее, как отсеченной конечности. Каждый день он пытался изгнать мысли о ней, убежать от себя самого. Пытался скрыть тот факт, что все, попадавшееся ему на глаза, — еда, машины, кровать — напоминало о ней. Он успевал десять раз поссориться с ней до завтрака и тысячу раз страстно помириться перед сном.

Ритмичный грохот в комнате наверху нарушил тишину.

— Я не знаю, могу ли доверять ей, — произнес Эд.

Джемма посмотрела на него, как всегда, когда он говорил ей, будто не может чего-то сделать.

— По-моему, можешь, Эд. В глубине души. Да, думаю, можешь.

Он допил бокал в одиночестве, затем допил бутылку, которую принес с собой, и отрубился на диване сестры. Проснулся потным и растрепанным в четверть шестого утра, оставил сестре благодарственную записку, тихо вышел из дома и поехал в «Бичфрант» рассчитаться с агентами-распорядителями. «Ауди» на прошлой неделе отправилась к торговцу вместе с лондонским «БМВ», и сейчас Эд сидел за рулем семилетнего «мини» с помятым задним бампером. Он думал, что будет больше переживать по этому поводу.

Утро было теплым, дороги пустынными, но в половине одиннадцатого, когда он приехал, загородный комплекс был полон гостей. Одни наслаждались редким солнцем в ресторанах и барах на главной улице, другие брели к пляжу, обвесившись сумками с полотенцами и зонтами. Нарядные дети носились вокруг ресторана под открытым небом с дровяной печью для пиццы или тащили упирающихся родителей к крытому бассейну. Кадки с сезонными цветами стояли вдоль мостовой безукоризненным ярким пунктиром. Эд медленно ехал мимо, испытывая иррациональную злость при виде стерильного подобия поселка, в котором у всех одинаковый уровень дохода и никакие неприятности вроде реальной жизни не портят существования его обитателей. Он проехал в жилой сектор, остановился на безупречной дорожке у дома номер два, вышел из машины и постоял, слушая шелест волн.

Эд вошел в дом и понял: ему все равно, что он больше не приедет сюда. Осталась всего неделя до продажи лондонской квартиры. И смутная надежда провести оставшееся время с отцом. Дальше он не загадывал.

Прихожая была заставлена коробками с названием компании, которая собрала вещи в его отсутствие. Он закрыл за собой дверь, слыша эхо собственных шагов в пустом доме. Медленно поднялся наверх, прошел по пустым комнатам. Тут и там виднелись следы работы компании: забытый моток клейкой ленты, обрезок пузырчатой упаковки. Но в целом все было собрано, дом был пуст. В следующий вторник приедет фургон, погрузит коробки и увезет их, пока Эд размышляет, что делать с вещами. Вот в чем проблема, когда у тебя больше одного дома: куда девать лишние диваны, лишние кровати, если в двухкомнатную квартирку не втиснуть даже один комплект?

Наверное, до этого момента он переживал худшие недели в своей жизни, стиснув зубы. Со стороны казалось, что он принял наказание с мрачной решимостью. Склонил голову и продолжил жить. Возможно, он слишком много пил, но, если учесть, что за год с небольшим он потерял работу, дом, жену и вот-вот потеряет отца, ему было о чем сожалеть.

Внезапно Эд заметил на кухонной столешнице четыре желтовато-коричневых конверта, на которых шариковой ручкой было выведено его имя. Сперва он решил, что это распорядительные письма, оставленные агентами, но затем вскрыл одно и обнаружил филигранный фиолетовый узор двадцатифунтовой банкноты. Эд вытащил сперва банкноту, затем записку, которая скромно гласила «ТРЕТИЙ ВЗНОС».

Он аккуратно вскрыл остальные конверты и наконец нашел первый. Когда он читал записку, перед глазами невольно встал образ Джесс, и он был потрясен ее близостью. Она все время ждала его здесь! Эд представил ее лицо, напряженное и смущенное, пока она писала, возможно, зачеркивала и писала снова. Снимала резинку с волос и заново завязывала хвост.

Прости.

Ее голос в его голове. Прости. И словно что-то треснуло. Эд держал деньги в кулаке и не знал, что с ними делать. Он не нуждался в ее извинениях. К черту извинения.

Он вышел из кухни и пошел по коридору, сжимая в кулаке скомканные банкноты. Он хотел их выбросить. Хотел не выпускать из рук. Казалось, он вот-вот взорвется. Эд расхаживал по дому взад и вперед, пытаясь сообразить, как поступить. Он оглянулся на стены, которые никогда не обтирал рукавами, на морской вид, которым не наслаждался ни один гость. Эд никогда не чувствовал себя здесь как дома. Да и вообще нигде.

Внезапно все его существо захватила мысль, что он никогда и нигде не сможет расслабиться, не найдет себе места. Он снова прошел по коридору, усталый и встревоженный, не в силах избавиться от чувства, будто должен что-то сделать. Открыл окно, надеясь, что шум моря его успокоит, но голоса счастливых семейств зазвучали упреком.

На одной из коробок лежала сложенная бесплатная газета, а под ней еще что-то. Устав от бесконечного круговорота мыслей, Эд остановился и рассеянно поднял газету. Под ней оказался ноутбук и мобильный телефон. Он настолько не ожидал их увидеть, что с минуту пытался понять, как они здесь оказались. Эд помедлил, взял телефон, перевернул его: трубка, которую он отдал Никки в Абердине, аккуратно спрятанная от досужих взглядов.

Неделями Эд черпал силы в праведной злости. Когда он слегка поостыл, часть его души замерзла, покрылась льдом. Он замкнулся в своей ярости, обиде. И сейчас он держал в руках телефон, который ему вернул почти нищий подросток. Счел нужным вернуть. Эд словно наяву услышал слова сестры, и внутри его что-то лопнуло. Да что он знает? Кто он такой, чтобы кого-то судить?

К черту, сказал он себе. Я не могу с ней увидеться. Просто не могу.

С какой стати?

Что я ей скажу?

Он прошел из одного конца пустого дома в другой. Шаги эхом отдавались от деревянного пола, рука крепко сжимала банкноты. Только полный дурак способен такое простить.

Он посмотрел в окно на море и внезапно пожалел, что не сел в тюрьму. Лучше бы его занимали насущные вопросы безопасности, снабжения, выживания.

Он не хотел о ней думать.

Не хотел видеть ее лицо каждый раз, когда закрывает глаза.

Он уедет. Покинет этот дом и найдет новый и новую работу и начнет все сначала. Оставит все позади. И ему станет легче.

Пронзительный звук — незнакомый рингтон — взорвал тишину. Телефон, настроенный по вкусу Никки. Эд уставился на ритмично мерцающий экран. Абонент неизвестен. Через пять гудков, когда звук стал невыносим, Эд наконец схватил трубку.

— Миссис Томас?

Эд на мгновение отдернул от уха телефон, словно обжегся.

— Это что, шутка? — спросил он, приложив телефон обратно к уху.

Гнусавый незнакомец чихнул.

— Прошу прощения. Ужасная сенная лихорадка. Я туда попал? Вы родители Костанзы Томас?

— Что... Кто вы?

— Меня зовут Эндрю Прентисс. Я представляю комитет проведения олимпиады.

Эд не сразу собрался с мыслями. Сел на лестницу.

— Олимпиады? Прошу прощения... где вы взяли этот номер?

— В нашем списке контактных данных. Вы оставили его во время экзамена. Это правильный номер?

Эд вспомнил, что на телефоне Джесс не было денег. Наверное, она оставила номер телефона, который он дал Никки. Эд закрыл лицо свободной рукой. У кого-то наверху хорошее чувство юмора.

— Да.

— Слава богу! Мы несколько дней пытаемся до вас дозвониться. Вы не получали моих сообщений? Я звоню насчет экзамена... Дело в том, что мы обнаружили ошибку, когда выставляли оценки. В первом вопросе была опечатка, и алгоритм невозможно было решить.

— Что?

Похоже, собеседник успел выучить ответы наизусть.

— Это обнаружилось, когда мы изучали итоговые результаты. Не могли же все ученики ошибиться в первом вопросе! Мы не заметили сразу, потому что оценки проставляли несколько человек. Как бы то ни было, нам очень жаль... И мы хотим предложить вашей дочери еще раз поучаствовать в олимпиаде. Мы повторяем все снова.

— Повторяете снова? Когда?

— В том-то и дело. Сегодня во второй половине дня. Пришлось назначить на выходные, чтобы не пропускать школу. Честное слово, мы всю неделю пытались дозвониться по этому номеру, но вы не отвечали. Я позвонил в последний раз, просто на всякий случай.

— Вы рассчитываете, что она доберется до Шотландии за... четыре часа?

Мистер Прентисс замолчал и чихнул.

— Нет, на этот раз олимпиада не в Шотландии. Пришлось подыскать другое место. Но, судя по вашему досье, вам будет даже удобнее, учитывая, что вы живете на южном побережье. Мероприятие пройдет в Бейсингстоке. Вы сообщите об этом Костанзе?

— Э-э-э...

— Огромное спасибо! Думаю, накладки в первый год неизбежны. И все же мне удалось до вас дозвониться! Остался всего один абитуриент! Остальную информацию вы можете найти на нашем сайте.

Оглушительное чихание. И тишина в трубке.

Эд сидел в пустом доме, глядя на телефон.

40

Джесс

Джесс пыталась уговорить Танзи открыть дверь. Школьный консультант сказал, что это хороший способ вернуть уверенность во внешнем мире, оставаясь дома. Танзи откроет дверь, чувствуя себя в безопасности, потому что Джесс рядом. Эта уверенность постепенно распространится на других людей, на прогулки по саду. Первый шаг. Все должно быть постепенно.

Хорошая теория. Если бы Танзи согласилась открыть дверь.

— Дверь! Мама! — крикнула Танзи, перекрывая звуки мультфильма. Джесс собиралась запретить ей так много смотреть телевизор. На прошлой неделе она подсчитала, что Танзи больше пяти часов в день лежит на диване. «Она испытала серьезное потрясение, — сказала миссис Ливерседж. — Но я уверена, что она скорее поправится, если будет делать что-то более конструктивное».

— Танзи, я не могу открыть! — крикнула Джесс. — У меня руки в тазике с отбеливателем.

Танзи заскулила — недавно приобретенная манера.

— Попроси Никки открыть.

— Никки ушел в магазин.

Тишина.

По лестнице раскатился залп закадрового смеха. Джесс не видела, но чувствовала, как кто-то маячит за дверью, тень за стеклом. Может, Айлин Трент? Она без спросу заявилась четыре раза за последние две недели, предлагая «невероятные скидки» на детскую одежду. Возможно, прослышала про деньги Никки. Похоже, все в округе о них знали.

Джесс крикнула вниз:

— Танзи, я стою на лестничной площадке. Просто открой дверь.

В дверь позвонили еще дважды.

— Ну же, Танзи. Ничего не случится. Надень Норману поводок и возьми собаку с собой.

Тишина.

Джесс уронила голову и вытерла глаза локтем, пока никто не видит. Ничего не попишешь: Танзи становится все хуже и хуже. В последние две недели она пристрастилась спать в кровати Джесс. Танзи больше не просыпалась в слезах, а кралась по коридору глухой ночью и тихонько забиралась в кровать, не потревожив мать. Джесс не хватало мужества запретить ей, но консультант намекнул, что девочка слишком взрослая, чтобы это продолжалось бесконечно.

— Танзи?

Ничего. Звонок прозвенел в третий раз, нетерпеливо.

Джесс ждала, привыкнув слушать тишину. Придется спуститься и открыть самой.

— Ладно! — устало крикнула она и начала стягивать резиновые перчатки, но остановилась, услышав шаги в коридоре. Грохот и шумное дыхание Нормана. Ласковый голосок Танзи, уговаривающей пса пойти с ней — таким тоном она теперь разговаривала только с ним.

А затем передняя дверь открылась. Джесс обрадовалась, но тут же поморщилась. Надо было сказать Танзи, чтобы велела Айлин убираться. При малейшей возможности нахалка ворвется в дом со своей черной сумкой на колесах, плюхнется на диван и разложит «скидки» на полу гостиной.

Но раздавший голос принадлежал не Айлин.

— Привет, Норман.

Джесс замерла.

— Ого. Что у него с мордой?

— Потерял один глаз, — голос Танзи.

Джесс на цыпочках поднялась на верхнюю площадку. Ей были видны его ноги. Его кеды «Конверс». И сердце Джесс забилось сильнее.

— Несчастный случай?

— Он спас меня. От Фишеров.

— Что-что?

И затем голос Танзи — она открыла рот, и слова полились сплошным потоком.

— Фишеры пытались затащить меня в машину, и Норман проломил забор, чтобы спасти меня, но его сбила машина, а у нас не было денег, но куча людей прислала нам деньги, потому что Никки обо всем написал в Интернетс, а ветеринар снизил цену в два раза и сказал, что в жизни не видел такого отважного пса.

Ее дочь говорила, говорила и никак не могла замолчать.

Джесс сделала шаг вниз, затем второй.

— Он чуть не умер, — сказала Танзи. — Чуть не умер, и ветеринар даже не хотел делать ему операцию, потому что у него была куча жутких травм и врач думал, что лучше оставить его в покое. Но мама сказала, что не хочет и надо дать ему шанс. А потом Никки написал в своем блоге, что все пошло наперекосяк, и люди взяли и прислали ему денег. Целая куча людей прислала по чуть-чуть. Просто так. И нам хватило, чтобы спасти его. Так что Норман спас меня, а незнакомые люди спасли его, правда, здорово? Но у него теперь всего один глаз, и он очень устает, потому что еще не выздоровел до конца, и мало что делает.

Теперь она видела Эда. Он сидел на корточках и гладил Нормана по голове. Джесс смотрела на него во все глаза: темные волосы, широкие плечи под футболкой. Той самой серой футболкой. Что-то поднялось к ее горлу, и она приглушенно всхлипнула и прижала руку ко рту. А потом Эд посмотрел на ее дочь снизу вверх, и его лицо было очень серьезным.

— С тобой все в порядке, Танзи?

Она подняла руку и покрутила прядь волос, как будто решая, сколько ему рассказать.

— Вроде того.

— Ну что ты, солнышко.

Танзи помедлила, ковыряя пол большим пальцем ноги, а затем просто шагнула вперед и упала в его объятия. Эд крепко обхватил ее, как будто только этого и ждал. Танзи положила голову ему на плечо, и они стояли в коридоре обнявшись. Джесс увидела, как Эд закрыл глаза, и спряталась, потому что боялась расплакаться, если он ее заметит.

— Вот что, я всегда это знал, — решительно сказал он, отстранившись. — Знал, что это особенный пес. Я это видел.

— Правда?

— Ну конечно. Вы с ним команда. Любой разумный человек это видит. И знаешь что? Он довольно неплохо выглядит с одним глазом. Типа круто. Никто не рискнет шутить с Норманом.

Джесс не знала, что делать. Она не хотела спускаться, потому что не вынесет, если он посмотрит на нее, как тогда. И не могла пошевелиться. Не могла спуститься и не могла пошевелиться.

— Мама рассказала, почему ты больше не приходишь.

— Правда?

— Это потому что она взяла твои деньги. — Мучительно долгое молчание. — Она сказала, что совершила огромную ошибку и не хочет, чтобы мы поступали так же. — Снова молчание. — Ты пришел забрать деньги?

— Нет. Вовсе нет. — Он осмотрелся. — Она дома?

Отвертеться не получится. Джесс сделала шаг вниз. Затем еще один, положив руку на стойку перил. Она стояла в резиновых перчатках на лестнице и ждала, когда Эд встретится с ней взглядом. Его слова оказались для нее полной неожиданностью.

— Надо отвезти Танзи в Бейсингсток.

— Что?

— Олимпиада. В заданиях была ошибка. И олимпиаду проводят повторно. Сегодня.

Танзи обернулась и, хмурясь, посмотрела на мать. Девочка была озадачена не меньше ее. А затем у Танзи словно вспыхнула лампочка в голове.

— Вопрос номер один? — спросила она. Эд кивнул. — Я так и знала! — Танзи внезапно улыбнулась, сверкнув зубами. — Я знала, что с ним что-то не так!

— Они хотят переписать весь экзамен?

— Сегодня во второй половине дня.

— Но это невозможно.

— Не в Шотландии. В Бейсингстоке. Это возможно.

Джесс не знала, что сказать. Она помнила, как разрушила уверенность дочери в себе, отправив ее на олимпиаду в прошлый раз. Она подумала о своих безумных планах, о том, сколько вреда и ущерба причинило то путешествие.

— Я не знаю...

Эд все еще сидел на корточках. Он коснулся плеча Танзи:

— Ты хочешь попытаться?

Джесс видела ее сомнения. Танзи крепче вцепилась в ошейник Нормана. Переступила с ноги на ногу.

— Ты не обязана, Танзи, — сказала она. — Ничего страшного, если ты не хочешь.

— Но ты должна знать, что никто не решил эту задачу. — Голос Эда был спокойным и уверенным. — Организатор сказал, что это было невозможно. Никто в аудитории не решил первую задачу правильно.

За его спиной возник Никки с пакетом канцелярских принадлежностей. Сложно было сказать, как давно он пришел.

— Так что да, твоя мама права, и ты вовсе не обязана ехать, — сказал Эд. — Но, по правде говоря, я бы с удовольствием посмотрел, как ты разносишь этих мальчишек в пух и прах. И я знаю, что ты это можешь.

— Давай, малявка, — подбодрил ее Никки. — Покажи им, из какого ты теста.

Танзи обернулась на Джесс. Затем снова посмотрела на Эда и поправила очки на носу.

Наверное, все четверо затаили дыхание.

— Хорошо, — сказала она. — Но только если мы возьмем с собой Нормана.

Ладонь Джесс взметнулась ко рту.

— Ты и правда этого хочешь?

— Да. Я могла решить все остальные задачи, мама. Я просто запаниковала, когда не смогла решить первую. И все пошло наперекосяк.

Джесс спустилась еще на две ступеньки, ее сердце колотилось. Руки в резиновых перчатках вспотели.

— Но как мы доберемся туда вовремя?

Эд Николс встал и посмотрел ей в глаза. Его лицо было одновременно решительным и странно непроницаемым.

— Я вас отвезу.

Совсем не просто везти четырех человек и большую собаку в «мини», особенно без кондиционера в жаркий день. Особенно если кишечник собаки функционирует еще хуже, чем раньше, а время поджимает и приходится ехать быстрее сорока миль в час, со всеми неизбежными последствиями. Они ехали, открыв все окна, и в основном молчали. Танзи что-то бормотала себе под нос, пытаясь вспомнить все, что, по ее мнению, забыла, и время от времени утыкалась лицом в стратегически расположенный полиэтиленовый пакет.

Джесс изучала карту, поскольку в новой машине Эда не было встроенного навигатора, и старалась проложить маршрут в стороне от шоссейных пробок и популярных торговых центров. За один час сорок пять минут, проведенных в непривычной тишине, они добрались до места — здания из стекла и бетона постройки семидесятых. Листок бумаги с надписью «ОЛИМПИАДА» трепетал на ветру, прилепленный скотчем к табличке «По газонам не ходить».

На этот раз они были готовы. Джесс зарегистрировала Танзи, протянула ей запасную пару очков («Она теперь всегда берет с собой запасные очки», — сказал

Никки Эду), ручку, карандаш и ластик. Все по очереди обняли малышку, заверили, что результат их совершенно не волнует, и молча проводили на битву с морем абстрактных цифр и, возможно, собственными демонами. Дверь закрылась за ее спиной.

Джесс постояла у стола, подписывая бумаги и остро сознавая, что Никки и Эд болтают на краю газона за открытой дверью. Она украдкой наблюдала за ними. Никки показывал мистеру Николсу что-то на старом телефоне мистера Николса. Может, свой блог? Время от времени мистер Николс качал головой.

— Она прекрасно справится, мама, — жизнерадостно заявил Никки, когда Джесс вышла. — Не переживай.

Он держал поводок Нормана. Он пообещал Танзи не отходить от здания больше чем на пятьсот футов, так что она сможет чувствовать особую связь с собакой даже через стены экзаменационной аудитории.

— Точно. Все будет отлично, — сказал Эд, засунув руки глубоко в карманы.

Никки перевел взгляд с одного на другого, затем посмотрел на собаку.

— Ладно. Нам надо пописать. То есть Норману надо, — пояснил он. — Скоро вернусь.

Джесс смотрела, как он медленно бредет по изогнутой дорожке, и боролась с желанием сказать, что пойдет с ним.

И наконец они остались вдвоем.

— Итак... — Джесс поковыряла пятно краски на джинсах. Жаль, не успела переодеться во что-нибудь более элегантное.

— Итак...

— Ты снова нас спас.

— Вы и сами, похоже, неплохо справлялись.

Они стояли и молчали. На парковку юзом въехала машина, мать и мальчик выскочили с заднего сиденья и побежали к двери.

— Как нога?

— Заживает.

— Ты не в шлепанцах.

Она посмотрела на свои белые теннисные туфли:

— Ага.

Эд провел рукой по волосам и уставился в небо.

— Я получил твои конверты. — (Она лишилась дара речи.) — Я получил их сегодня утром. Я тебя не игнорировал. Если бы я знал... все... Я бы не оставил тебя на произвол судьбы.

— Все в порядке, — поспешно сказала она. — Ты и так много сделал.

В земле перед ней торчал камешек. Джесс смахнула грязь здоровой ногой, пытаясь его подковырнуть.

— И огромное спасибо, что отвез нас на олимпиаду. Что бы ни случилось, я всегда...

— Может, хватит?

— Что?

— Хватит пинать камень. И хватит говорить, будто... — Эд повернулся к ней. — Идем. Посидим в машине.

— Что?

— И поговорим.

— Нет... Спасибо.

— Что?

— Просто я... Давай поговорим здесь?

— Почему ты не хочешь посидеть в машине?

— Лучше не надо.

— Я не понимаю. Почему ты не хочешь посидеть в машине?

— Не притворяйся, будто не знаешь. — Слезы навернулись ей на глаза. Она яростно смахнула их ладонью.

— Я действительно не знаю, Джесс.

— Тогда я не могу тебе сказать.

— Это просто нелепо. Идем в машину.

— Нет.

— Почему? Я не буду стоять здесь, если ты не назовешь мне убедительную причину.

— Потому что... — Ее голос надломился. — Потому что там мы были счастливы. Я была счастлива. Я долгие годы не была так счастлива. Я просто не могу. Не могу сидеть там наедине с тобой теперь, когда мы...

Она замолчала. Отвернулась от него, не желая показывать свои чувства. Не желая показывать свои слезы. Она услышала, как Эд подошел и встал у нее за спиной. Чем ближе он подходил, тем больше она задыхалась. Джесс хотела попросить его отойти, но не вынесла бы, если бы он отошел.

Он тихо прошептал ей на ухо:

— Я пытаюсь кое-что тебе сказать. — (Она смотрела в землю.) — Я хочу быть с тобой. Я знаю, что мы все испортили, но мне все равно лучше с тобой, когда все плохо, чем когда все вроде бы хорошо, но тебя рядом нет. Черт. Я не большой мастер в этих делах. Понятия не имею, что говорю.

Джесс медленно повернулась. Он смотрел на ее ноги, засунув руки в карманы. Внезапно он поднял взгляд:

— Мне сказали, какую задачу не смогла решить Танзи.

— Что?

— Это из области теории эмерджентности. Сильная эмерджентность означает, что сумма может быть больше составляющих частей. Ты понимаешь, о чем я?

— Нет. Я дуб в математике.

— Не хочу об этом больше вспоминать. О том, что ты сделала. Я вовсе не идеал. Просто я... хочу попытаться. Это может оказаться огромной ошибкой. Но я все же воспользуюсь шансом.

Он осторожно взялся за шлевку ее джинсов. И медленно притянул Джесс к себе. Она не сводила взгляд с его рук. А затем, когда наконец подняла к нему лицо, он смотрел прямо на нее, и Джесс поняла, что плачет и улыбается, возможно, впервые искренно улыбается за сто тысяч лет.

— Я хочу проверить, что мы дадим в сумме, Джессика Рей Томас. Все мы. Что скажешь?

41

Танзи

Форма Сент-Эннз оказалась ярко-синей с желтой полосой. В блейзере Сент-Эннз не спрячешься. Некоторые девочки из моего класса снимают блейзер по дороге домой, но мне он не мешает. Когда приходится постараться, чтобы куда-то попасть, довольно приятно демонстрировать людям свою принадлежность. Есть забавная традиция: если встретишь другого ученика Сент-Эннз вне школы, надо помахать ему рукой, как машут друг другу люди за рулем «Фиата-500». Кто-то машет энергично, как моя лучшая подруга Шрити, которая всегда машет так, будто оказалась на необитаемом острове и старается, чтобы ее заметил летящий мимо самолет, кто-то едва отрывает пальцы от школьной сумки, как Дилан Картер, который смущается говорить даже с собственным братом. Но машут все. Не важно, знаешь ты, кто тебе машет, или нет; помахать ученику в форме — твоя святая обязанность. Это заведено в школе с давних пор. Очевидно, это демонстрирует, что мы одна семья.

Я машу всегда, особенно если еду на автобусе.

Эд забирает меня на машине по вторникам и четвергам, потому что в эти дни у меня математический кружок, а мама работает допоздна мастерицей на все руки. У нее в помощниках уже три человека. Мама утверждает, что они работают не на нее, а с ней, но она всегда показывает им, что делать, и указывает, куда идти, и Эд говорит, что ей все еще неловко командовать. Он говорит, что она скоро привыкнет. При этом он корчит рожу, как будто мама им командует, но совершенно очевидно, что ему это нравится.

По пятницам мама заканчивает работу к обеду, встречает меня в школе, и мы вместе печем печенье, только мама и я. Это мило, но придется сказать ей, что мне лучше оставаться в школе подольше, особенно теперь, когда я собираюсь сдать весной экзамен за шестой класс. Папа пока не выбрался в гости, но мы разговариваем по «Скайпу» каждую неделю, и он говорит, что обязательно приедет. На следующей неделе у него два собеседования по поводу работы и куча дел.

Никки ходит в колледж в Саутгемптоне. Он хочет поступить в художественный колледж. У него появилась подруга по имени Лила. Мама говорит, что это большой сюрприз во всех отношениях. Никки все еще подводит глаза, но перестал краситься, и теперь у него натуральный цвет волос — вроде темно-каштанового. Он уже на целую голову выше мамы, и иногда, когда они вместе на кухне, он в шутку опирается локтем о ее плечо, как о стойку. Он еще пока пишет в свой блог, но говорит, что слишком занят, а потому не возражает на время передать его мне. На следующей неделе я буду меньше писать о личном и больше о математике. Очень надеюсь, что вы любите математику.

Мы вернули деньги семидесяти семи процентам людей, которые помогли нам спасти Нормана. Четырнадцать процентов предложили отдать эти деньги на благотворительность, а остальные девять процентов мы так и не смогли отыскать. Мама говорит, это не страшно, главное — мы пытались. Иногда можно просто принять чужую помощь и поблагодарить. Она просила передать вам свою благодарность и сказать, что она никогда не забудет доброту незнакомцев.

Эд проводит у нас практически ВСЕ время. Он продал свой дом в «Бичфранте» и купил крохотную квартирку в Лондоне, где нам с Никки приходится спать на раскладной кровати, когда мы гостим у него, но в основном он живет у нас. Он работает на кухне на ноутбуке, разговаривает со своим лондонским другом по ужасно крутой гарнитуре и ездит на встречи в «мини». Он собирается купить новую машину, потому что в эту очень трудно поместиться всем вместе, но, как ни странно, нам этого не хочется. Так здорово сидеть бок о бок в маленькой машине, и в ней я не переживаю из-за слюны Нормана.

Норман счастлив. Он делает все, что обещал ветеринар, и мама говорит, что нам этого достаточно. Теория вероятности и закон больших чисел утверждают: иногда нужно пытаться снова и снова, чтобы получить желаемый результат. Чем больше пытаешься, тем скорее получится. Или, как я объяснила маме, в сущности, иногда просто надо не сдаваться.

Мы с Норманом гуляем в саду. На этой неделе я бросила ему мячик восемьдесят шесть раз. Он по-прежнему не приносит его обратно.

Но я уверена, что у нас все получится.

Мойес Дж.

М74 Один плюс один : роман / Джоджо Мойес ; пер. с англ. А. Килановой. — М. : Иностранка, Азбука-Аттикус, 2020. — 480 с.

ISBN 978-5-389-16611-0

В жизни Джесс Томас наступила черная полоса. Она мать-одиночка и вкалывает на двух работах. У нее на руках двое детей. Сын-подросток, которого школьные хулиганы избивают за то, что он не похож на других. Десятилетняя дочка с потрясающими математическими способностями, которой обязательно нужно попасть на олимпиаду по математике. Кажется, все идет ко дну, и спасти семью может только рыцарь на белом коне...

Эд Николс — преуспевающий компьютерщик, и именно его загородный дом время от времени убирает Джесс. Но и у этого внешне благополучного человека все пошло наперекосяк. Свое будущее Эд видит исключительно в мрачных тонах, однако он не понаслышке знает, что такое одиночество, а потому хочет помочь Джесс и ее детям. Так начинается необычный любовный роман, история о встрече двух одиночеств...

УДК 821.111
ББК 84(4Вел)-44

Литературно-художественное издание

ДЖОДЖО МОЙЕС
ОДИН ПЛЮС ОДИН

Ответственный редактор Ольга Рейнгеверц
Редактор Ольга Давидова
Художественный редактор Виктория Манацкова
Технический редактор Татьяна Раткевич
Корректоры Елена Терскова, Нина Тюрина

Подписано в печать 05.03.2020. Формат 75 × 100 $^1/_{32}$.
Печать офсетная. Тираж 7000 экз. Усл. печ. л. 21,15.
Заказ №2007/20.

Знак информационной продукции
(Федеральный закон № 436-ФЗ от 29.12.2010 г.): 16+

ООО «Издательская Группа „Азбука-Аттикус“» —
обладатель товарного знака «Издательство Иностранка»
115093, г. Москва, ул. Павловская, д. 7, эт. 2, пом. III, ком. № 1

Филиал ООО «Издательская Группа „Азбука-Аттикус“»
в Санкт-Петербурге
191123, г. Санкт-Петербург, Воскресенская наб., д. 12, лит. А

ЧП «Издательство „Махаон-Украина“»
Тел./факс: (044) 490-99-01. E-mail: sale@machaon.kiev.ua

Отпечатано в соответствии с предоставленными материалами
в ООО «ИПК Парето-Принт».
170546, Тверская область, Промышленная зона Боровлево-1,
комплекс № 3А.
www.pareto-print.ru

H-MJJ-25071-02-R

ПО ВОПРОСАМ РАСПРОСТРАНЕНИЯ ОБРАЩАЙТЕСЬ:

В МОСКВЕ

ООО «Издательская Группа „Азбука-Аттикус“»

Тел.: (495) 933-76-01,
факс: (495) 933-76-19

e-mail: sales@atticus-group.ru;
info@azbooka-m.ru

В САНКТ-ПЕТЕРБУРГЕ

Филиал ООО «Издательская Группа „Азбука-Аттикус“»

Тел.: (812) 327-04-55,
факс: (812) 327-01-60

e-mail: trade@azbooka.spb.ru

В КИЕВЕ

ЧП «Издательство „Махаон-Украина“»

Тел./факс: (044) 490-99-01

e-mail: sale@machaon.kiev.ua

Информация о новинках и планах на сайтах:

www.azbooka.ru
www.atticus-group.ru

Информация по вопросам приема рукописей
и творческого сотрудничества
размещена по адресу:
www.azbooka.ru/new_authors/